鷹架兒童的學習

維高斯基與幼兒教育

▶谷瑞勉　譯◀

Scaffolding Children's Learning:
Vygotsky and Early Childhood Education

Laura E. Berk
and Adam Winsler

National Association for the Education of Young Children
Washington, DC

譯者簡介

谷瑞勉

學歷：美國喬治亞大學幼兒教育博士

美國佛羅里達大學幼兒教育碩士

國立中興大學學士

曾任：中學教師

屏東師專幼師科助教、講師

屏東師範學院幼教系副教授、幼教中心主任、教授

屏東教育大學幼兒教育學系系主任、教授

現任：美和技術學院幼兒保育系教授

著作：《幼稚園班級經營——反省性教師的思考與行動》（心理）

幼教相關學術論文

譯作：《教室中的維高斯基——仲介的讀寫教學與評量》（心理）

《鮮活的討論——培養專注的閱讀》（心理）

原著者簡介

　　Laura E. Berk 是伊利諾州立大學一位傑出的心理學教授。她從加州柏克萊大學得到心理學學士，並從芝加哥大學得到教育心理學的碩士和博士學位，專攻幼兒教育與發展。她曾是康乃爾大學、加大洛杉磯分校及史丹佛大學的訪問學者（Laura 對維高斯基理論曾有廣泛的出版，專注於正常發展和有嚴重學習及行為問題兒童的自語的社會本源和顯著功能）。她的研究也吸引了一般大眾的注意，使她成為 *Psychology Today* 和 *Scientific American* 等著名期刊的編輯。Laura 的著作包括了：*Private Speech: From Social Interaction to Self-Regulation*（與 Rafael M. Diaz 合編），以及兩本廣為流傳的教科書：*Child Development* 和 *Infants, Children, and Adolescents*。她剛結束擔任 NAEYC 雜誌和 *Young Children* 期刊研究編輯的任期，最近又擔任 *Early Childhood Research Quarterly* 的編輯顧問。Laura 近來獲得 Early Childhood Development and Family Studies 的 DeLissa 獎學金，於 1996 年前往南澳洲大學研究。

　　Adam　Winsler 是阿拉巴馬大學教育學院的教育心理學副教授。他在新墨西哥大學得到心理學學士，並從史丹佛大學得到教育學博士，專攻兒童及青少年發展。Adam 的專長領域包括兒童的自語、自我規範、幼兒教育、注意力不足過度活動異常、雙語教育，及認知發展的社會情境等。

譯者序

　　近十餘年來維高斯基的思想在北美廣爲流傳，他的社會互動論的學習認知觀點無論在理論的延伸或實務的應用上，都引起極大的迴響與重視。國內近年亦有不少學者在他的思考領域中開始鑽研；在實務上則有「讀寫萌發」、「全語言」、「方案教學」等的課程應用，多少都可看到維高斯基的影子。但是在正式而詳盡的介紹上仍然不多，只有心理出版社最近出版的「社會中的心智」一書的譯作，可讓讀者了解其主要思想的架構。其餘零星理論的介紹，僅散見於各書之學習理論篇章中，而應用的部分更屬闕如。本書原作之目的即在將維高斯基深奧的義理，藉近代延伸的相關研究結果，及其在幼稚園及國小的教學應用情形，做詳實的說明和解析。作者將維氏的理論與實務應用交相闡述，並與其他重要教育發展理論做比較，以期達到簡明易懂、提供讀者思考研究和教學應用的參考。本書的譯作，也是爲了同樣的目的；尤其希望能協助幼稚園和國小老師，減輕對維氏思想了解的困難，在實務上能有進一步的參照與驗證。

　　本書之內容安排在原著者序（前言）中將有簡略的介

紹，在此不贅述。閱讀本書可使讀者逐漸明瞭維氏的學習
與發展觀點，及其對今日幼兒和小學教育思維與課程的多
方面影響和啟發。其中有些是我們曾經運用而不自覺，或
虛應帶過不明其義的做法，有些則是一直爲我們所忽略的
精髓。多年來我們習慣了皮亞傑認知發展理論的思考與運
作方式，偏向相信童年邏輯思考發展緩慢，而維高斯基認
爲藉著傳承文化和本身經驗，兒童已產生複雜的心智功
能，則提供了不同的思考面向。維氏認爲認知歷程之發展
與本源，應置於人類文化歷史架構中，他肯定符號系統對
心理功能的貢獻，也強調符號系統與文化份子間的互動，
正是認知發展的主要因素。當我們在探索、比較之際，應
更能提醒我們對教師角色和功能的反省，並重新建構對兒
童教學的理念與行動。

　　維氏理論原本艱深，本書中相關領域研究比較的呈現
亦交錯複雜，譯者勉力完稿，希能藉此譯作，激發更多更
深對維高斯基思想義理的探討與應用。在此對心理出版社
的鼎力成書、助理雯玲的初稿打字、家妹瑞儉和心理出版
社陳文玲小姐的校對，一併致謝。

谷瑞勉

於屏東師範學院

1998年9月

前言

　　社會與文化對幼兒各方面發展影響的理論在過去十年可說是迅速的擴張，推動此一潮流發展的主要刺激，就是來自於蘇俄心理學家維高斯基的理論觀點。維高斯基在1920年代和1930年代的早期進行創新的研究，在社會經驗對孩子學習的影響關係方面有非常豐富的著作。在蘇維埃聯邦對他的著作禁了二十年，終在1950年代中期解禁之後，維高斯基的主要作品才得以來到西方世界。其作品在1960及1970年代開始被翻譯成英文。到了1980年代，很多美國心理學家及教育學者開始熱烈擁抱維高斯基的觀點。

　　相對於個人理論認為孩子是他自己真實世界的獨立發現者，維高斯基建構了一個新鮮的觀點，就是強調介於社會與兒童心理世界的重要聯繫。他的理論強調成人—兒童和兒童—兒童的對話，對認知發展的重要性——也就是知覺的心智來源，是人性高層次的認知過程，以及使用言語規範思想和行動的能力。當社會經驗觀點的重要性逐漸升高時，維高斯基的取向，在幫助我們了解文化實務對孩子發展的影響方面，有很大的貢獻。此外，這個理論是唯一

不只強調孩子生活上重要人物的角色，同時也強調學校教育在引導發展前進上的重要性。維高斯基強調，教學和接受引導的益處，是人類社會生活的基本；教育轉換人的心智。

因為老師、父母和照顧者——以及他們所創造的情境——被認為是培養孩子發展最初步的方法，維高斯基的理論則激發了教學法的考慮。他的觀點提醒我們，適合發展的實作，為孩子打開新的認知遠景。如果將幼兒從他們每日的社會環境中區隔出來加以觀察和評估，我們會很容易誤解或低估孩子的能力。在寫這本書的時候，我們的目的是要向幼兒教育家介紹維高斯基的觀點，從中被激發出來的有關幼兒的研究，以及從此產生出來目前教育上的實作，我們的討論共分為下面七章：

第一章／我們提供維高斯基生平的簡介，萌發他的想法的社會情境，以及他的學說傳播到西方世界的影響因素。我們也提到維高斯基主要的作品，及歸納他重要理論的綱領。

第二章／提供有關維高斯基發展觀點的詳細敘述，包括他的理論認為認知是社會化的建構和共享，而語言是介於社會和人類功能的社會心理發展層面最重要的聯繫。我們提出維高斯基學說的中心和獨特的觀念：就是最近或潛在的發展區（ZPD）。我們認為理想的成人與兒童的教導

學習，在 ZPD 範圍內互動的特性，以及孩子私有的、自我引導的語言，在建立社會經驗與內在心智生活的橋樑，和讓思考掌控行為方面，具有重要的功能。

第三章／強調維高斯基關於孩子想像、假裝遊戲特性的發展和重要性之觀點。在維高斯基的理論中，假裝就像其他高層次心智功能一樣，有其社會的本源。一旦開始產生的時候，會成為一個重要的最近發展區，讓孩子的認知和社會技巧在其中有比較高程度發展的機會。在假裝遊戲中，孩子演出社會生活的規則，行為遵循這些規則，統整重要的學習，了解如何放棄衝動的行為，並選擇深思熟慮的自我規範的行動。想像遊戲對維高斯基而言，是學前階段最優越的教育活動。

第四章／我們總結維高斯基對具有嚴重學習和行為困難兒童的觀點。維高斯基相信用在正常孩子身上教養的基本原理，也可應用在學習不足和困難孩子身上的發展與教育。因此，追求這類孩子最高的發展，就要看是否能將他們統整入社區的社會生活中，以及確定他們的教育經驗是否在他們的 ZPD 範圍內。在這一章，我們特別注意到私語的重要，讓有學習與行為問題的孩子，將之做為一種工具，用公開的私語和延長的發展時間，來掌控他們自己的行為。

第五章／我們將維高斯基與本世紀其他重要兒童發展

理論做一個比較，澄清其在幼兒教育領域中深奧的運用。維高斯基觀點的特別處，就是強調介於學習和發展之間關係的分析。維高斯基理論獨特的認為：學習就是引導或誘出發展的改變。因此，比起其他主要的觀點，這暗示了教室實作不同的策略——強調積極的孩子與積極的社會環境互動，來得到形成社會文化的思考和行為的方式。

　　第六章／強調的是維高斯基理論在近代幼兒教育上教學與學習的應用。我們討論最近以維高斯基為基礎的課程改革，焦點是在讀寫活動中，老師—兒童，和兒童—兒童互動的品質。藉著這些活動，孩子能知覺他們社會文化的象徵及溝通系統，並且開始將之視為一種注意和反省的對象。我們同時也考慮由維高斯基 ZPD 的觀念所引發的新的動力評量，做為對孩子學習準備度的檢驗。最後，維高斯基認為需要更廣泛社會制度化的氣氛，讓孩子能發展得最好。我們的結論就是，學校應培養老師與老師的合作，老師與兒童的合作，以及兒童與兒童的合作，這樣才能創造教育的社區，鷹架兒童的學習與發展。

　　第七章／我們考慮到維高斯基的理論對未來幼兒教育的展望——藉著強調對孩子目前能力的回應，以幫助他向前發展的做法，能對「學科活動」對立於「兒童中心課程」的爭論，提出解決之道。維高斯基取向對幼兒教育最主要影響的主題，也在此做了歸納整理。

目次

維高斯基的生平與研究

◇生平簡介
◇影響維高斯基觀點傳播的因素
◇維高斯基的主要著作

維高斯基理論中最主要的信念之一是：人是他所在的社會和文化世界的產物，若想以此來了解兒童，就必須先了解他們在其中發展的文化、社會，以及社會情境。為了符合他社會文化取向（sociocultural approach）的發展觀點，想認識維高斯基的第一步，就必須先了解他的一生與產生其理念的社會情境。以下就是有關維高斯基簡短的生平傳記概要，對維高斯基的詳細生平有興趣的讀者，可以參考下列書籍（Wertsch 1985b; Blanck 1990; Kozulin 1990; van der Veer & Valsiner 1991; Newman & Holzman 1993）。

▌生平簡介

維高斯基在 1896 年出生於蘇俄 Orsha 地方的一個中產階級的猶太家庭，這是位於 Byelorussia 北方的一個小城。一年後，他的家庭往南搬到 Gomel，那是個比較有文化生命力、靠近烏克蘭邊境 Ukrainian 新殖民區的特別區內的小城，這是蘇俄沙皇限制猶太人居住的區域。維高斯基是八個小孩中的老二，父親是銀行的經理主管，母親是一位教師，她大部分的時間都是用來養育孩子。維高斯基的幼年鮮為人知，只知其早年由私塾老師所教育，後來進入公私立融合的中學就學。

在童年中期，詩歌、文學、戲劇和哲學即是維高斯基最喜歡的科目，也是他終其一生最喜愛的學習領域。他的聰明才智及能

力在青少年時就已經顯現，朋友及家人常叫他「小教授」，因他經常在哲學、文學、歷史、藝術的主題上帶頭討論。在他後來的生命中，同事常形容他是記憶力強的聰明人、博聞強記又具高生產力的學者。當他進入心理學和教育學的領域後，在這領域內帶來了廣泛不同的背景和見解，他用這些背景建構了不同的發展觀點。

維高斯基進入大學念書以及他對事業方向的改變，正好說明了社會文化對人的影響如何塑成一個人的行動及思考的發展。當時蘇俄主要的大學只接受百分之三的猶太學生；因此想要進入大學，必須是頂尖的，並且通過入學考試，拿到金牌的學生才可以。維高斯基的確做到了，他拿到金牌，似乎是可以進入大學了，但在他考試的同時，教育部長卻進一步限制了猶太人的入學率；為了裁減有才智的猶太學生，新的限制就是在百分之三的配額裡再以隨機挑選，而非優點挑選的方式進入大學。當時維高斯基非常失望，以為他沒有機會進入大學，但是命運卻很幸運的讓他成為進入大學的名額之一。

維高斯基從 1914 年開始在莫斯科大學研究，在此時他選擇的領域也因是猶太人而受限制；雖然他對歷史及哲學很有興趣，這些訓練將使他成為學者或中學老師，然而猶太人被禁止進入公立學校教書。在短暫的研讀醫學（這是他父母的期望）之後，維高斯基進入法律的領域（法律在當時是猶太人可讀的科系），直到大學畢業。在莫斯科就讀的同時，維高斯基也在人民大學，一個非官方的研究機構註冊，這是個由一群被驅逐的莫斯科大學教

授所成立的學校（Shaniavsky People's University），這些教授在 1900 年代的早期都參加了反沙皇政府的遊行示威，他們被驅逐離開大學，這個大學很自然的就成為反驅逐的機構。在這裡維高斯基繼續追求他對文學、藝術、哲學及心理學方面的興趣。

在發生改變國家命運的重大革命之後的一兩年時間，維高斯基在 1917 年同時畢業於這兩所大學，他回到 Gomel，在不同學院裡教文學、歷史、哲學、心理學和教育學，包括 Gomel 師範學院；也就在 1917 年到 1924 年這段期間，維高斯基更加投入心理學和教育的領域。他在師範學院成立了一個小的實驗室，除了教學、研究和寫作以外，他也花很多時間在閱讀方面。他精通八種語言，包括德文、俄文、英文、希伯來文、法文、拉丁文、希臘文和世界語；這種能力讓他能在哲學、心理學、教育學、戲劇及文學上廣泛閱讀，這些領域在當時的歐洲以及美國都是重要的學科。

也就是在後革命時期，維高斯基第一期的肺結核發病了，這個疾病逐漸磨蝕了他，以及成千上萬的蘇俄人。在幾次病發復癒之後，身體變得非常脆弱，也讓他在 1920 年代早期，短暫停留在衛生學的研究領域裡。從他過去十二年中豐富急驟的步調以及極端多產的作品來看，維高斯基似乎知道自己生命有限。

在 1924 年有幾件重要的事情發生，第一件事是他和 Roza Smekhova 結婚，和她生了兩個女兒；第二件是在一個很重要的國際心理學會議上做了一個重要的演說。他的演說讓許多觀眾非常興奮，包括了 K.N. Kornilov，也就是莫斯科心理教育學院的

主任。他對維高斯基的演講印象非常深刻，故邀請維高斯基和其他著名的心理學者加入莫斯科大學。後來維高斯基和太太搬到莫斯科，有一陣子住在心理學院的地下室，他非常高興，因為就像住在圖書館的檔案堆裡。在這時，維高斯基開始發展他的專業事業，成為心理學理論者及研究者。

因為維高斯基從來沒有接受過成為心理學家的正式訓練，因此常被認為是這個領域的局外人，但因為他非常熟悉當時其他主要心理學家的作品，例如皮亞傑（與維高斯基同年生）及佛洛依德，維高斯基經常扮演著針對當代心理學家的解釋者或批評者的角色，他傳播給蘇俄人近代重要的心理學家，包括Koffka、Stern、Köhler、Bühler、皮亞傑、格賽爾、佛洛依德等人的思想；他經常翻譯、編輯、撰寫這些人的著作給蘇俄讀者。事實上這位來自小城，由文學轉為心理學的教授，有很多豐富的心理學觀點；而他這些關於心理學及兒童發展學的創造性論點，很可能是由身為這個領域局外人的新鮮觀點所形成的。

維高斯基到莫斯科後不久，就遇到 A.R. Luria（1902-1977）以及 A.N. Leont'ev（1904-1979），兩人成為維高斯基的學生及同事，後來成為著名的維高斯基學派思想的三人組（troika）。Luria 和 Leont'ev 的責任，是在維高斯基死後繼續推展他的觀點，後來兩人逐漸成為蘇俄心理學家中最主要的人物；Luria 是世界知名的神經心理學者，Leont'ev 則發展出非常著名及豐富的關於人類行動的理論。他們以及維高斯基圈子內的份子，都記得維高斯基善於啟示他的學生及同事，而且是非常受歡迎的演

▶維高斯基 Lev Semenovich Vygotsky 和他的大女兒 Gita Vyodskaja。
她本人也是一位教育心理學家，目前退休居住於莫斯科，爲對維高
斯基生平有興趣的學者們，提供許多無價的訊息。

說者及臨床學者。在社會文化理論（sociocultural theory）領域
中，只有維高斯基所領導的三人組的成就受到重視（Wertsch
1985b; Blanck 1990），但是正如 van der Veer 和 Valsiner
（1991）最近所指出的，歷史的報告似乎被簡化了，無疑的，其
他蘇俄學者也參與了這個過程。

為了解推動維高斯基發展理論的主要動力，必須認識當時重
大的社會改變，雖然當時蘇俄是被內戰、世界大戰、饑荒、疾病
所威脅，但是蘇維埃聯邦在 1917 年革命後，卻是一個讓像維高

斯基這樣年輕熱情的馬克斯主義學者興奮的地方。此時的蘇俄人
都有很高的精力和熱心，參與投入改變國家的挑戰。此時維高斯
基是在馬克斯原則的社會主義和辯證物質主義的基礎上，負責創
造一個馬克斯主義的心理學和兒童發展理論，目標是要重組蘇俄
的心理學及教育領域，並配合蘇維埃聯邦社會及文化改變的需
要。

　　維高斯基的理論常被認為是社會文化取向的觀點，因為他想
了解社會和文化如何影響一個孩子的發展。我們將在整篇傳記裡
以社會文化（socioculture）這名詞來認識他的理論，但這名詞
有時也會有另外的名稱，像是社會歷史（social-historical）或文
化歷史（cultural-historical）的觀點等，這是因為除了兒童發展
以外，維高斯基對歷史及人類種族的進化發展也同樣有興趣。維
高斯基理論事實上強調四種層次的人類發展上的相似與相異處：

- 人類種族是通過進化而發展的（系統發展論 phylogenesis），
- 人類是通過歷史而發展的，
- 個人是通過兒童期以及成人期而發展的（個體發生學 ontogenesis），
- 能力是通過兒童及成人個別的工作或活動而發展的（微發生學 microgenesis）（Cole 1990）。

　　正和馬克斯認為歷史的發展是靠集體的社會運動和衝突，而
勞動和產品是任何社會的主要過程的觀點相一致，維高斯基的兒
童發展觀點，也假設社會互動和孩子參與真實的文化活動，均是

發展的必要條件。同時在進化過程中，人類的心智能力也因需要溝通而被喚起；維高斯基的理論提供一塊特別的土地，在個體發生的社會互動上，發展出複雜高度的心智功能。

以下是維高斯基主要觀點的簡述，每一觀點都將在下面幾章中分別討論：

- **跨文化差異**（cross-cultural variation）：因為人們所強調的文化活動以及使用工具的不同，所以在每個文化的高層次心智活動上也會有所不同。

- **發展的或發生學的方法**（the developmental, or genetic, method）：我們只有藉著檢視行為的發展或歷史，去了解人們的行為，如果想了解某些東西的重要性，我們必須看它是如何發展形成的。

- **雙線的發展**（two lines of development）：在兒童發展上有兩個不同的平面等級發生，那就是自然的線及文化的線：自然的線（the natural line）指的是生物的成長、物體的成熟，及心智的結構；文化的線（the cultural line）指的則是學習使用文化工具，以及參與文化活動的知覺意識。

- **較低相對於較高的心智功能**（lower versus higher mental functions）：就像發展的生物與文化的兩條線一樣，人們的心智活動也可分成較低和較高的心智功能。較低的功能是與其他哺乳族類共有的，但高層次的心智活動是人類所獨具，包括語言及其他文化工具的使用，來修正引導認知的活

動。較高層次的心智活動，在發展的過程中，就會自動重組低層次的心智活動。

- 文化發展的一般性起源法則（general genetic law of cultural development）：任何孩子的文化發展功能，都會出現在兩種層面上，第一個是出現在社會，或人際間的層面（social, or interpersonal, plane）；另一個是在個人，或心理的層面（individual, or psychological, plane）。所有具這種社會根源的高層次心智功能都會逐漸內化。

- 語言是中心（language as central）：語言是最初始的文化工具，人們用來修正行為；這是在重建思想，以及形成高層次、自我規範的思考過程中非常有用的工具。

- 教育引導發展（education leads development）：正式的教育以及其他社會化的文化形式，是引導孩子發展到成人的主要關鍵。

- 最近發展區（zone of proximal development）（ZPD）：是學習與發展產生假設推測的動力根源。所指的是一個特定的距離——從孩子能獨立解決問題，到獲得成人或該文化中有能力份子的協助，而完成工作之間的距離。

Wertsch（1985b）認為維高斯基的著作具有兩個主要的目標：首先是為了要創造馬克斯心理學，希望能同時解決心理學領域上的問題，和引導新建設國家人民心理的方向。第二個目標是以其豐富的研究見解，去幫助各種身體障礙及有心理問題的孩

子。源於多年的饑餓、貧窮、戰爭及巨大社會變遷的結果，蘇維埃聯邦在 1920 年代的後期已經看到動亂時代在孩子身上所造成的破壞程度：許多失去雙親、流離失所、心智殘障、體力缺陷，以及犯罪的孩子充斥在莫斯科的街道。有趣的是，維高斯基思想的里程碑之一即是：「實作（practice）是測試任何理論的最高準則」，這個觀點與當代其他心理學者所強調的不同（今日亦是如此）。大部分心理學家都是投入正常心理學的基本研究上，而對心理學臨床的運用興趣闕如。事實上，維高斯基在異常兒童心理學上產生極大的影響，他常被認為是現代蘇俄的「缺陷學」之父。在蘇俄所謂的「缺陷學」（defectology）名詞，在英文的翻譯是指「不正常兒童心理」（abnormal child psychology）以及「特殊教育」（special education）的領域（Knox & Stevens 1993）。在維高斯基的最後幾年（和 Luria 一起），對成人心理病理學（adult psychopathology），特別是精神分裂學（schizophrenia）、神經心理學（neuropsychology），及腦功能學的議題上，都投入了大量的研究精力與興趣。

維高斯基在他短暫生命的最後幾年非常忙碌，除了在莫斯科心理學院投入了標準學術研究人員的教學、出版、雜誌編輯的責任之外，還主導及參加了許多心理學及教學研究的組織，都在莫斯科附近地區。這些組織包括了實驗缺陷學研究中心、共黨教育學院、莫斯科醫學教學站、莫斯科第二州立大學，以及烏克蘭心理神經學院、賀爾金教育學院等。為了讓自己有更多的時間寫作和研究，維高斯基寫了很多書，也翻譯許多不同領域其他學者的

作品。

在1934年時維高斯基受肺結核疾病的摧殘,健康急遽惡化,他的家人記得,他不聽醫生的勸告,在生命的最後幾個月,仍然狂熱的工作,希望寫出更多的作品。維高斯基甚至在床上,口述了他生命中最重要作品的最後幾章——「思考與語言」(Thought and Language)([1934] 1962, [1934] 1986),這本書是在他死後出版的遺稿,維高斯基在1934年的六月死於肺結核,得年三十七,埋葬在莫斯科。

▌影響維高斯基觀點傳播的因素

到現在讀者可能會懷疑,維高斯基既是心理和教育學上重要的角色,為什麼他的理論在最近幾年才被發現呢?下列幾點,可以說明他的理論為何被延遲推薦到美國和其他西方世界的原因:第一個阻礙他理論傳播的原因,是因他悲劇性的短暫生命,沒有足夠時間充分發展他的觀點,或在接受學者的批判之後,檢驗統整他的陳述,使成為組織緊密、結構完整的理論。所以維高斯基的理論會被想成是一連串的迷你理論,鑲嵌在一般性的理論背景之中,但卻還沒完成。也因此維高斯基的理論,常在很多領域中,被學者延伸發展(Leont'ev 1978; Scribner & Cole 1981; Luria 1982; Palincsar & Brown 1984; Wertsch 1985a, 1985b, 1991b; Lave 1988; Pratt et al. 1988; Tharp & Gallimore 1988;

Valsiner 1988; Diaz, Neal, & Amaya-Williams 1990; Rogoff 1990; Resnick 1991; Tulviste 1991; Diaz & Berk 1992; Tudge 1992; Berk 1994c）。

　　第二個影響他的理論傳播緩慢的原因，是他處於一個社會經濟條件非常困苦的情況下；當時蘇維埃聯邦正在經歷革命、內戰、第一次世界大戰，及其他因社會騷動所產生的巨大社會改變的混亂。在這種情況下，基本生活物質缺乏，例如紙張，很明顯的，絕對無法幫助科學寫作的廣泛傳播。

　　第三個，也是最主要的，延緩其社會文化思想傳播的因素，是在維高斯基死後不久，他的作品就被禁了，而且被史達林的政權一禁二十年。在一個已是越來越教條及鎮壓的政治政權下，一個學者的作品會被包括在史達林的整肅條例中，實在也非不尋常的現象。當時的政府在史達林的獨裁掌握之下，已開始偏離最早的馬克斯社會主義的理想，像維高斯基這種堅定的馬克斯主義者，就會被視為一種威脅。維高斯基可能是被認為太過於心胸寬闊沒有偏見，因為以他這種中產階級學者對國際的接觸與熟悉，往往是和政府的政策觀點不同的，所以他的聲望在死前就已經開始下降了。在他過世前的幾年，維高斯基並不再享有他早年的盛名，為了保有學術上的安全，他的學生和追隨者，也紛紛進入其他的領域或修正原來的理論觀點。

　　正如其他偉大的思想家和學者一樣，維高斯基的理論有一段時間也受到強烈的批判；但就如我們所看到的，他生命中理論名聲的下降，並不是因學術上的原因，而是基於政治上的理由。然

而悲劇性的諷刺是，這個造成維高斯基在 1920 年代快速出名，成為蘇俄頂尖心理學家的原因——所謂在這領域上，局外人的新鮮觀點、強烈的馬克斯主義者的承諾，以及源自不同國際學者觀點所產生的豐富廣大的知識領域和背景等，卻也正是造成他逐漸沒落（從歷史而言卻是暫時的）的主要原因。

　　在 1953 年史達林死後不久，維高斯基以及其他學者的禁令才被解除，他的作品又開始在蘇俄傳播開來，可是將維高斯基的文章譯成英文，並在美國傳播，卻又延遲了一段時間，至少有兩個原因：首先，美、蘇兩國有系統的學者交換，在冷戰時期一直沒有展開。第二、那時覺知到並接受維高斯基理論的美國學者，正受到當紅流行的以皮亞傑和行為學派為主之發展心理學及教育心理學之學者們的排斥。

▌維高斯基的主要著作

　　要敘述維高斯基的出版品是一件困難的事，因為一些主要的作品雖然在他活著的時候已在蘇俄出版（Vygotsky 1925, 1926, 1931, 1934; Vygotsky & Luria [1930] 1993），及以英文出版（Vygotsky　1925, 1929），但有些文章則是第一次出版，或後來重複出版（Vygotsky [1925] 1986, [1921] 1960, 1972）。有些作品的英文翻譯開始在 1960 年代出現（Vygotsky [1934] 1962, [1925] 1971, [1930-1935] 1978, [1934] 1986）。除了這些

作品，就是他完整編輯的六大集叢書，最近在蘇俄出版（Vygotsky 1982a, 1982b, 1983a, 1983b, 1984a, 1984b），目前也有英譯本（Vygotsky [1934] 1987, 1993）。在這些不同型態出版的文章裡很多是重複的，但也有在文章裡只出現一次的。維高斯基理論的學者，對翻譯的品質曾經有不同的爭辯，對維高斯基寫作翻譯的不同解讀也有重要的差異（請參考 van der Veer & Valsiner 1991）。

維高斯基最初的主要作品，包括了文學的批評以及藝術心理學，這是他早期的興趣。有一篇最早期的論文是關於哈姆雷特的文學分析（Vygotsky [1916] 1986），他的論文也出版了，叫作「藝術心理學」（*The Psychology of Art*）（Vygotsky [1925] 1971）。維高斯基早期投入教育心理學，反應在他第一本書叫作「教學心理學」（*Pedagogical Psychology*）的書上（Vygotsky 1926），這是一本教科書，為未來的教師綜合教育心理學的原則與教育關係的聯繫。這本書有幾個主題，包括神經系統的功能、反應、帕夫洛夫的古典制約、教育在社會中的角色、混齡組合在教室中的重要性、語言發展、智力測驗，以及兒童的美學、性和道德發展。

在 1924-1931 年之間，維高斯基出版了一些關於特殊教育的文章，或稱為「缺陷學」，也就是兒童心智或身體能力不足的心理學（例如 Vygotsky [1925] 1931）；在他完成這個領域的論文並以蘇俄文出版後（Vygotsky 1983b），這個領域的完整作品最近又以英文出版（Vygotsky 1993）。維高斯基將下列這些

關於兒童特殊學習困難問題的中心主題也包括在這本書中：

- 正常與異常發展的兒童都有共同基本的發展原理，基於這個原因，兩種孩子都應該一起受教育，並盡可能參加同性質的活動。

- 教育者和心理學家基本的焦點，應放在有發展問題孩子的優點和能力上，而不是放在他們的限制與缺陷上。

- 因為無法參與正常的互動或集體活動，所產生的社會與文化的不足，對孩子來說，比原本就具有的官能上的缺陷還糟糕。

- 較高層次的社會與文化的不足，一般而言，比原本的問題更容易處理。

- 對不同孩子的能力不足所做的心理和生理補償過程，能創造他們獨特的人格特性以及獨特的發展軌道。

以上這些觀點都會在第四章中更詳細的討論。

維高斯基社會文化論的基本，出現在「思考與語言」（ *Thought and Language* ）（ Vygotsky [1934] 1962, [1934] 1986 ），以及 1930-1935 年間第一次以英文出版的作品「社會中的心智」（ *Mind in Society* ）這兩本書中（ Vygotsky [1930-1935] 1978 ）。其他的作品對維高斯基的理論也有很詳細的說明和重要的貢獻，包括他跟 Luria 所寫的書「行為的歷史研究」（ *Studies on the History of Behavior* ）、「猿猴、原始、與兒童」（ *Ape, Primitive, and Child* ）（ Vygotsky & Luria

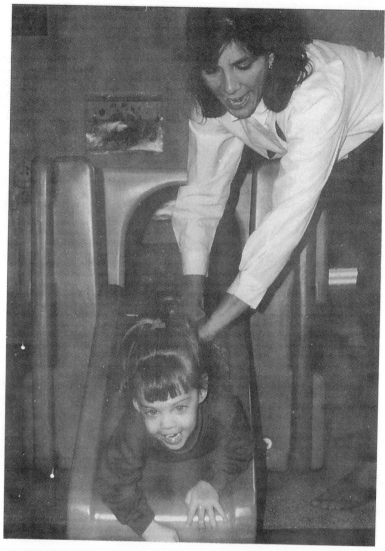

▶維高斯基的觀點，認為教育者和心理學家基本的焦點，應放在有發展問題孩子的優點和能力上，而不是放在他們的限制與缺陷上。

[1930] 1993），以及很重要的文章「高層次心智功能的發展」
（*The Development of Higher Mental Functions*）
（Vygotsky [1931] 1960）。總之，維高斯基約出版一百八十篇
作品，如果包括不同型態出版的同樣作品，以及未出版的手稿，
作品可能累積到三百篇（關於維高斯基的作品詳介，可參考 van
der Veer & Valsiner 1991 年的文章）。

維高斯基的發展取向：

個人心智功能的社會本源

◇社會共享的認知
◇語言的重要性
◇最近發展區
◇自我規範的社會本源：兒童的私語

　　很多住在美國東南小鎮 Trackton 非裔美人社區的小孩，他們在教室裡常對溝通覺得不舒服，也不喜歡溝通，據老師報導，這些孩子甚至無法回答一些很簡單的問題。人類學家 Shirley Brice Heath 曾懷疑這個溝通困擾上的主要因素，可從這社區語言使用習慣的觀察，及老師的態度兩方面來探討。她觀察白人老師與兒女的溝通及與學生的溝通；在這兩個場所老師都會問許多問題，大部分問題是問孩子了解什麼，並進而擴充他們對世界的知識，例如「這是哪一種卡車？」「圖畫裏的小狗在哪裡？」以及「這個故事是關於什麼事情？」等。

　　相反的，住在 Trackton 的這些孩子，從小就很少被父母或社區的成人問這類的問題，成人會延遲他們的發問，一直到認為孩子是有能力的對話者和訊息的來源時，才會對他們發問。當成人問孩子問題的時候，也都不是問指導或訓練知識的問題，而是問真實的問題──像是他們自己也不知道答案的問題，以及沒有固定正確答案的問題。在家裡，這些孩子也會發展複雜的口語技巧，例如說故事以及交換一些快速、機智的意見談話，但這些卻不能幫助他們在學校裡適應得很好。在學校對老師的問題感到困惑後，這些孩子就退縮到非常安靜的情況下。可是一旦老師所設計的教室活動，將孩子的家庭語言經驗列入考慮時，這些被動沉默的孩子就會變成活潑、熱心的參與者了。（細節見 28～29 頁的補充欄）

　　在大部分認知和認知發展的理論中，社會和認知的結合是少見的情況，他們被看成是兩個分開的功能領域，而不是結合或互動的關係；最多將社會世界當成是認知活動的外圍情境而已，而不是其中的一部分（Resnick 1991）。幼兒教育的專業人員們很久以前就了解這個傳統，即認為幼兒的所知與發展是個人而非社會建構的——這個傳統來自於皮亞傑在這個領域的巨大貢獻。根據皮亞傑的觀點，當孩子獨立探討他們的物理和社會世界時——是建立及掌握在個人範圍內的一個過程。如果人類對了解事實的方法都有一個共同特性，那是因為我們擁有相同的生物配備來解釋我們的經驗——那就是我們的頭腦。

　　在這點上，維高斯基的觀點是比較獨特的，他認為思想不只是維繫在個人的腦中而已，而是「延伸發展在皮膚之外」（the mind extends beyond the skin）（Wertsch 1991a, 90），而且是無法與其他心智分開的。根據維高斯基（[1930-1935] 1978）的社會文化理論所認為，認知是一種非常複雜的社會現象。社會經驗會形成思想及解釋世界的方法，在社會化形成心智思考的過程中，語言也扮演非常重要的角色，因為那是我們最原始的溝通及與別人心智互動的途徑。藉著語言，我們可以心理化的呈現社會經驗，也是思考的必要工具（Vygotsky [1934] 1987; Leont'ev 1959）。因為維高斯基認為語言是介於社會文化世界與個人心智功能之間的重要橋樑，因此他把語言的獲得看成是孩子心智發展上最重要的里程碑。

▶因為維高斯基認為語言是介於社會文化世界與個人心智功能之間的重要橋樑，因此他把語言的獲得看成是孩子心智發展上最重要的里程碑。

在下面的部分，我們要清楚地檢視維高斯基兩個互補的觀點：(1)認知是社會化的建構與共享，以及(2)語言是介於社會與人類心理功能層面間之重要聯繫。

▊社會共享的認知

　　維高斯基理論的基本前提認為，所有人類獨特的高層次心智活動，都是從社會與文化的情境中產生的，而且是被情境中所有的份子共享，因為這種心智過程是可以調適的。它造成能在特殊文化中成功所必備的知識與技能，也因此，他的社會文化理論非常強調人類認知能力的廣泛差異。維高斯基在他「文化發展的一般性起源法則」（general genetic law of cultural development）中很重視這個主題。要了解個人的發展，他強調必須了解與這個人有關的社會關係：

> 幼兒文化發展的任何功能都出現兩次或兩個層面的差異。第一是出現在社會的層面，然後是在心理的層面。第一次是出現在人們之間的「人際心理」（interpsychological）的特性，然後是在人們之內的「內在心理」（intrapsychological）的特性。這和我們講到自動注意力、邏輯記憶力、觀念的形成，以及意志力的發展時，同樣真實。我們可以在完整的字義上將之當做一個法則——社會關係或人際關係，能支撐所有高層次的功能及其關係。（〔1960〕1981, 163）

　　雖然社會文化的觀點強調文化的差異性，但不論維高斯基本

人或他的追隨者都不曾宣告認知發展的一致性——用來形容所有孩子的事實——並不存在。的確有很豐富的研究顯示，人們的生物性裝備會支持很多普遍性的認知；就如能力不同的嬰幼兒，能知覺到將模型的部分組合成整體、會模仿其他人的行動、會抓住面部表情的感情意義、會尋找暫時隱藏起來的物體，並且學會用語言（Baillargeon 1987; Baillargeon & DeVos 1991; Bornstein & Lamb 1992; de Villiers & de Villiers 1992; Meltzoff & Gopnik 1993）。除了這些人類能力的生物性基礎之外，社會文化理論認為，有些普遍性是因為人們是天生的社會和溝通的物種的直接產物。例如全世界的孩子，在二至三歲時都會成為非常有技巧的對話者；他們藉著輪流、眼睛的接觸、適當的回應同伴的意見，將談話的主題維持一段相當的時間（Garvey 1974, 1990; Podrouzek & Furrow 1988），來遵循人類口語互動的規則。這種高水準的對話技巧，很可能是從早期與保母或兄弟姐妹間的互動所產生出來的能力。

　　但是強調認知發展一致性的說法，曾經掌控了幼兒發展的領域十幾年之久，這也阻礙了認真探討認知的社會基礎的努力（Wertsch 1991a）。今天許多發展心理學家及教育家開始擁抱這個信念，相信社會和認知發展彼此都是非常重要的觀點。不斷增加的研究證據也顯示，社會影響時常呈現在認知能力上，這種社會參與在轉換兒童的思想上，是非常有力的；這也逐漸說服了兒童發展專家，相信認知是因社會情況而存在的（socially situated）事實。

嵌置於社會中的認知技巧：社會互動

在累積的會話方面的文獻中提到，皮亞傑學派曾指出兒童從非常孩子氣、不合邏輯的分析方式，轉變到在問題及活動中表現得像成人且合乎邏輯觀點的里程。很多研究顯示，成人所用來主導會話進行的發問型式，往往是經過社會透鏡（social lenses）的運作，會強烈影響孩子的表現（Resnick 1991, 5）。

先前我們注意到，幼兒在與別人互動的過程裡，已經很快學到遵守每日會話的規則。他們期待互動中同伴的訊息能適切地傳達給他們，而他們也會很認真貼切的將之傳遞出去。但是當他們被問到一些觀念，像是保留問題時，可能不會了解到回答這類問題，並不需要依照每日會話的規則來應對。有些訪談幼兒的研究者，曾問到一些雖然是事實的觀點，卻是幼兒平常互動中很少會感興趣的主題；而且研究者會連問兩次甚至更多次，想弄清楚幼兒最初的回答是否真正代表他們自己的想法。結果一個好意的成人問題往往被誤解，而幼兒也可能錯誤的回答——並不是因為他們不知道答案，而是成人所用的會話規則，跟孩子用的規則產生了牴觸。

有一種對話訪談就是運用重複的問題，例如在著名的液體保留問題上，我們會問孩子，將一種溶液倒入不同形狀的杯子，倒入前和倒入後的兩種情況下，水量會不會不同？我們想知道如果問兩次同樣的問題，會不會影響孩子的答案？想想如果你被問了

兩次這樣的問題時，會有怎樣的解讀？當同伴重複地問：「你好嗎？」或「你週末愉快嗎？」你可能會改變第二次的回答，並且認為第一次給同伴的回答，可能沒有達到他的期望。一組由 Siegal, Waters, 和 Dinwiddy（1988）所做的研究發現，兒童會帶著類似的社會觀點到一個會話訪談的情境中。

在一個開始的實驗中，將一百八十個四到六歲的孩子，隨機抽樣一半放在標準的數字保留的兩個問題情況下，另外一半則放在一個問題的情況下。有關一行二十個鈕子被一個成人改變安排過的前、後的問題，第一組的孩子被問兩次：「請你指出比較多鈕子的一行給我們看」；第二組的孩子在鈕子改變安排後，只被問一次問題。結果發現 78% 的孩子在被問一次問題的測驗下，具有保留概念，在被問兩次的情況下，則只有少數 28% 的孩子達到保留的概念。

在第二個研究中，繼續挖掘答案不一致背後的原因；讓孩子看大人分別以問一次問題和兩次問題來訪談玩偶保留觀念的錄影帶。在看過每一片段後，孩子被問及玩偶如此回答問題是「只是要討好大人」，或「玩偶是真的這樣想」。當玩偶在被問了兩次問題的情況下給了不一致的回答，大部分的孩子（69%）會說它們這樣說是為了讓大人高興。相反的，在只問一次問題的情況下，較少孩子（44%）認為玩偶不一致的回答，是因為偽裝了真正的了解，反應出孩子們在尋找社會所想要的回答。另一個研究也支持這樣的結論：很多四到六歲孩子未具保留概念的回答，是意圖把每日談話的規則，應用在訪談情境中的結果（Perner,

Leekam, & Wimmer 1986）。

　　總而言之，兒童被帶到訪談現場的假設和目標都遠超出他們的社會經驗，為了解成人所呈現的認知活動，他們會設法在這活動所鑲嵌的社會關係中，尋找其中的意義。若成人無法了解兒童很容易被成人發問的本質所誤導，就很可能會低估孩子的知識與能力。

　　有時候成人的問題，會更滲透深入的挑戰對孩子社會互動的期望，例如中產家庭的孩子常被問些指導性的問題，往往是成人已經知道答案的，例如：「這車是什麼顏色？」「這片拼圖是什麼形狀？」「你的零錢是不是跟我的一樣多？」等。但是下頁欄中的資料則顯示，像這種型態的問題，在重視並促進不同會話型態的社區裡，是非常少見的。這例子又支持另一個社會文化理論的前提：那就是思考方式因社會情境而異，並不只在兩人一對或團體的層次，同時也可能是在更大的面對面互動所鑲嵌的機構或文化的層次中（Vygotsky [1930-1935] 1978; Wertsch, 1991a）。這種指導性的發問方式（instructional questioning），充斥在中產階級父母的教養方法中，這與在學校進行的會話型態非常相似，可以培養孩子成為一個在教室和考試的情境中都能成功的溝通者。很多研究發現，非中產階級的孩子在西方學校裡所面臨的困難，部分是因這種介於家庭與學校間不同的溝通型態及不當配合所產生的結果（Edwards 1989; Heath 1989; Miller-Jones 1989; Rogoff, Mistry, et al. 1993）。因此老師需為孩子調整教室學習經驗，認同少數族裔背景孩子的社會歷史的優點，並加以

妥善積極的運用。我們將在第六章從維高斯基的觀點探討教室談話時，再來討論這個議題。

家庭與學校中的發問：
低收入非裔美籍兒童的早期語言環境

人類學家 Shirley Brice Heath（1983, 1989）研究 Trackton 這個地方的語言習慣，這是一個位在美國東南城市的一個非裔美人的小社區。她將之與白人老師在家對自己的孩子和在校教學生的互動做比較。Trackton 的孩子上的是融合的公立學校，教他們的是白人老師。Heath 注意到該地父母受到小孩不愛上學、不喜歡在教室與人溝通的困擾。老師也提到不少小孩甚至連簡單的問題都不會回答。

Heath 認為對語言的觀察可能可以解釋這個溝通不良的關鍵。她集中注意在發問上面，因為發問是特別重要的教室溝通工具。Heath 看到白人老師與她們自己小孩的溝通，發現到她們頻繁的使用發問，其中約有 50% 的說話是與詢問有關，大部分是用來訓練孩子學習世界的知識，像是「這是什麼樣的卡車？」「相片中的小狗在哪裡？」和「這故事在說什麼？」老師在教室內的對話也包括了大部分的問題，而這些老師用在家裡的問題型態，和那些用在學校裡的是一樣的。

但是在 Trackton，年幼的幼兒是很少被問問題的。黑人成年人往往延遲發問，直到孩子看起來像個有能力的對話者或是

消息的來源時。當成人真的問起問題來，跟白人老師問的又很不一樣。不是教導或知識訓練的問題，黑人父母只問真正的問題——有些他們自己也不知道答案。通常是些推類的問題（如「這像什麼？」），或故事開始的問題（「迪佳今天早上聽到陳老師說了嗎？」），這些需要對整個事件詳細敘述的回應，其中又沒有任何「正確的答案」。Trackton 兒童在家發展複雜的口語技巧，例如說故事和交換一些急智的答案。很不幸的，這些技巧到學校去卻不管用。孩子對教室裡的問題感到困惑，時常退縮到沉默中。

後來 Heath 得到老師的合作，將推類和故事開始式的問題用在教室活動中後，Trackton 這群被動、沉默的孩子卻變成了活潑、熱情的參與者。當老師用社區的照片開始問孩子：「告訴我，你在那邊的時候做些什麼？」和「那像什麼？」然後她們將學生的回答錄音下來，再錄上特別的、學校型態的問題。把這些放在學習中心，讓學生可以自己聽，漸漸的協助學生為錄音帶準備新的問題和回答，並適當回應社區和學校的期望。由於這些經驗的結果，他們很快跟上教室的口語習慣，也開始了解學校型態的問題不會威脅到他們在家的說話方式。

當老師了解文化經驗所帶來的少數族裔兒童不同的語言習慣後，他們可將這些風俗融入教室活動中。如此，介於由兒童的文化社區所培養的學習型態，和為準備學校成功所需的學習型態之間，就可以建立起有效的橋樑。

嵌置於社會中的認知技巧：活動和場地情境

在我們考慮活動本質與孩子社會經驗之間的關係後，就會明白較大的文化情境對認知發展的影響也是同樣重要。為了說明這點，讓我們回到剛才的保留問題上。有許多研究證據顯示，在一些非西方的村子或部落社會中，兒童的保留觀念經常嚴重延遲，例如尼加拉瓜 Hausa 這地方，是個小殖民地農村，居民很少送孩子上學；因此即使是最基本的保留觀念，像數字、長度、液體，孩子也一直要到十一歲，甚至更晚才會了解（Fahrmeier 1978）。即使 Hausa 這地方的幼兒每日所處是具有刺激性的環境，延遲發展卻仍是事實──這是皮亞傑所假設的，幼兒發展到具體操作期的實驗基準。

我們應如何探討各種不同文化之間，兒童獲得保留觀念的時間上的巨大差異呢？依照 Light 和 Perret-Clermont（1989）的研究發現，如果孩子要熟練保留或其他的概念，他們必須每日參與環境中促進思想的活動才行。例如，很多西方國家的孩子，用平均分配資源的遊戲來學習公平的觀念──這是在他們的文化中所強調的價值。他們有無數的機會來分配材料，例如分蠟筆或萬聖節的糖果，很平均的分配給自己和同伴。結果，他們常看到同樣的量安排在不同的方式上，也很早就掌握住保留的觀念。但是在另一個很少鼓勵這種經驗的文化裡，保留觀念就不易像在西方世界所預期的那樣早產生。

　　同樣的發現也存在於以往被認為是受到特殊經驗或練習少許影響的認知活動上。「偉斯勒兒童認知量表——修正版」（Wechsler Intelligence Scale for Children-Revised）中的積木設計測驗，其中廣泛使用的空間分析的評量，就是一個例子。其中一個研究是，需要兒童儘快模仿一個設計來安排小方塊；這些小學生在這個積木設計中的表現，與他們平常有沒有接觸玩一種昂貴商業遊戲的機會和程度有關（就如測驗項目）（Dirks 1982）。低收入少數族群的孩子常常成長在「人的導向」（people-oriented），而非「物的導向」（object-oriented）的家庭環境中，可能會缺少玩某種遊戲或玩具的經驗，而這些玩具能促進他們某些心智和技巧的發展（Okagaki & Sternberg 1993）。

　　維高斯基跟他的追隨者非常敏銳深刻的體會到，上學及其相關的讀寫活動是非常有力的情境，可塑造孩子的認知發展（Luria 1976）。依照維高斯基的說法，在課業上的精熟學習，會導致在記憶、觀念形成、分析，以及解決問題上的巨大轉變——這也是被最近的研究所證實的觀察（Ceci 1990, 1991）。這種發展的改變，如果從孩子典型的在學校學到的知識而言，是說得通的。但當孩子參與校外的實際活動時，同樣的策略卻不一定有效。例如在一個研究中，研究者讓九歲的孩子去記住一些鑲嵌在有意義的情境中的訊息（四十個物件放在遊戲的情境中），很多美國孩子會去試著練習記住物件的名稱——使用在學校所學到的，記一些不連貫訊息時不太有效的策略。但是在瓜地馬拉

Mayan 這地方的孩子，反而比較能持續追蹤其空間關係。這地方的孩子表現比美國孩子好一點的地方，就在有意義的問題記憶上，但要他們去記住一些不相關的字詞表時，他們的表現就很差了（Rogoff & Waddell 1982）。

　　將這些研究文獻放在一起，正提醒我們：世界上各種文化的孩子並不是面對同樣的活動，反而是文化——及負責孩子社會化的機構——為孩子的學習選擇了不同的活動。因此，孩子的認知是「情境化」了的（contextualized），從特定的活動和社會經驗中萌發出來，或從中搜尋意義（Perret-Clermont, Perret, & Bell 1991）。總之，根據社會文化理論，思考的模式在幼兒及兒童中期，假如能普遍發展，比起過去所相信的，將比較會是特定情境和文化狀況的產物。

社會參與可做為認知發展的刺激物

　　社會參與能轉換兒童思考力量的證據，是吸引心理學家和教育學者來認識維高斯基社會文化觀點的另外一組研究。其實對將社會互動當作是個人認知成長刺激的興趣，應追溯到皮亞傑早期的研究上（[1923] 1926）；他強調「衝突」的角色，特別是存在於同儕之間的衝突，可以用來促進認知的建構。根據皮亞傑的看法，透過與同齡同儕的衝突與爭議，兒童將可一再看到別人與他不同的觀點。事實上，皮亞傑認為在刺激認知的改變上，與同儕的接觸會比與成人的接觸更有價值；因為兒童可能在表面上接受

成人的觀點，不加以批判檢視，更不敢在成人的權威下質問他們的理念。但皮亞傑認為同儕意見的衝突，再加上認知的成熟，可以導致學前幼兒非邏輯思考的自我中心意識的下降。有了這些經歷，兒童開始反應在他們自己的認知上，並且開始適應其他人的觀點（Tudge & Rogoff 1987）。

　　皮亞傑的觀點，促進了許多針對藉社會經驗誘導操作能力這方面的調查研究，這些研究也確認了一點：皮亞傑活動中許多比較成熟的表現，事實上是可以透過同齡孩子互相交換不同意見而訓練出來的。在促進邏輯思考上，同樣也證明有效的是，不同的社會輸入和支持，包括成人的教導所指出兒童邏輯的矛盾之處，也能提供正確的解釋，或幫助兒童記得問題中的因素部分（Beilin 1978）。

　　在此同時，另外一個被維高斯基觀念所刺激引發出來的研究，集中在認為「合作」（collaboration）是認知發展的來源上。依照維高斯基（[1930-1935] 1978）的觀點，認為在有挑戰性的活動中，藉著與社會上有知識的份子的合作對話，孩子較能學會反應出他們社區文化特性的思考與行為。維高斯基相信，當更多成熟的同伴——包括成人與同儕——在孩子練習精熟文化中有意義的活動時，能提供引導的話，與同伴的溝通就可變成孩子思考的一部分。一旦孩子將這些重要的對話特質加以內化後，就可以用鑲嵌在其中的策略，來引導自身的行動，和完成技巧的學習（van der Veer & Valsiner 1991）。

　　由維高斯基觀點所產生的研究中建議，最重要的不是誰參加

了社會改變——成人與兒童，或兒童與兒童——而是同伴如何組織這種聯合活動。衝突和反對對促進發展的重要性，並不如不同意見被解決的程度、同伴共同承擔責任、對話所反應的合作，和彼此的尊重等內涵來得重要（Forman 1987; Perlmutter et al. 1989; Nastasi, Clements, & Battista 1990; Tudge 1992）。研究員也指出，與維高斯基的理論相一致的一點就是，兒童的問題解決能力最精進的時候，似乎是在同伴是專家（expert）——特別精通這個活動的人——的情況下；他提供了能解決情況，但並不存在於孩子的內在指令中的新方法（Azmitia 1988; Radziszewska & Rogoff 1988）。

Barbara Rogoff（1990; Rogoff, Mosier, et al. 1993）曾指出，最有效刺激孩子認知成長的社會經驗型態，應是「引導的參與」（guided participation）。在這裡她是指孩子能在同伴轉化不同知識和技巧排列的引導、支持，和挑戰之下，積極參與在文化結構的行動中。其次，用特定的名稱——「鷹架」（scaffolding）來捕捉這種能幫助孩子發展關係的特質。這個名詞是由Wood及他的同事所介紹（Wood & Middleton 1975; Wood, Bruner, & Ross 1976; Wood 1989），鷹架的意義就是一種支持孩子努力的系統，且非常敏感的融入孩子的需要。成人調整對孩子目前能力所需要的溝通，供給孩子精熟活動所需要的協助，並且在他們能力逐漸增加時，要他們負起更多的責任。我們將在後面再度討論，這種兒童學習所需特殊型式的社會鼓勵的要素，目前我們要回到維高斯基的中心點，他相信文化上調適的、高層

▶衝突和反對對促進發展的重要性，並不如不同意見被解決的程度，
　和共同承擔責任來得重要。

次的認知過程，就是社會性傳遞的語言運用，下面我們將討論為
什麼語言在維高斯基觀點中是一個重要的特性。

‖語言的重要性

　　維高斯基一個獨特的理論就是，社會觀點已經蔓延到孩子與

成人私有的認知活動領域上了──像是在室內閱讀一本書、畫圖、做拼圖、沉思默想過去的事件，或只是白日夢。所有高層次的心智功能──那些人類所獨有的──在開始時都是從合作的活動中創造產生，到了後來才變成內在的心智活動過程（Wertsch 1985b, 1991a; Kozulin 1990）。用維高斯基的話來說：「知覺的社會向度基本上是及時而真確的，個人的向度則是衍生而來和依次產生的」（[1925] 1979, 30）。

什麼使得認知發展從社會向度轉到個人向度呢？維高斯基的看法是，人類用「心智的工具」（tools of the mind）或是「符號」（signs），來「仲介」（mediate）人們之間的關係。人們之間所使用的符號和「符號系統」（sign systems）就會逐漸內化（internalized）。一旦發生了，這符號就會仲介個人的心理過程。要說明語言在人類獨特的心智活動過程中所扮演的角色，我們必須仔細考慮先前敘述過的發展順序上的兩個主要特點：(1)藉符號仲介，和(2)這些符號的內化。

藉符號仲介

維高斯基強調符號，或象徵工具，是將社會與心理功能層次聯結在一起的重要工具（[1930] 1981）。他注意到很多不同的象徵工具，是被人類創造產生的：像是深思熟慮的記憶幫助器、不同的計算機系統、代數的象徵系統、藝術作品、寫作、圖表，以及地圖等等。但維高斯基理論中最卓越重要的所謂「心智工具」

則是語言，這是最廣泛、最常被人類所用的象徵系統。

　　為了解釋如何用一般的象徵工具，特別是語言來仲介，可以導致高層次心智過程的發展，維高斯基曾就象徵工具及機械工具的相似性加以比較（[1930] 1981）。機械工具就是仲介工具，人類可以用在周圍的環境上，例如鎚子，是用來獲得控制或轉換物理物件的工具。語言在心理層次上則扮演同樣的角色，因為那是用來影響思想和行為的主要方式──別人或自己的思想行為（Wertsch 1985b）。

　　語言塑造心智功能並不是維高斯基獨有的論點，很多近代理論也都強調認知發展中有日漸增加的成熟的象徵型式，每一個進展都讓孩子參與更複雜的認知運作（例如 Piaget 1950; Siegler 1981; Fischer & Pipp 1984; Case 1992; Halford 1993）。但是維高斯基觀點獨特之處，則在於他認為符號是社會性產物（socially generated），並不是天生就有，或個人建構而成的（Wertsch 1985b, 1991a）。社會本源以及符號的社會特性，可以用兩個方式解釋清楚，第一、語言以及其他的象徵工具，都是一個文化團體的社會歷史產物，這是一個社會份子合作努力所創造出來的社會生活方式的結果。因此它們是「固有的存在於社會文化的情境中」（inherently situated in sociocultural context）（Wertsch 1991a, 91）。第二、在討論語言這個最彈性的心理工具時，維高斯基強調「說話」（speech）最中心的目的，從它萌發的那一剎那開始，就是「溝通、社會接觸，和影響周圍的個人」（[1934] 1987, 45）。只有後來，說話才變成個人

化的應用工具，用來掌控個人自身的思想和行為。

為了說明維高斯基如何藉「心智工具」，從社會向度的功能轉變到個人向度的功能，我們可以從一個很熟悉的保母和嬰兒互動關係的例子來解釋。想像嬰兒伸出手來想拿遠方的東西，這種行為是無法調停的衝動，當嬰兒無法達到時，發出嗚咽之聲表示沮喪，這時保母可能會回頭注意到這件事，很快來到他身邊協助，了解他的行動是需要協助的呼喚，再把「意義」（meaning）介紹到這個情境中。因此之故，嬰兒最初指向物品的手勢，就成為將來指向其他人的社會化溝通的行動（Leont'ev 1981）。很快的嬰兒就學會將手勢用在刻意的溝通型態上，對保母表達意見。下面就是一個十四個月大的孩子與母親互動的例子：

喬丹：（不斷發出聲音直到母親轉過頭來看他）

母親：（轉過頭來看他）

喬丹：（用手指著櫃子上的一個東西）

母親：你要這個嗎？（舉起奶瓶）

喬丹：（搖頭表示不，繼續指）

母親：你要這個嗎？（舉起果醬瓶）

喬丹：（搖頭表示不，繼續指；又繼續了兩個「提供—拒絕」的表示）

母親：是這個嗎？（舉起海棉）

喬丹：（把身體靠回高腳椅，放下手臂，身體似乎不再緊張）

母親：（把海棉交給喬丹）

（Golinkoff 1983, 58-59）

　　逐漸的，發出句子的聲音，加上手勢，就形成學步兒「前口語」（preverbal）的溝通行動，兒童及其社交同伴就以此為工具，來影響彼此的行為。

　　以上的例子，強調了維高斯基觀點中高度心智功能的早期起源，他相信在生命的第二年，自然與社會的發展線能融合在一起，並且形成單一改變的方向。心理發展曾被人看成是，從較低層次自然產生的知覺、記憶、注意力，以及學習的過程，逐漸轉移到同為這些能力，卻會藉著符號、語言，或其他的文化工具來修正運作的高層次的心智過程。對維高斯基而言，高層次的心理功能，並非本來就存在人類生物體系中初級功能的直接繼續的反應；相反的，是建構了由社會生活所組成的新型態——特別是手勢的介入、象徵，和在有意義的社會情境中，扮演仲介行為角色的語言等（詳見下面欄內說明）。

保母與嬰兒間的聯結注意焦點：
邁向高層次認知過程的墊腳石

　　嬰兒是如何藉由保母的幫助，從原始的、自然層次的心智結構，轉到高層次的認知發展呢？在成人與嬰兒「聯結注意焦點」（joint attentional focus）的研究上，提供了非常具體清楚的說明。

從出生之後，嬰兒就掃視周圍的環境、追蹤滾動的東西，以眼睛接觸，主動展開與別人的互動，並以眼睛轉離來結束。大約四個月開始，會盯著成人看的方向，而成人也會依孩子的視線搜尋物體。當這種情形發生時，保母會說出孩子所看到的東西，並以這種方式幫助孩子標明周圍的環境。

研究顯示這種型態的「聯結注意焦點」，在生命的第二年，提供了溝通的情境，以支持語言與問題解決行動的進步。當成人描述孩子所注意到的環境特點，孩子能很快地明白成人所指出的意義；在學步兒階段，字彙的學習與獲得進步很快（Tamis-LeMonda & Bornstein 1989; Tomasello 1990; Dunham & Dunham 1992）。此外，在孩子兩歲的時候，如果在聯結注意情境中，有高層次的母親情感、教導，及積極互動的關係存在，往往能預測出孩子解決挑戰性拼圖的能力（Frankel & Bates 1990）。

「聯結注意焦點」可用來說明高層次認知過程發展，是由保母與孩子雙向推動所造成的絕佳例子。嬰兒常常決定了聯結注意的目標。事實上，當焦點物體或事件是嬰兒最感興趣的東西時，共同的注視和成人的指明才是最有效的。由於雙方的投入和好奇，孩子最有可能在這個經驗上增加新的字彙（Nelson 1973）。因此成人可以將聯結注意焦點圍繞在一個豐富的語言情境中，為學步兒提供「心智的工具」，融入他們的內在機制，並創造適合孩子的認知前進發展的環境。

這些發現強調，保母在互動中，維持孩子注意力的敏感和

努力的重要性，並在孩子能用字句回答之前，為孩子所注意的東西提供簡短、清楚的解釋。

内化（*Internalization*）

形成高層次心智功能重要的因素，是人們之間符號交換的內化過程，依維高斯基的理論，內化一開始作為社會行為的外在仲介工具，後來就變成內在心理活動的過程：

任何高層次的心智功能，在其發展過程中都必須先經過外在的階段，因它最原始是社會的功能。這是整個內在或外在行為問題的中心……當我們談到過程，「外在」就是所謂「社會」。任何高層次的功能都是外在的，因在它變成真正的、內在心智功能之前的某一點是社會的。（Vygotsky [1960] 1981, 162）

維高斯基相信說話作為一種「心智功能」，是指語言是基本溝通功能的自然結果，這對心智過程的品質有重要的啟示。這暗示著認知繼續呈現溝通的特性和社會文化場地的影響，在其中，認知在內化很久以後發端，並存在於個人內在的心理層面。所以，維高斯基理論中語言所扮演的角色，首先是人們之間的溝通工具，然後才是與自己溝通的主要方法；繞一圈以後，又回到認知的社會共享和情境化的特性上，而這正是他理論中社會文化取

向的心智的核心。

　　雖然維高斯基認為心智功能是內化了的社會過程，但他很小心的指出，這並不是指孩子只純粹模仿社會互動的特性而已。他的看法與傳統的行為主義及社會學習觀點並不相同，那些理論認為發展是示範及增強的結果，並且是直接塑形或向外在資源模仿即可。事實上維高斯基認為，兒童在他們的發展中是「積極的原動力」（active agents），藉著與別人合作進行有意義的文化活動，對內在心智過程的創新提出貢獻。孩子與專家同伴的行為合作（combination），導致他們之間符號系統的產生，在被內化以後，這些符號就會經歷結構和功能上的改變。在下面討論維高斯基理論的其他特點時，我們將會發現，當說話開始轉化為內在的層次，並且變成自我溝通功能的時候，說話的結構就被調整了。此外，當從他人引導變成自我引導時，語言的功能也在經歷修訂；逐漸傾向澄清思考及規範，或獲得對行為的自我控制。

　　因為內化這名詞，曾不幸被誤認為是簡單的從成人到孩子的知識轉換，或孩子直接將外在世界的訊息抄襲模仿到內在世界去，因此有些維高斯基學派學者建議可用其他更合適、能反應維高斯基原本思想的字句來代替。例如 Barbara Rogoff 以及其他的人，就用「挪用」（appropriation）來取代內化的用法，去抓住孩子在社會合作過程中，積極選擇文化工具，來適應他們特定目標的觀點（Rogoff 1990; Rogoff, Mistry, et al. 1993）。其他研究者則繼續沿用內化觀念，但強調孩子在成人─兒童間互動，和內化過程中的獨特貢獻（Elbers et al. 1992; Packer 1993;

Goudena 1994）。例如 Lawrence 和 Valsiner（1993）就曾經有過爭議，認為最好將維高斯基的內化觀念當做是孩子社會世界的「建構性的轉換」（constructive transformation），去重新建構他（她）個人的心智功能。Stone（1993）也相信，內化的中心是指溝通的同伴丟給孩子（或聽者）新訊息的一項挑戰。要了解這些訊息，聽的人就必須對這位說話者的意義「建立一組假設」。在這過程中「就會導致聽的人，為他自己在這議題上，創造出說話人的觀點」（1993, 171）。根據這個觀點，孩子與成人雙方面積極的參與，會造成「心智上的遇合」（meeting of minds），也就是內化過程的中心。

研究仍繼續抓著一個問題不放，就是當孩子內在建構社會情境時，在做些什麼？其實在每一個維高斯基所啟發的內化研究裡，都有一個原本存在的、介於外在社會與內在心智活動的關係，但這是一種「發展性」的（developmental）關係，而不是「鏡子—意象」的關係（mirror-image）。正如 Wertsch（1985b）所指出，內化並不只是模仿外在的真實，把它放在原已存在的內在層面的過程而已；相反的，那是藉內化讓內在知覺層次及自我規範逐漸形成的過程。

▌最近發展區（The zone of proximal development）

正如先前所指出的，維高斯基文化發展的一般性起源法則陳

述了：孩子新的能力，最先是藉與成人及其他有能力的同儕合作來發展，再內化為孩子心理世界的一部分。這個從共享的環境轉換到個人能力的區域產生了，依維高斯基的說法，就是叫做「最近發展區」（zone of proximal development），或者 ZPD（[1930-1935] 1978）。ZPD 的觀點是維高斯基在美國流傳最著名的學說思想，這思想與他的教學及正式學校教育在兒童發展上所扮演角色的理論密切相關，我們將在第五章詳細討論。維高斯基認為教育是「引導」（leading）發展，藉著與老師、父母，以及其他兒童的合作與互動，孩子可以積極建構新的心智能力。

維高斯基最先開始介紹 ZPD 的觀念，是在一個反對使用標準智力和成就測驗程序，更否認教育和發展會從測驗中萌發的觀點下所產生的（Vygotsky [1930-1935] 1978）。他認為在他的年代，傳統智力測驗的功能是非常有限的（像是法國的 Alfred 和 Binet 所啟蒙的工作），因為它們只評估「靜止」（static）或「僵化的」（fossilized）能力，卻把活動和不斷改變的人類心智的品質，放在一邊沒有去評量。維高斯基建議我們真正需要評量的，並不是孩子靠自己做，或已具備的能力有多少，而是要看孩子在其他人幫助下的表現及學習的潛力。因此他把 ZPD 定義為「一段距離——介於由獨自解決問題，所顯示的實際發展程度，與經由成人指導或與有能力的同儕合作來解決問題，所顯示的潛在發展程度之間的距離，就是最近發展區」（Vygotsky [1930-1935] 1978, 86）。

ZPD 是非常敏感的動力地區，在其中產生了學習與認知發

展。對於一些孩子沒辦法獨立完成的活動，卻可以藉由與其他人的合作來做到，這會喚起正在發展中的心智功能，而不是那些已經發展成熟的部分。與他固定的發展取向相一致的是，維高斯基選擇集中在兒童的認知發展仍持續成長的觀點上——是今天或明天的過程，而不是昨天的過程，或已經精熟的能力。

依照維高斯基的說法，教育的角色是在孩子的 ZPD 裡提供經驗——活動必須是要會挑戰孩子的能力，但可在敏感成人的引導下完成。在開始時成人會負起大部分的責任，來確保孩子的學習達到最高的程度，並積極引導他們在發展的路線上前進。老師的角色，也不是只在孩子們準備好學習時才教導他們，或在他們已具備好心智運作的能力時才給他們活動去做；而是讓孩子在他們的 ZPD 裡，或在稍微高出一些他們的獨立功能的困難程度中保持工作。這樣一來，成人就能「喚起」（rouse to life）孩子仍處於未成熟狀態的認知發展的過程（Tharp & Gallimore 1988）。

鷹架行為（Scaffolding）

我們已經提到在文獻中逐漸萌發的，描述在 ZPD 範圍裡有效的教／學互動的隱喻：就是在建築物結構體下的「鷹架」（scaffold）。現在讓我們進一步考慮成人—兒童合作這種特別品質的成份。孩子被看成建築物，積極建構他（她）自己，而社會環境則是必要的鷹架或支援系統，允許孩子繼續向前，建構新

▶依照維高斯基的說法，教育的角色是在孩子的 ZPD 裡提供經驗——
　活動必須是要會挑戰孩子的能力，但可在敏感成人的引導下完成。

的能力。「鷹架」這名詞並不是由維高斯基開始使用的，而是被一些試圖決定什麼是教導的最重要因素的學者們所用過（Wood & Middleton 1975; Wood, Bruner, & Ross 1976; Wood 1989）。從那時開始，在心理學及教育領域中，成為極端受歡迎並且有用的想法。我們很快會看到，這種互動型態已被重複用來培養一般的心智成長，並能增加孩子在很多不同類型活動上的表現（Wood & Middleton 1975; Wood, Bruner, & Ross 1976; Palincsar & Brown 1984, 1989; Pratt et al. 1988; Diaz, Neal, & Amaya-Williams 1990; Diaz, Neal, & Vachio 1991; Fleer 1992; Pratt et al. 1992）。

　　這裡是一個很簡短的例子，說明成人如何鷹架一個孩子的努力，讓他把困難的拼圖拼湊起來：

傑生：我沒辦法把這片放下去！（他試著將拼圖放進錯誤的位置）

成人：哪一片可能放這裡呢？（指著拼圖的底部）

傑生：他的鞋子。（設法找出像小丑鞋子的一片，卻找到錯的一片）

成人：哪一片看起來像這形狀呢？（再指一次拼圖的底部）

傑生：咖啡色那片。（他試試看，放進去了，接著再去試另一片，看著大人）

成人：你做到了！試試把這片轉一轉看看！（以手勢告訴他這麼做）

傑生：我做到了！（他又放進去好幾塊拼圖，一面跟自己說話
　　　「這一片綠色的可以放進來了！」「把它轉過來！」在
　　　成人看著他時。）

（摘錄自Berk　1993,　324）

　　與這段敘述相一致，研究顯示有效的鷹架行為必須具有下列
的成份和目標：

聯合的問題解決（Joint　problem　solving）

　　第一個鷹架的因素，必須是兒童參與在有趣、具文化意義、
和合作的問題解決活動中。參加的人可以是成人—兒童，或兒童
—兒童的組合；重要的是孩子跟另一人合作，兩人要共同達到一
個目標。與先前討論過的社會共享的認知論點相關的，是第二個
互補的觀念：認知是建立在活動上的，也就是孩子的學習不能與
產生此活動的地方分開；而人們可以學得最好的時候，是當他們
與別人合作，並積極從事問題的解決時（Brown,　Collins,　&
Duguid　1989;　Lave　&　Wenger　1991）。

相互主觀性（Intersubjectivity）

　　是另外一個好的鷹架行為的重要品質，是由Newson與
Newson（1975）所介紹的觀念。「相互主觀性」是一個過程，
兩個參與活動的人，從開始時對事情的不同了解，慢慢產生了共
識。在聯合的活動中為了達到真正的合作和有效的溝通，參與的

▶兒童正如成人，學得最好的時候，是當他們與別人合作，並積極從
事問題的解決時。

人必須朝著同一目標前進。如果兩個人的想法是非常不一樣的，第一個人就很難有效的引導第二個人。

為了適應彼此的觀點，「相互主觀性」創造了溝通的基地，成人要在一個孩子能掌握的情況下解釋一個觀點，才能促進孩子的學習。例如老師可能會指出一個新的活動和孩子已經會的活動之間的聯繫，當孩子想延伸、去了解這個解釋的時候，就會帶著更成熟的策略到這情境中（Rogoff 1990）。總之，鷹架行為的主要因素就是參與的人在社會互動中，必須藉商量或妥協，不斷努力去達成情境中共識的觀點——在孩子的 ZPD 之中進行。

溫暖與回應

另外一個鷹架的重要成份就是互動的情感部分，當和一個快樂、溫暖、有回應性的成人合作，這成人給孩子口頭的讚美，並且恰當的歸功於孩子的能力，則兒童的參與活動和挑戰自己的意願，將會達到最高的成效（例如：現在你快要做好了！很棒！你做到了！）。這種複雜的互動，可以推類到一個老師（成人）與學生（兒童），學習跳複雜的舞步時所運用的鷹架行為上；為了教學的目的，在跳舞的過程中，有時成人給孩子暗示，每當孩子暫時跟不上舞步，就告訴他（她）下一步該怎麼走。其他情況下孩子也會積極尋找訊息和支援（例如：「這片拼圖應放在哪裡呢？」「我不太知道下一步該怎麼做？」）；成人保持密切配合孩子的行動，小心的預期孩子下一個步驟，並且保持足夠支持孩子需要程度的活動參與。

將孩子保持在最近發展區中

鷹架和教育的最主要目的，就是將孩子保持在他們的最近發展區內活動。這可以兩個方式達成：(1)建構孩子的活動和周圍環境，如此在任何時候對孩子的要求，都會是在合理挑戰的程度內，以及(2)針對孩子目前的需要與能力，不斷調整成人介入的程度。

建構活動和環境的第一個責任，可以用「沉默的」和「明顯的」兩個方法來做，成人可藉著在任何時候提供孩子可能的選擇，作為沉默的建構孩子活動之方法，同時也設立規則，在這規則內讓孩子去運作。例如當一個孩子只願付出一點精力在某一個技巧的練習上時，可能會被老師要求每天花一定的時間，在角落中培養這種能力。另外也有很多明顯的方法，可以為孩子減輕高挑戰活動的困難度，包括口述或實際做給孩子看、將活動分解成小的部分，或重新安排活動材料，讓孩子能看清楚下一個需要的項目是什麼？反之，如果活動太容易了，鷹架的人可以藉著重新商議目標、加上更多成份，或改變活動規則，來增加挑戰的程度。

好的鷹架者在與孩子合作時將他們保持在 ZPD 的第二個方法，就是很小心的調整幫助和教導的量，使之等同於孩子目前的能力。這是最普通最基本的鷹架的解釋——當孩子需要幫助時提供協助，當其能力增加時就減少協助的量。回應和可能的互動，能提供孩子適當的挑戰及支持性的環境，當然還有很多其他不同

的方法可以提供給孩子協助。到現在我們只討論到支持的量和時間，而不是其種類，至於提供幫助的品質，則是另一個好的鷹架行為所具備的因素。

促進自我規範（self-regulation）

另一個鷹架的目的，就是藉讓孩子儘可能規範其合作活動，來培養他們的自我規範，這需要成人在孩子一旦能獨立工作時，就儘快捨棄對他們的控制及協助才行。這也是指成人應允許孩子有問題，且只有在孩子真的被困住的時候才介入活動。當成人的參與具有這種特性時，孩子就會停留在所謂「執行功能的地區」（zone of executive functioning），在這裡大部分孩子能承擔做決定，及主導聯合活動的責任——換句話說，孩子像是扮演一種「執行」角色的管理者（Diaz 1990）。總之，一旦共同目標建立了以後，成人應主動退出，讓孩子積極取代，這對自我規範的發展是非常重要的。

以儘可能的退後來賦予孩子責任，暗示一個事實，就是成人所給予的支持，對培養兒童學習並精熟其行為是很重要的。與這觀點一致的是，在互動過程中，成人的指導性與明確性的程度，對孩子的自我規範有很重要的含意。當成人藉著明示意見，和隨時給他們當前問題的立即答案，來不斷影響孩子的行為時（「把這個放這裡！」「是綠色的那個才對！」），他們的學習及自我規範能力就會降低。相反的，老師及父母如用問問題的方式，讓孩子參與問題發現的過程，來規範孩子的活動行為，則他們的學

習和自我規範就會擴充（Diaz. Neal, & Amaya-Williams 1990; Roberts & Barnes 1992; Gonzalez 1994）。成人觀念性的問題，能鼓勵孩子的獨立思考，並使用高層次口語的問題解決技巧。藉著將語言做為活動中的協調者，協調衝動直接的「刺激—反應」關係，會讓孩子將自己和當下的環境有所區隔，停下來從事思考（Sigel, McGillicuddy-DeLisi, & Johnson 1980; Diaz, Neal, & Amaya-Williams 1990）。

　　除了指導的程度之外，成人的說話，也因能鼓勵孩子對活動思考的多少而不同，Sigel 與他的同事（Sigel, McGillicuddy-DeLisi, & Johnson 1980; Sigel 1982）就曾界定三種程度的成人協助，或稱「距離的策略」（distancing strategies）。對未清楚呈現在情境中關係的知覺能力的培養，有程度上的不同，也能促進有效率的問題解決：

- **低層次的距離策略**（low-level distancing）：成人藉當下環境中的物體或事件來發問或陳述（標籤或描述，如「這是什麼顏色？」和「這恐龍有很大的牙齒！」）。

- **中層次的距離策略**（medium-level distancing）：成人說話時詳盡說明某事，並藉著兩個看得見的東西彼此間的關係層次來延伸（例如比較、分類、關聯，像是「哪一個比較大？」和「綠色的看起來跟另外一片不一樣！」）。

- **高層次的距離策略**（high-level distancing）：成人的說話，超越了目前環境中所看得到的現象，藉以鼓勵孩子去形成一種假設，或詳細說明一種想法（例如計畫、推論，或演

繹，像是「如果我們把這塊放這裡的話，會有什麼事情發生？」和「為什麼我們必須把這塊放這裡？」）。

總之，介於老師與學習者之間，當他們參與聯合的問題解決時，鷹架行為包含了一種快樂溫暖的互動關係。在合作的過程中，成人支持孩子的自動性；藉著提供孩子可能的和敏感的協助，促進孩子的象徵及策略思考，並在孩子能力增加時，讓他（她）負起更多的學習責任。

鷹架行為的研究

鷹架的技巧，正如前面所定義的，能夠一致預測孩子學習的正向積極成果的增加。有一個研究者普遍用來調查鷹架行為的方法是：(1)觀察成人與孩子成對一起做一個解決問題的活動，(2)將合作活動期間所發生的教學行為及孩子的反應加以分類，(3)觀察孩子獨自完成類似（或同一個）活動的情形，(4)注意孩子的活動表現及行為，(5)檢驗是哪一種鷹架因素，與孩子積極或消極的行為或表現有關。

例如 Rafael Diaz 及他的同事，就曾經錄下五十一個三歲孩子與他們的母親在做分類和故事接續的活動情形。母親被教導要教她們的孩子做這項活動，這樣下一次他（她）自己就可以獨自去做（Diaz, Neal, & Vachio 1991, 91）。在這個合作的過程中，除了母親所說的話之外，與孩子共同操作活動材料的程度也

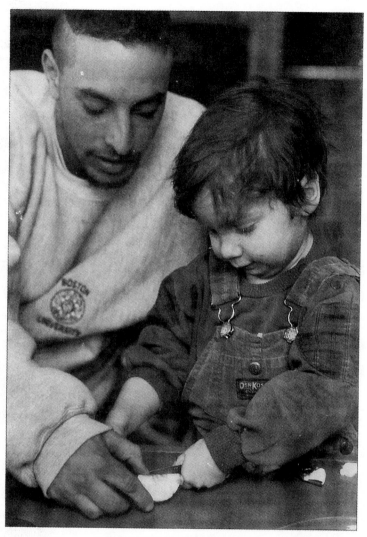

▶成人支持孩子的自動性，藉著提供孩子可能的和敏感的協助，促進
　孩子的象徵及策略思考，並在孩子能力增加時，讓他（她）負起更
　多的學習責任。

被錄影下來。在母親與孩子的合作之後，孩子就要獨自完成同樣的工作，他們的表現也要被評量。研究者發現，如果母親越常讚美她們孩子的能力表現，則孩子在獨自工作時就會做得越好。同時母親逐漸減少掌控，也與孩子的活動參與有積極相關。

在一個類似的研究中，Roberts 和 Barnes（1992）也發現四、五歲的孩子在標準智力測驗成績上最好的預測，就是父母親的「距離策略」以及鷹架的方法。母親直接和命令式的說話，往往與孩子的表現呈負相關，但是如果母親用問題和口述，給孩子機會思考並談論這個活動，則與成績呈正相關。而且若由孩子的母親起始，與孩子或活動有較多身體接觸的話，孩子在認知發展的評量表現上就較差。相反的，孩子的母親如果退後，讓孩子接觸活動的材料，而且只有在非常需要的時候才介入孩子的活動，這樣往往會有比較高的成績。另外 McCarthy（1992）所做的類似研究也顯示，學習空間建構活動表現最好的情況，是在母親先前的教導中，具有下列兩個特徵的情況下：(1)「組織成塊」（chunking），或將工作分成可以掌控的較小的片段，(2)當孩子不再需要幫助時，敏感退出或減少提供幫助。

在一個對較大兒童的研究調查中，Pratt 跟他的同事（Pratt et al. 1992）測量了父母親協助他們五年級的小孩做數學時，所使用的鷹架方法。在把父母的教學行為歸納成與孩子目前活動有關的九個不同程度的教導後，研究者就測量成人在有條件的轉換其介入程度，以適合孩子「對引導敏感的領域」（region of sensitivity to instruction）的情形（這是另外一個 ZPD 的名

稱）。成人若停留在這個區域內時，就能增加其指導性；當孩子
在困難時，提供足夠的支持（卻不會多到變成完全接手的情
況），而當孩子開始成功時，就逐漸減少指導性。研究發現，成
人使用這種「有條件的轉換原則」（contingent shifting prin-
ciple），往往能預測孩子數學學習上的收穫。

　　在這個研究和另外一個類似的調查中，探討母親幫助學前幼
兒參與有挑戰性的建構活動的情形，發現到有效率父母親的鷹架
行為，往往與權威開明的教養型態有關（Pratt et al. 1988）。
「權威開明的教養」（authoritative parenting）這名詞首先是
被 Diana Baumrind（1966）所引用的，指教養孩子的特徵，
就是能恰當的建構並藉溫暖與責任的組合表達期望──這是一種
民主方式，鼓勵父母與孩子彼此商議，孩子也能在適當的限制內
表現獨立。另外的研究也發現，「權威開明」的父母比起「權威
專制」（authoritarian）的父母（嚴厲與懲罰性），和「放任」
（permissive）的父母（溫暖但不管），他們的孩子有較好的認
知及社會能力，而且在感情適應上也好許多（Baumrind 1967,
1971; Dornbusch et al. 1987; Steinberg, Elmen, & Mounts
1989）。

　　進一步而言，調查父母使用距離策略效果的研究也顯示，如
果能鼓勵孩子參與策略思考，則能夠促進他們的認知發展。父母
如果使用中度及高度的距離策略，比起那些使用低層次距離策略
的，他們的孩子在許多活動上都表現較好，在認知能力上也有較
高的成績（Sigel 1982; Roberts & Barnes 1992; Gonzalez

1994）。

　　教師和父母可以被成功的訓練使用上述的鷹架技巧，例如 Pacifici 和 Bearison（1991）曾在兩種情況之下觀察學前幼兒：(1)幼兒與母親一起活動的時候，(2)與受鷹架行為訓練的實驗者一起工作的時候。除了一般發現，兒童與一個會小心運用鷹架、幫助他們解決問題的成人一起活動時，學得更多之外；研究者又發現，受過訓練的實驗者使用更有效的鷹架程序幫助孩子後，孩子的成績，要比與父母合作後的成績還高。

　　上面所報告的研究都是強調在一對一的成人—兒童互動上面，但是同樣的基本原則也可應用在小的和大的團體教學情境中。維高斯基學派的學者，曾發展出應用鷹架以及 ZPD 作為培養在學校學習基礎的教學技巧，這些技巧將會在第六章中詳細討論。

關於鷹架行為的警告

　　當許多研究支持鷹架行為在促進兒童精熟活動的益處時，不少維高斯基學派的學者也有爭議：有效的鷹架者典型的形象——成人為了互動中孩子的需要，時時刻刻都在調適——這也需要詳細的論述和實質的修正。Stone 曾指出過去鷹架的討論，過分強調將教學因素分解為很小的次目標——意圖將孩子降低成為成人努力教導下被動的接受者。根據 Stone 的說法「鷹架是非常複雜且精細的現象，融入了非常複雜的社會和溝通動力」（1993,

180）。其中成人支助的品質、成人與孩子之間的人際關係、所傳達出來的意義、附著在當時情況之下的價值觀、活動本身，以及相關的行為，都是很重要的。在這觀點下，未來的研究主要應澄清鷹架的層次，以及通過什麼確實的方法去達成其影響——對這些議題的了解，目前仍是很有限的（Packer 1993）。

　　進而言之，我們必須記住目前在鷹架行為上的研究，只限於對西方的兒童。正如 Rogoff 跟她的合作者所強調的，這種鷹架隱喻中所固有的良好支持的教學型態，也許特別適合在西方文化中較尋常的、以兒童為中心，和與學業有關的活動，因為這種型態的溝通並不能包容所有其他地方的成人—兒童的互動模式。例如瓜地馬拉 Mayan 地方的保母，比起美國的，就很少為他們的幼兒建構學習情況。相反的，他們期待孩子藉著觀察參與成人的活動（不是兒童中心），為自己的學習負起較大的責任。與這種價值觀一致的是，瓜地馬拉 Mayan 的父母，也比較少在與幼兒互動中以口語的方式表達；他們多靠示範、謙遜的引導，和修正。此外他們不會讚美孩子的表現，也很少在公眾面前對孩子表示感情（Rogoff, Mistry, et al. 1993; Rogoff, Mosier, et al. 1993）。這些發現也顯示，所謂有效的鷹架行為，在各種文化之間可能有很大的不同；它的特性也只有從孩子所存在的整體社會的價值觀和要求中去了解。

自我規範的社會本源：兒童的私語
（private speech）

　　早先我們提到，鷹架行為除了能培養孩子的學習之外，也能促進自我規範的發展；也就是說在活動中，除了當他們被人鷹架時可獲得較多的知識之外，兒童也學會了如何引導自己的學習和行為。其中一個主要的方法，就是藉著促進兒童使用私語，或自我引導的語言，來引導他們自己的行動。

皮亞傑與維高斯基對兒童私語的觀點

　　在本世紀早期，維高斯基、皮亞傑，以及其他的理論家，都注意到學前幼兒身上一個很有趣的現象，就是他們在進行每日活動時，會對自己說話。這種自言自語或是公開的（overt）說話，似乎並不在意是否能達到與別人溝通的目的，因而被稱做私語（private speech）。直到今天仍有許多研究者、主修教育和兒童發展的學生對私語感興趣；在過去的四分之一世紀，以此為主題的文章也不斷增加（參考 Berk 1992）。雖然皮亞傑及維高斯基幾乎在同時研究孩子的私語，但他們對這種語言的特性，及在孩子發展過程中功能的解讀，卻有極端的不同。

　　在他早期的作品「兒童的語言與思考」（*The Language*

and Thought of the Child）（〔1923〕1926）中，皮亞傑形容有三種型態的說話，並未清楚的為聽者的需求做調適，且以一種其他人不了解的方式表達。第一種是當孩子在教室裡走來走去參加一些活動時，有時會好玩的重複發出一些音節或聲音，這種型態的語言，皮亞傑稱為「重複」（repetition）；例如一個孩子里夫邊畫畫時邊發出聲音的遊戲。第二種是孩子會參與「獨白」（monologues），或稱「口語的自白」（verbal soliloquies）；例如有一天獨自在美勞角的時候，里夫說道：「我要畫這個！我要畫這個東西！我需要一張大紙來畫這個東西！」第三種說話的方式叫「集體的獨白」（collective monologues），也就是在其他人面前所呈現出來的獨白；例如正在跟一群孩子工作時，里夫突然衝口而出：「我已經做好月亮了，所以我還要改變它！」這種陳述與先前其他同伴所說出的話毫無關聯。

皮亞傑稱這些說話是「自我中心的」（egocentric），認為這是在認知發展上不成熟的象徵。依皮亞傑的看法，私語反應了學前幼兒沒有能力接受其他人的觀點，又因他強調前運思期邏輯思考的限制，因此認為私語是沒有效率的社會語言。他認為當孩子認知能力發展的時候──比較能了解別人的觀點時──自我中心的語言就會降低，而且會被比較成熟和有效的社會互動所取代。因此對皮亞傑而言，私語是一個不重要的副作用，或者是前運思期孩子心性的剩餘特性──這種現象在發展中並沒有積極的功能。

但維高斯基對私語的性質和功能的解讀，卻與皮亞傑有極大

的不同，在「思考與語言」一書中（*Thought and Language*）
（[1934] 1962, [1934] 1986），維高斯基就批評皮亞傑的觀點，
並且對孩子的私語作了幾項重要的觀察。第一、當孩子在從事比
較困難的活動時，比起從事較簡單的或完全沒有活動的情況下，
會使用較多的私語。這個發現使維高斯基推測，孩子不是為了溝
通，而是為了特別的目的才使用這種語言。第二、維高斯基注意
到，隨著年齡的增長，使用私語的頻率呈現倒U字形的型態——
高峰出現在學前的中期和後期，然後當孩子聽得見的私語被低聲
或聽不見的喃喃自語取代後，就逐漸降低了。第三、私語並不會
因年齡的增加而如皮亞傑所說的那樣，變得比較社會化，相反
的，在它逐漸簡化和內化了以後，會變得較不易被人所了解。最
後一點，也是跟皮亞傑的預測相反，維高斯基注意到孩子有越多
的社會互動機會時，也有越多的私語產生；私語並不會讓位給社
會化的語言，反而社會化語言和私語似乎是同時並存的。

在這些發現的基礎上，維高斯基下的結論是：私語在孩子發
展中扮演非常特殊且重要的角色，他相信孩子的自言自語起源於
社會語言，後來卻不同於社會語言，在當時承擔起獨特的型式與
功能。依維高斯基的想法，私語最初的目的，並不是用來跟別人
溝通，而是為了自我規範的目的、和自己溝通（communication
with the self），或是引導自己的思考過程及行動。維高斯基曾
爭辯：最重要的認知發展的關鍵就在於，學前幼兒使用語言並不
只是為了與別人溝通，同時也是做為思考工具——用來指導自己
的注意力和行為的方法。也就是這時候，當兒童內化了語言這個

文化工具，並且依賴它來建構自己的思考，人類與其他低等動物的發展才有了不同的地方。這種思想和語言重新組織的結果，才讓人類高層次的心智功能得以產生。

　　維高斯基的理論也顯示，在一開始的時候，語言和認知發展是分開的，當兒童在社會溝通的情境中獲得語言之後，語言和認知發展才融合形成新的組織層次，他們才開始用口語的方式引導自己的行為，並且使用他們的文化中所特具的意義，逐漸的，私語就內化形成內在的口語思考。總之，語言最先是用來做為社會溝通的，但是它慢慢向內轉，成為心智的工具，用來對自己說話，並且引導本身的行為。這種自我規範的語言一開始是「公開的私語」（overt；private speech），然後逐漸變成「內隱的自語或口語思考」（covert；inner speech 或 verbal thinking）。在這樣的情況下，語言就脫離了社會世界進入個人認知世界。私語就處於這種內化過程的居間媒介階段。

　　語言內化的過程，是維高斯基文化發展理論產生通則中一個清楚的例子——心智功能一開始是與眾人分享的，然後成為個人心理功能的一部分。正如同在社會互動過程中，成人的說話曾被用來規範孩子的行為，現在孩子對自己的說話，開始影響他們自己的行為。換句話說，藉著私語，孩子為自己所做的事情，就是保母在聯合的問題解決過程中為他們做的事。維高斯基認為私語就是最開始的方法，藉著這個方法，孩子將規範的角色從他人轉換成自己。藉著私語，幼兒的行為過去曾是受限於對刺激的僵化反應，現在則在環境中與刺激保持了一點距離，可以有比較「執

▶藉著私語，孩子為自己所做的事情，就是保母在聯合的問題解決過程中為他們做的事。

行的」（executive）和「計畫的」層次的運作（Diaz, Neal, & Amaya-Williams 1990）。

兒童私語的研究

今天維高斯基對孩子私語的觀點，是比皮亞傑的較為人所接受，而事實上幾乎所有近代對這個議題的研究，也都在維高斯基的範疇內進行（Berk 1992）。但是很重要而必須注意的一點就是，皮亞傑對幼兒口語化的觀察並不完全是錯的。在一個高度要求的溝通情況下（例如當一個學前幼兒對著電話說話，沒有具體的面對面互動的支持，或具體的物件可以討論時），兒童就會偶爾呈現自我中心的講話——這種說話對聽者的需要缺乏適當的調整（Berk & Garvin 1992; Warren & Tate 1992）。但是與維高斯基理論一致的是，目前證據也多認為大部分孩子自我引導的語言，具有自我規範的功能。在下面，我們將討論維高斯基所引發研究中的重要主題，包括私語的發展路徑、環境因素對私語的影響，以及成人—兒童之間溝通、私語，和活動表現的關係。

私語的發展路徑

維高斯基的理論預測，私語在發展上進行四個改變：(1)它會加速內化——這是指當部分被內化的型態所取代時，公開的私語會減少，(2)它會在學前的階段增加，然後在初小的幾年內逐漸減少，呈一種倒U的型態，(3)當它簡化及內化時，產生了結構上和

文法上的改變，⑷隨著發展，孩子自言自語的時間，對正在進行的行為而言，由跟隨在行為之後，改變成出現在行為之前，像是負起計畫和規範的功能。大部分的研究都確認了這個預測。

維高斯基的第一個預測獲得了一致的支持——從公開、外在的私語，轉變為隱藏的、部分內化的型態，這種改變發生在學前及小學階段。不論是研究不同年齡的孩子，或是長期觀察同一群孩子，研究者都發現，三至五歲的幼兒通常用聽得見的私語，而比較大的孩子（五至十歲），則較傾向以部分內化了的私語取代公開的語言，例如低聲耳語、聽不見的喃喃自語，或安靜的口唇動作（Kohlberg, Yaeger, & Hjertholm 1968; Berk & Garvin 1984; Frauenglass & Diaz 1985; Berk 1986; Bivens & Berk 1990; Berk & Landau 1993）。有趣的是，同樣這種從外在到內化型態的轉變，也能在微遺傳學的兒童研究中發現——也就是說，在接觸新奇的活動時，他們也能夠進步得很快（Berk & Spuhl 1995）。

維高斯基的第二個預測——從學前到小學形成一個倒U形的發展型態——也獲得一些支持；但是很明顯的，這假設需要修正。有些研究者發現，私語的高峰約在三到五歲的年紀，然後逐漸降低減少（Kohlberg, Yaeger, & Hjertholm 1968; Frauenglass & Diaz 1985; Diaz, Winsler, & Montero 1994; Berk & Spuhl 1995）。但是其他發現也顯示，在一種具有認知挑戰的情況下，小學的學童也會繼續用很多的私語，但從一年級到五年級會逐漸消失（Berk & Garvin 1984; Berk 1986; Bivens & Berk 1990;

Berk & Potts 1991; Berk & Landau 1993; Winsler 1994）。
這些證據整體顯示，私語在學前階段進行了基本的內化過程。但
到後來，似乎每當孩子學習新的認知技巧領域時，維高斯基的倒
U型態就會重複出現；例如在他們正式上學的頭幾年裡學習讀、
寫和數學分析的時候。運用私語的高峰與凹處，特別可在學前及
小學的前幾年看見，因為在這段時間裡，孩子必須精熟許多新的
和不同的活動。當問到是否有單一彎曲的發展型態存在的時候，
這個修正的觀點更完全與維高斯基的理論相一致。私語在發展過
程中始終是一個中立的、自我規範的工具。當所從事的活動是在
他們的 ZPD 範圍內時，兒童首先是「放聲思考」(think out
loud)，然後將這種語言內化，再形成「內在的口語化思考」
(inner verbal thought)，和高層次的心智過程(Berk 1992,
1994c)。

　　依維高斯基第三個發展的宣示，因私語是社會化語言的分
支，對自己說話，應該會隨著年齡的增長，變得越來越簡化或不
完整。當語言快速與思考結合，公開明白的表示就不那麼需要，
發出的聲音也不再陳述完整的句子。雖然維高斯基實驗所得的資
料是支持自己的假設，但近年只有一些調查有系統的測試此一觀
點，也多只提供初步的支持而已（Manning & White 1990;
Feigenbaum 1992; Goudena 1992）。例如 Feigenbaum 對
四、六及八歲的孩子，觀察他們完成修築馬路的建構活動；將他
們的私語分類為「完整」及「破碎」的兩類。破碎的語言是指一
連串的說話，但文法上卻不完整，例如發出來的聲音沒有主詞、

術語，或連接的詞句。雖然 66% 六到八歲的孩子，相較於 45% 四歲孩子自我規範的私語是零碎的，但卻沒有達到統計上的顯著差異。Goudena（1992）在他的四歲到五歲兒童的樣本上，也發現同樣的趨勢（不顯著）。這兩位研究者很快發現他們研究上的限制（包括小的樣本數），所用的活動似乎沒有辦法完全將兒童的私語誘出，以及被觀察的兒童沒有小於四歲以下的等。依維高斯基的理論，簡化及零碎的私語大約在三歲的時候開始產生，因此到了四歲時，大部分兒童的簡化也許已經發生過了。很明顯的，如果想完全測試這個假設的話，就需要更多的樣本數，和包括對更年幼兒童的研究。

維高斯基最後一個關於私語如何隨發展而改變的假設，是回應行動的說話時間的問題。他預測一開始的時候，兒童的私語是發生在相關行為產生之後，然後會出現在行為產生的同時，最後出現在行動之前，意圖規範其行為。這個部分的維高斯基理論沒有被深入探討，目前也只有一些研究提供有限的支持。有些研究認為私語出現的時間與年齡有關（Kohlberg, Yaeger, & Hjertholm 1968），但其他的研究卻沒有這樣的發現（Rubin 1979; Pellegrini 1981; Berk & Spuhl 1995）。雖然維高斯基的假設認為，當私語由伴隨行動轉變為先於行動，將更能自我規範，但事實情況卻未必如此。絕大部分兒童的私語，在任何年齡，都傾向於與正在進行的行動同時產生。這種能引導行為的、同時產生的語言，當然能完成重要的自我規範的功能；因此，這種說話會被認為是比較沒有用處和不適合的。

　　進一步而言，不同的活動可能需要不同類型的口語規範，例如有時候在行動上反省（活動之後的說話）是一種有效的策略，有時則正在活動時說出來最好，也有時言語先於行動最佳。事實上，有越來越多研究證實，兒童自我引導的說話差異極大，也具有廣泛不同的目的（見表2.1）。最有效的語言—行動關係也許要看孩子當下的目標為何而定。例如，一年級剛開始閱讀的孩子，很小心的拼出字音——這種發音應可預測成功的閱讀理解能力（Roberts 1979），在這裡我們看到說話和行動（理解教科書）是同時產生的。在72-76頁的欄中顯示，在學步兒的睡床上聽到他們一連串的發音，從中他們再度去體驗最近所經驗到的一些行為，並且想像未來可能發生的事情，用來作為了解及控制經驗的方法（Nelson 1989）。同樣的，有些在社會化上比較孤立的學前幼兒，也會使用頻繁的想像陳述，跟一些不存在的人談話；這是一種說話的形式，讓他們藉此面對一個令人愉快、沒有威脅的玩伴，練習溝通的技巧，以準備日後與同伴互動（Rubin 1982; Olszewski 1987）。在這例子中，私語可以說遠在引導社會行為的目標之前就已產生了，而自我引導的語言也是用來規範和喚起感情的主要方法（Thompson 1990）。即使一個四歲的孩子也會明白，私語可以沖淡沮喪的經驗，例如他們會對自己說「媽媽很快就會回來！」或「醫生打針只有一點點痛！」來安慰自己。在這情況下，私語遵循一種感情的型態，進行重新引導或控制感情的努力。因此大部分的私語，不管它出現在什麼時候，都可被視為是一種自我規範。

表2.1　私語的差異性		
類　　　目	描　　　述	例　　　子
自我中心的溝通	直接對別人説話導致溝通失敗，因爲他們無法對聽者的觀點加以調適。	大衞和馬克並肩坐在地毯上，大衞説：「它破了。」沒有解釋是什麼東西破了，和什麼時候破的。
幻想遊戲和針對非人類物品的談話	談話包括角色扮演、對物品説話，和爲物品製造聲效等。	南西高聲説話，並沒有特別對誰：「醫生給我打一針後，我覺得好多了。」「啊!」她假裝用手指刺自己一下（一根假裝的針）。 傑在撞到一個椅子後，對這椅子咆哮：「走開！別擋路！」
感情的釋放和表達	説話表示感覺，並不直接針對哪一個特定的聽者，或者説話並無外在刺激，看似意圖將感情融入一個過去的事件或思想中。	波拉看著她新讀本的彩色封面圖片，並沒有特別對誰就説：「哇！漂亮！」 瑞秋坐在桌上，臉上表情焦慮，重複的説：「我媽生病了！我媽生病了！」

形容自己的活動和自我引導	說出孩子自己的活動，包括描述孩子正在做的事情，以及「放聲思考」，或目標導向的行動計畫。	當卡拉正在做她的數學，大聲說出：「六」然後用她的手指計算，繼續道：「七、八、九、十，是十，是十，答案是十！」麥可看著字典對自己說：「我要去哪找這個字？」當他開始翻頁的時候，回答自己的詢問：「我知道，我知道，是在 C 的下面。」
大聲讀出	說話包括大聲閱讀書寫的材料，或唸出字句。	湯米在讀一本書，當他開始拼出一個很難的名字：「雪──拉克、宏姆──拉克，雪拉克宏姆」重複的唸，終於成功。
聽不見的喃喃自語	說話的發聲非常安靜，觀察者無法聽到和了解。	安琦在做數學問題的時候，對自己喃喃自語。

學步兒的睡床談話

截至目前我們所討論的，大部分是集中在兒童如何在解決問題及學業活動上，用私語去引導他們的思考。雖然大部分的私語是與活動有關，但兒童卻常用其他有創意的方式來跟自己說話，例如幻想遊戲就引發了不少私語的型態，成為有趣好玩的活動本身的一部分，包括述說、音效、想像角色之間的對話，以及情感的表達等（Rubin & Dyck 1980; Gillingham & Berk 1995）。

幼兒要睡覺之前也會以新奇的方式跟自己說話，有一些調查，很仔細的記錄睡床說話（crib speech）的內容——是指一種學步兒（年齡介於二到三歲之間）在午休或晚上睡覺之前，所參與的延伸的獨白活動（Weir 1962; Kuczaj 1983, 1985; Nelson 1989）。這些非常吸引人的說話，就是維高斯基及他的追隨者所強調的，活動導向的私語發展先驅，具有獨特的自我規範的功能。

睡前敘說至少具有三種功能：第一、這種語言遊戲對幼兒而言，明顯的是快活的娛樂。第二、睡床上的說話提供極佳的機會，讓他們在沒有成人干擾的情況下，好好練習正在萌發的語言技巧。當他們在睡床上跟自己說話的時候，可以實驗新的拼音、文字意義，及文法結構（Kuczaj 1983; Nelson 1989）。有趣的是，觀察一隻非洲灰鸚鵡的訓練說話過程時也發現，鸚鵡在獨處的時候，也會實驗牠的語言型態（Pepperberg, Brese,

& Harris 1991）。第三、從睡床說話的內容中可見，大部分時候幼兒使用這種語言是為了了解他們的世界——了解他們的情感與環境，以及解讀發生在他們身上的事情。下面就是關於兩歲女娃 Emily 在睡前的語言，很多她睡床前的敘述，已經成為 Katherine Nelson 所寫的一本書裡的主題和題目（1989）：

1. 我們將要……
2. 到海邊去……
3. 海邊是有一點遠，
4. 吧吧吧……
5. 很遠很遠……
6. 我想那是……
7. 好幾條街……以外吧，
8. 也許是再往下走，走到城外，
9. 再跨過海洋，
10. 到河裡去，
11. 也許在裡面，
12. 熱狗將會在冰箱裡，
13. 冰箱可能在海邊，
14. 然後我們就可以進去，
15. 去把熱狗拿出來，帶到河邊，
16. 然後鯊魚就會在河裡咬我，
17. 在海裡，我們就到海洋去，
18. 海洋在哪裡呢？

19.我想應該在幾條街以外吧！

20.但是我們可以到，

21.而且我們可以找到熱狗，

22.嗯，熱狗就會在海灘上，

23.然後橋就會……，

24.我們就要進到綠色的車裡。

25.因為我的坐椅就在車裡頭。

（Nelson 1989, 66-67）

Nelson 認為幼兒睡床談話的主題通常可分成三個類目：(1)期待一件將要來臨的事情,(2)記憶一件過去的事件，(3)討論如何依照行為的劇本、規則、型態去行動。上面所摘錄的就是屬第一種類型──敘述一件將要來臨的、到海邊去玩的事。下一個例子我們就會看到 Emily 如何解釋一件最近到商店去所發生的事：

1. 我們買了一個 Baby 娃娃，

2. ……因為，

3. ……因為，

4. 當她……

5. 我想那是為了聖誕節，

6. 但是當我們去到店……裡的時候，我們沒穿夾克，

7. 但是我看到一些洋娃娃，

8. 然後我就叫我媽媽說：

9. 我要一個這樣的娃娃。

10.所以當我們逛完這個店以後，

11.我們就走到娃娃的地方，她就幫我買了一個，

12.所以我就有一個娃娃了。

（Nelson 1989, 72）

在最後一個例子中，我們看到睡床說話的語言遊戲和實驗。在這裡，兩歲半的 Anthony 說起一個普通個子的人 Bob，但是他提到的其他人則不存在。Anthony 探索了「大」跟「小」這兩個字的意義，並且練習了計算技巧：

1. 嗨！大鮑伯 Bob，

2. 這是鮑伯，

3. 這是鮑伯，

4. 大鮑伯，

5. 小鮑伯，

6. 小跟大，

7. 小巴比 Bobby，

8. 小南西 Nancy，

9. 大南西，

10.大鮑伯、南西，和巴比，

11.還有鮑伯，

12.還有兩個、三個巴比，

13.三個巴比，

14.四個巴比，

15.六，

16.大鮑伯，

17.大鮑伯不在家。

（Weir 1962; 錄自Levy 1989, 128-129）

私語顯然有很多不同型式，兒童用各種私語來達到不同自我規範的目標——包括引導行為、學習語言、解讀感情狀態、創造性的表達自己，並且了解他們的世界。

環境因素對私語的影響

　　幼兒並不會在所有情況之下都對自己說一樣多的話，只有某些情境會產生較多的私語，例如像 Winsler 和 Diaz（付印中）在幼稚園教室對幼兒的觀察，記錄了在哪種狀況下兒童會自動使用私語。這兩位研究者發現，當幼稚園的幼兒在參與目標導向的、問題解決的，或學業活動的時候，很明顯會用比較多的私語，而在其他情況下就用的比較少。另外在以小學年齡的小朋友為對象的研究中，也發現同樣的結果（Berk & Garvin 1984）。此外在單獨遊戲的情況下，學前幼兒會有特別高的私語比例出現，然後從兩歲半到六歲的年紀都保持這種情況。我們將在第三章看到，幼兒在遊戲的情況下不斷為自己提出挑戰；在這樣的情況下，自我引導的說話就很常見（Gillingham & Berk 1995）。這些發現都支持維高斯基的理論，也就是兒童有系統的使用私語做為自我規範的工具——在需要運用認知的情況中，去引導他們自己的思想過程及行為。

其他研究也顯示，當兒童在做解決問題的活動時，如果這個活動是困難的，他們會用較多的私語，是簡單的就用得比較少（Kohlberg, Yaeger, & Hjertholm 1968; Deutsche & Stein 1972; Zivin 1972; Beaudichon 1973; Murray 1979）；這些發現都說明了兒童用私語來自我規範和引導。當活動變得比較困難的時候，兒童就會比較依賴這種認知工具，去完成他們的目標。但是 Behrend 跟他的同事（Behrend, Rosengren, & Perlmutter 1989, 1992）發現介於活動難度和私語使用間的正向關係，只有呈現到某種程度。當活動太過困難時，已經超過孩子的最近發展區，他們就不會再用太多的私語了；反而比較有可能表現出沒有組織的行為，或不想再參與這活動。總而言之，兒童似乎是在一個中等挑戰的解決問題的活動中，而且是在他們能熟練的範圍內，最常使用私語。

鷹架如何藉私語培養自我規範

我們最早對鷹架的討論顯示，某些成人與兒童的互動型態可以促進孩子的認知發展。研究中建議一個很重要的方法就是，鷹架行為可以藉刺激孩子自動使用私語，做為自我規範及解決問題的工具，以影響他們的認知發展。很多研究報導，當幼兒與能敏感的支持他們的成人一起活動時，會使用比較多的私語（Goudena 1987; Behrend, Rosengren, & Perlmutter 1989, 1992; Diaz, Winsler, & Montero 1994; Winsler 1994; Berk & Spuhl 1995）。

例如 Berk 以及 Spuhl（1995）兩人曾經測量三十個四到五歲的孩子跟他們的母親，共同在挑戰性的角錐與模型的建構活動上合作互動的情形。當母親與孩子的共同活動結束後，孩子就被要求獨自做樂高建構（Lego-construction）的問題（所需技巧與剛才母親與孩子的活動要求相同），共做三次這樣的活動。研究發現，母親權威開明型的支持方式（authoritative style）（溫暖加上結構性的適應兒童的需要），與兒童在個人活動過程中的恰當使用私語，和在工作表現上的收穫，呈正相關。同樣的，用一種統計的程序，當控制了第三個因素，來檢視兩個變項的關係時，如果孩子使用私語，權威開明型的管教方式就會與孩子的活動表現，呈較強的正相關。換句話說，如果他們的母親是溫暖的，而且提供適當的結構，孩子在活動中比較會跟自己說話，這也跟他們對活動有較高的精熟程度相關。在這研究中，私語似乎調停了（mediate）成人的支持與孩子表現間的關係。

Diaz 跟同事們的研究（Diaz, Winsler, & Montero 1994），對鷹架行為能幫助孩子藉擴大使用私語來發展其認知技巧的理論，提出額外的支持。這個研究是觀察四十個學前兒童，完成一個二十四項選擇性注意力的活動情形（這個活動是讓孩子決定，在許多圖片中，有哪兩個具有相同的兩個向度，例如形狀和顏色等）。有一個實驗者在旁協助，每當孩子不能獨自完成一項時，就提供鷹架的輔導。孩子如果在鷹架之後使用私語，會比那些始終不開口的，有比較多的機會在接下來的活動項目中成功。很明顯的，這些孩子很積極的運用私語，從大人身上將問題解決的知

識和責任轉換到自己身上來。首先兒童和成人在一個活動中合作，然後藉著自言自語跟自己合作，最後獨立自動的表現，不需再使用語言。

　　其他的研究也顯示，成人在合作過程中的鷹架行為，會影響孩子私語的使用，無論是在成人與兒童的活動過程中，或是在後來獨立解決問題的活動中（Behrend, Rosengren, & Perlmutter 1989, 1992; McCarthy 1992; Winsler 1994）。例如 McCarthy（1992）發現學前幼兒所使用的問題解決策略和私語的型態，跟先前母親在鷹架階段所強調的口語策略是非常相似的。如果母親把工作分解成許多的次目標（例如：「我們應該先做什麼呢？」），或試著要凝聚孩子的注意力（「小丑在哪裡呢？」），都類似孩子在獨立工作時自我引導的語言。Winsler（1994）曾經報導，如果成人在孩子能力增加時仍堅持運用口語引導，而且不肯放鬆控制，那麼孩子使用私語來接收自我規範的責任就會逐漸降低，也漸少使用私語。他也發現，在孩子與一個特別受過鷹架訓練的實驗者共同合作之後，比起與沒有提供鷹架技巧的父母親一起活動，孩子的私語和工作表現間的關係會明顯較強。

　　鷹架行為能促進孩子的私語似乎有下列幾點原因：

　　第一、當成人小心規範活動的困難度，以適當提供孩子協助的需要時，成人是將孩子維持在 ZPD 的範圍內。正如先前所討論的，在這種情況下，孩子在一個很有挑戰性的活動上引導自己的行為時，就會自動使用私語。

　　第二、鷹架藉著將活動帶到口語的層次，來影響私語的使

用。當成人用問題或策略引導孩子，並且幫助他們來發現解決的方法時，他們就是將語言提升到最初解決問題的工具的地位。成人這種使用語言的方式，加上當孩子能力逐漸增加時減少規範，就可引導孩子用說話來解決問題。結果，孩子逐漸明瞭他們可以回答自己的問題，且鷹架自己的學習。藉著私語，兒童可以開始創造，並延伸自己的 ZPD 的範圍。

第三、藉著鷹架技巧，兒童學習如何規範自己的學習和行為。他們的自我規範，或後設認知的（metacognitive）技巧（例如知道如何為自己的學習建構環境、選擇有用的問題解決技巧，及用說話來解決問題時的計畫、引導，和評估自己的思想和行為發展等）都是先跟成人學習，然後才獨自做。所有這種自我規範的能力，都可預測孩子未來學業的成就，和其他積極的心理及行為的成果表現（參考 Zimmerman & Schunk 1989; Schunk & Zimmerman 1994）。

私語和相關活動之行為表現的關係

有兩個主要的轉換可以說明孩子逐漸達成獨立功能和具有能力的表現：第一、是從「他律」（other-regulation）轉換到「自律」（self-regulation），這發生在剛才所討論的孩子使用私語的情況下。第二、是由積極公開說出的自我規範，轉換到安靜無語和自動的功能。後者的轉換，考慮到孩子的私語與相關活動之行為表現的動力關係。

研究顯示，私語和孩子行為的關係與維高斯基的假設相一

致，他認為自我引導的語言可以幫孩子將行動帶到思想的控制之下。在 Bivens 及 Berk（1990）的研究中，長期追蹤一到三年級的孩子在數學科上的活動，其中發現私語的逐漸內化，可以說與有效率的活動行為密切相關。兒童若是使用許多與活動無關的語言，例如語句的遊戲，或是感情的釋放，他們常是侷促不安的坐在椅子上，或是咬嚼敲打著鉛筆，而無法靜下來專注面對其數學作業。相反的，如果兒童常使用聽得見及與活動有關的語言，往往會投入較多克服困難導向的非口語行為，像是用手指數數、用鉛筆畫線、閱讀一個字，和依賴某些物品幫助他們練習計算等。最後他們的私語如果大部分內化了，往往會安靜的坐在座位上，且表現高度的注意力。整體而言，兒童如果較快從聽得見、自我引導的說話，轉變為內在的語言，往往也能在阻止自我刺激的身體活動及專注能力上都有較高的表現。

如果私語是兒童用來做為解決問題時引導其行為的工具，那我們也預期它與活動的成功呈正相關。可是私語和表現的關係，似乎比我們的直接預測來得更加複雜。因為當兒童面臨挑戰時，私語也會增加，有時候也跟活動的失敗同時發生。兒童使用私語是一種訊號，是在他們努力練習精熟工作時，面臨了困難和障礙。我們必須記得的一件事就是，開始時兒童的私語並不是這麼有效率，能立即造成他們精熟某項活動的結果。事實上，私語對表現的有力影響，也許需要更多時間來累積，未來才可能在某些地方出現成效。

支持這觀點的另外一個發現就是，當研究者只在一時一地觀

察兒童時，會發現私語和活動的表現是沒有關係或呈負相關的（Zivin 1972; Frauenglass & Diaz 1985; Berk 1986）。但有些研究則發現，兒童使用私語是與活動增進（improvement）有關（Behrend, Rosengren, & Perlmutter 1989, 1992; Bivens & Berk 1990; Gaskill & Diaz 1991;Azmitia 1992; Berk & Spuhl 1995）。學前幼兒或初小學童使用越多私語的時候，就會有越高的得分表現，這是從兩天到一年後的追蹤觀察上所測得的成果（Berk 1992）。

支持孩子使用私語

　　研究發現，當兒童能經驗到豐富的社會互動環境時，私語是他們一個普遍的解決問題的工具。有一些互相依賴的因素——例如活動本身的要求、社會情境，以及兒童的個別個性——都主導了孩子使用私語來引導其行為的範圍和自在的程度（Berk 1994b）。與這種發現相一致的是，當他們提供的活動是在孩子目前能力的最高點上時，成人會培養孩子自我引導的私語（在ZPD 的範圍內）；同時給予耐心、鼓勵性的協助與回饋，來配合孩子自我規範的努力（這就是鷹架行為）。

　　無視於這樣的證據，很多成人仍然認為私語是沒有意義的、在社會上不被接受的行為舉動，因此不鼓勵孩子參與這種聽得見的自言自語。我們現在知道私語是健康的、適應性的重要行為（我們會在第四章中看到），有些孩子還需要更多、更長時間的使用。在家裡，父母可以注意聽孩子的私語，得到一些對他們的

計畫、目標，和困難的洞察。在學校，老師也應對孩子的私語更留意，了解到當孩子使用超出他們年齡典型私語的量的時候，他們也許需要一些額外的支持和引導。

　　老師也可以設計學習的環境，允許幼兒在解決困難或完成工作的時候使用口語活動，當新的目標導向的活動，被統整到課程裡時，自我引導的私語也許可以做為一個指標，顯示該活動培養學習及自我引導的適合性。如果孩子用的是公開，與活動有關的私語，該活動就可能是在孩子的 ZPD 範圍內；挑戰的程度足夠讓孩子使用私語，卻不會太困難，也可做為孩子參與行動，及對活動注意力的指標（Diaz et al. 1992; Winsler & Diaz 付印中）。

　　私語過去曾被認為是不相關的活動，今日卻被認為是發展中心的力量（Diaz & Berk 1992）。在與自己說話的過程中，和努力想要成為能幹自主的個體的同時，兒童建立了他們社會和心理世界的橋樑。

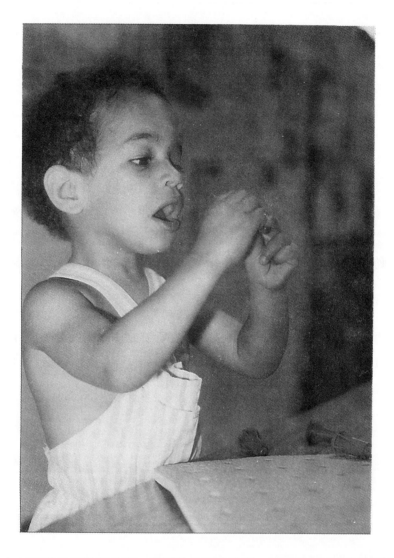

▶如果孩子用的是公開，與活動相關的私語，該活動就可能是在孩子的 ZPD 範圍內；挑戰的程度足夠讓孩子使用私語，卻不會太困難。

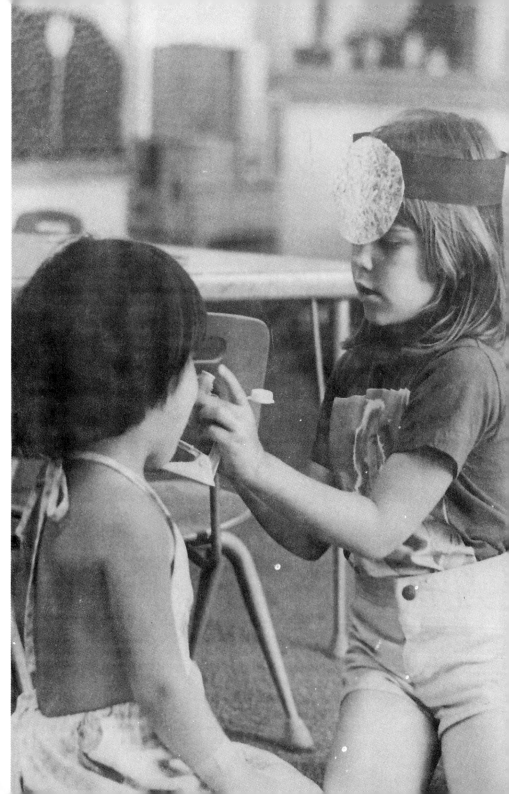

3

維高斯基理論中的遊戲

◇想像遊戲的發展與重要性
◇想像遊戲對發展的影響
◇鷹架兒童的遊戲
◇結論

　　三歲的南西跟她的媽媽正在遊戲室裝飾萬聖節的裝飾品，當南西開始表現無聊的徵兆時，媽媽建議她駕駛車子。南西拿出一個孩子尺寸的紅色塑膠儀表板，還有方向盤及安全帶，坐上駕駛位後說：「妳要確定綁好安全帶喔！」提醒她的媽媽綁好安全帶，「綁好爲了安全！」。南西綁好安全帶，轉動駕駛盤，並且按喇叭，媽媽問她：「妳要去哪裡呢？去旅行嗎？」南西回答：「我要去哈瓦那！」……她解釋哈瓦那在很遠的地方，並和媽媽討論在途中會有幾站停車的地方，和一個人要多大才可以考駕照這類的問題。

　　逐漸的，媽媽停止觀察女兒的遊戲，進入到扮演乘客的角色。南西告訴她坐後座，並且綁緊安全帶。媽媽問她：「妳是媽媽嗎？」南西回答：「是啊！」……這假裝的孩子開始向前打擾溫和的正在駕車的假裝的媽媽：她想要打開車窗且把腳伸出去，抱怨有一隻蟲在窗上飛來飛去，並且吵著肚子餓，最後表示急著要上廁所。假裝的媽媽發出劇烈的「嗚！」的聲音，停下車子，告訴孩子廁所的方向（沙發左邊的地區）。上完廁所還有音效顯示沖水的聲音，這對母女又回到車上，再度她們的旅程（摘錄自 Haight & Miller 1993, 1）。

　　維高斯基的作品中，只有在 1933 年的作品出現非常簡短的十二頁關於遊戲及遊戲對孩子發展影響的陳述。即使對這個主題只有如此簡短的陳述，維高斯基在遊戲的發展及重要性的觀點，

卻是非常的刺激創新，而且超越他的時代。與他強調孩子運用符號，是跨向更高認知過程重要腳步的觀點相符合的，就是他（[1933] 1966）忽略了嬰兒期的感覺動作遊戲，而去強調象徵遊戲——從學步期的末期逐漸萌發，在學前階段盛大開放，並且進化為帶有規則並主導了兒童中期的虛構遊戲（make-believe）。維高斯基理論中的幻想遊戲（fantasy play）具有非常顯著的地位，他並且視之為發展的主要因素（leading factor in development）（[1930-1935] 1978,101），正如下面經常被引用的一段話所顯示的：

> 遊戲為孩子創造了最近發展區。在遊戲中，孩子總是表現超越他的一般年齡，超越他的每日行動；在遊戲中兒童似乎比自己高出一個頭。就好像放大鏡的焦點，遊戲在一個密集的形式裡包含了各種發展的傾向，而且本身就是一個主要的發展來源（[1930-1935] 1978, 102）。

在這章裡，我們要討論維高斯基對於遊戲在幼兒生活中的功能的看法，他對於遊戲如何發展的論點，及他為什麼把遊戲當成最主要的發展因素，對孩子投入有計畫、自我引導活動的能力有極大的貢獻。

但很不幸的，維高斯基在遊戲方面所引發的研究卻是很有限的，主要是因他在這主題上的論述非常之少。後來的研究者主要集中注意在他的社會互動以及符號仲介（sign-mediational）的

▶在遊戲中，孩子總是表現超越他的一般年齡，超越他的每日行動；
在遊戲中兒童似乎比自己高出一個頭。

理論觀點上，這些也是在他的寫作中廣泛討論的領域。可是受維
高斯基遊戲觀點所刺激的文獻，卻是不斷增加中，一些研究即使
不是直接意圖測試他的觀點，也提供非常多的支持。我們在探討
維高斯基的理論時，將逐漸討論這些發現，和將假裝遊戲適應在
社會文化情境內的證據。我們將會看到成人和同儕鷹架幼兒的象
徵遊戲，孕育這種變成幻想、假裝的轉換，延伸過整個學前階

段。象徵遊戲，可以說是提供了獨特且影響廣泛的最近發展區，在這裡兒童可以更進一步，發展到心理功能的更高層次。

▌想像遊戲（imaginative play）的發展與重要性

　　藉著建議我們去辨識遊戲定義的特性，進而洞察其在發展上的重要功能，維高斯基開始思索遊戲對孩子發展的重要性。為了區別遊戲的差異，維高斯基曾探討其他人關於遊戲是好玩的活動的中心理論，發現那些是相當不足的。

　　例如，一般都假設遊戲是非常有趣好玩的活動，但這既不是遊戲所特有，也不足以形容所有好玩的情境。許多其他的經驗，例如吃喜歡的食物、從父母身上得到完全的注意和關愛，或聽一個有趣的故事，至少都令人滿足，甚至有時比遊戲更令人滿意。進一步而言，有一些快樂的經驗——例如可以輸贏的遊戲——當孩子得到失望的結果時，就不純粹是有趣的事了。

　　第二種了解遊戲的方法，就是去強調它的象徵特性，例如皮亞傑（[1945] 1951）所強調的，在前運思期開始時，繁盛的虛構遊戲活動一般。雖然幼兒在第二年的時候萌發了象徵能力，這對假裝遊戲的產生有所幫助，即使如此，象徵性仍然是另外一個特性，是不能排除在遊戲之外的。無論皮亞傑或維高斯基，都強調語言、藝術性，以及文學性活動，均是在學前階段發展起來的。

　　維高斯基結論遊戲有兩個重要的特點，當它們合在一起的時

候，就能形容遊戲的獨特性，並且呈現在發展上的角色。第一、所有象徵遊戲都創造了一個想像的情境，能讓孩子抓到不被了解的內在欲望。維高斯基指出幻想遊戲的出現，有時會讓孩子學到延遲對衝動的滿足，並且接受有些欲望可能永遠無法滿足的事實。不同於嬰兒期，欲望和實現之間的距離是很短的，在第二年時，保母開始堅持學步兒必須延遲他們的欲望滿足，並且學習表現被社會所接受認可的行為。

為了說明這種改變，我們要提出一個最近的研究，研究中請母親指出，哪些事情是她們會要求十三到三十個月大的幼兒來做的？又有哪些事堅持他們不能做？（Gralinski & Kopp 1993）研究者發現行為的規矩，在第二年的時候有漸被強調的趨勢。開始時母親會強調的規則包括了安全性、所有物，以及尊重他人。學步兒會被提醒不要太靠近危險的情境，像是陡峭的樓梯、熱爐子、繁忙的街道等，並且不要去破壞自己或是別人的東西——例如撕壞書本、在牆上塗畫、拿取破碎的物品等。體貼的行為——不要拿走別人的玩具、不要對別人不禮貌或粗魯——也是被強調的內容。一段時間之後，母親的期望會再延伸，她們會加上一些跟家庭例常行事有關的規則（例如收拾玩具、幫忙簡單的家庭雜事）、自我料理（如洗手、刷牙、穿衣），以及延遲其滿意（如等待輪流、飯後才吃甜點）等。到大約三十個月大的時候，所有型態的規則都已被強調到同樣的地步。正如維高斯基所提示的，就在這段時間裡，兒童必須學會將他們目前的欲望，聽命於社會生活的規則，這時的想像遊戲就開始繁盛的發展了。

在遊戲中創造一種想像的情境，常被認為是孩子在真實情境中無法做到，卻能在其中維持立即欲望的滿足的一種方式，但維高斯基卻認為這種一般人相信的觀點是錯誤的。第二個象徵遊戲的特性，是象徵遊戲包含了行為的規則（contains rules for behavior），兒童必須遵循，才能成功的進行遊戲的情節。出現在學前階段後期，及佔據後來學齡兒童大部分生活的遊戲，幾乎都是以規則為主的活動。即使由最小的幼兒所創造的最簡單的想像情境，也總是跟社會規則相配合，雖然這些規則並不是一開始就規定好的。例如當一個孩子假裝要去睡覺的時候，通常都會遵從睡前時間的行為規則；一個孩子想像自己是爸爸，另一個娃娃做他的孩子，他往往也會依照父母行為的準則來扮演；又如第三個孩子玩的是太空人的遊戲，他也觀察到太空船發射及太空漫步的規則。因此維高斯基結論「任何遊戲只要有想像的情境，都有規則的存在」（[1930-1935] 1978, 95）。一個孩子是不可能在完全沒有規則的想像情境中行動的。

這些遊戲的特徵──想像的情境被規則所主導──正說明了其發展角色的關鍵。依照維高斯基的說法，假裝的遊戲提供兩種互補能力的萌發：(1)將思想從行動及物品中分離出來的能力，(2)放棄衝動的行為，以成就深思熟慮及彈性自我規範活動的能力。下面兩段將詳細敘述這些觀點。

將思想從行動及物品中分離出來

在創造想像的情境中，幼兒學習到行動並不只是回應外在的刺激而已——眼前的物品及事件——同時也符合內在的想法或情境的意義（meaning）。維高斯基認為嬰兒和非常年幼的幼兒是反應性的生物，常由片刻的觀念引發並促成他們的行為。一個嬰兒看到很吸引的玩具就毫不遲疑伸手去抓它；一個學步兒會追一個滾到街上的球而不考慮可能發生的後果。「在遊戲中，事情卻失去他們決定性的力量，當孩子看到一件事，卻反應出與所見不一樣的行動。也就是在這情況下，孩子的行動是獨立於他所看到的事情之外。」（[1933] 1978, 97）

但究竟想像遊戲是如何協助孩子將思想與周圍世界分離，並依賴一些想法去引導他們的行為呢？依維高斯基的看法，就是虛構遊戲特點中的「物品替代物」，這在過程中是非常重要的。當孩子以一根棍子代表一匹馬，或摺起來的毛毯代表睡著的嬰兒，他們與真實的關係就產生了巨大的改變。這根竹竿就是將「馬的意思」從「真實的馬」中分離出來的重要關鍵；同樣的，這毛毯也成為讓孩子從「真正的 baby」中區別出「baby 的意思」的關鍵。這種意義區別的發生，是孩子在一種假裝的型態下，改變了替代物品原先一般的意義。

維高斯基強調，對幼兒來說，從他們所認定的物品上去切斷思考或文字的意義是非常困難的，他們只能逐漸這樣做。事實上

研究也顯示，兒童的物品替代物的彈性會隨年齡而逐漸增加，在十八個月到兩歲的年紀，虛構的遊戲變成更能從與真實生活中相關的情境上分開。在早期的假裝中，學步兒只會用真實的東西——例如用玩具電話講話或用杯子喝水，但到兩歲的時候，就會用比較不那麼真實的玩具，例如用積木做電話，這樣的情況也變得比較尋常。到了三歲時，幼兒可以想像物品和事件，不再需要任何真實世界的支助；就如當他假裝用手撥號，或根本不需要表現這個動作，而跟玩伴說：「我正在打電話給阿美！」到這時候，遊戲的象徵不再需要跟物件或行為所代表的意義相符合（Bretherton et al. 1984; Corrigan 1987; McCune 1993; Tamis-LeMonda & Bornstein 1993）。

　　維高斯基將遊戲看作是一種「從純粹受場地限制的幼兒及成人的思想，到能夠完全從真實情況中解放出來的階段」的轉換（[1930-1935] 1978, 98）。在幫助孩子分離物品的本身和意義時，幼兒階段的假裝是非常重要的準備，為後來抽象及想像思考的發展奠定基礎；在其中，象徵可以被操作，想法也不需要在真實世界中推論印證（Vygotsky [1930] 1990）。從行動中分離意義時，虛構的活動也幫著教導孩子，如何在眾多行動替代方案中做深思熟慮的選擇。因此，幻想遊戲又是一個額外的——超越前幾章所討論的——能促進孩子自我規範的因素；具有自我規範思考的能力，也可在以規則為準的遊戲特性中被增強，我們將在下面部分討論這一點。

放棄衝動的行爲

　　維高斯基指出兒童的想像遊戲包含非常有趣的自相矛盾現象。對一個外在的觀察者而言，在遊戲中，兒童做他們最喜歡做的事，學前幼兒的遊戲也呈現自由與自動的特性。可是遊戲卻不斷要求孩子的行為要與他們立即的衝動相反，因為他們必須服從假裝遊戲或娛樂情境中的規則。在這種情況下，自由遊戲並不是真的「自由」，因為放棄了衝動的行為——也就是，此刻不能馬上做他們想做的事——而這正是通往滿足的、好玩的虛構遊戲的路徑。維高斯基陳述：

> 遊戲不斷對孩子的行動提出要求，要他們反對立即的衝動。在每一個階段，孩子都面對了介於遊戲規則，和如果他能立刻反應，他將怎麼做之間的矛盾衝突。在遊戲中孩子的行動必須相反於他想要的行動，孩子最大的自我控制就在遊戲中產生。當一個孩子在遊戲中放棄了立即的吸引，可以說是達到最高意志力的表現（例如遊戲規則是禁止他吃糖果，因為那代表不能吃的東西）。逐漸的，孩子經驗到拒絕所想要的東西以表示對規則的遵守，但在這裡，服從規則和放棄行動中立即的滿足，正是達到最高快樂的方法。（[1930-1935] 1978, 99）

　　總而言之，依維高斯基的說法，遊戲的重要特點就是自我控

制——甘願遵守社會規則。在遊戲中，將目前的欲望臣服於假裝劇情中的角色和規則，就會變成「新的欲望型態」（a new form of desire）。在這樣的情況下，遊戲創造了最近發展區，幼兒從中了解很多表現在未來「將會變成她真實的行動和道德的基本層次」（[1930-1935] 1978,100）。在虛構遊戲中遵循規則，兒童比較能了解社會的模式型態與期望，並且努力表現出符合的行為。例如一個孩子在家庭的劇情裡扮演雙親的角色，便會逐漸了解在真實情境中父母的責任，並洞察父母與孩子的關係（Haight & Miller 1993）。

　　當我們看從早期到中期兒童遊戲發展的軌跡，發現最明顯改變的部分就是逐漸增加對規則的強調。依維高斯基的說法，當遊戲的想像部分逐漸消失了以後，規則佔有學齡兒童遊戲的最重要部分。但是每一個遊戲都有規則，從下棋到打棒球，都以隱密方式包含想像的情況，而且兩種遊戲因素都保留在發展的過程中。長時間以來比較強調規則導向遊戲的意思，是指兒童逐漸變得更能知覺其遊戲活動的目標。早期這種自我規範遊戲特性的練習，使幼兒並未注意到他們本身為了規則為主的行為而放棄了衝動。在這種情況下，遊戲促進了「志願意圖」（voluntary intentions）的發展——真實生活中計畫與目標的形成——其實不需太費力氣就可以做到。對維高斯基而言，「學前最高程度的發展，就是孩子藉遊戲活動朝向根本的發展」（[1930-1935] 1978, 102-103）。

　　維高斯基的總結：「從一個有明顯的想像情境與不明顯規則

的遊戲，轉變到具有明顯的規則與不明顯的想像遊戲的發展，描繪了兒童遊戲的進化」（[1930-1935] 1978, 96）。從這觀點來看，學前階段的幻想遊戲，對未來兒童中期的遊戲發展非常重要——特別是，向遊戲玩法發展時，在設定目標，以及為追求此目標而需規範個人行為方面提供了額外的教導，而且是行動臣服於規則而非衝動的引導——簡而言之，要成為合作和積極生產的社會一份子。遊戲，在維高斯基理論中，是幼兒時期最卓越的教育活動。

‖想像遊戲對發展的影響

皮亞傑認為遊戲是純粹同化的形式，是一種孩子可藉以練習新形成的象徵性基模的方法。維高斯基則與皮亞傑理論相反，強調遊戲是一種促進發展、向前移動的假裝的後果。到底維高斯基認為虛構遊戲對發展具有深遠影響，能支持幼兒很多不同能力萌發和精進的觀點是否正確？仔細看他的理論就會發現，遊戲的益處可說非常複雜而間接，也許要花很多年時間才能了解（Nicolopoulou 1993）。無論如何，還是有很多的研究支持維高斯基的觀點，認為對很多不同排列的高層次心智功能的發展，遊戲是很有貢獻的。

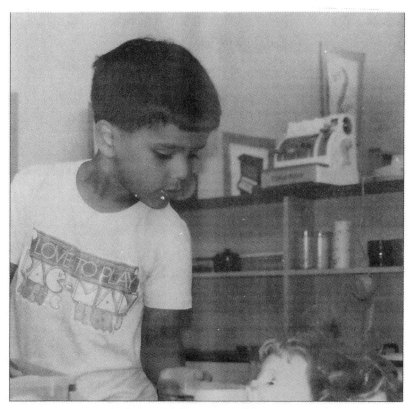

▶遊戲，在維高斯基理論中，是幼兒時期最卓越的教育活動。

一般的認知與社會技巧

很多研究顯示，遊戲不只反應了一般的認知與社會發展，且

對其很有貢獻（Singer & Singer 1990）。社會戲劇遊戲（socio-dramatic play），這種與同儕合作和相互的假裝，首先出現在大約兩歲半的年齡，在四到五歲的時候急遽增加，曾被廣泛的研究。相對於社會的非假裝的遊戲（例如畫圖或拼圖遊戲），在社會假裝的活動中，幼兒的互動能維持比較久、表現出更多的參與、能帶更多的孩子介入活動，也有比較多的合作表現（Connolly, Doyle, & Reznick 1988）。當我們從維高斯基強調高層次社會心智功能的社會本源上來考慮這些結果，就不難發現：花比較多時間在社會戲劇遊戲上的學前幼兒，在一般心智發展上，會有比較高層次的表現；他們會有擴張的能力去了解其他人的感覺，也被老師認為較具社會能力（Burns & Brainerd 1979; Connolly & Doyle 1984）。幼兒如果特別喜歡假裝遊戲，他們在想像力和創造力上的測驗分數也會比較高。當玩具被用在比較新奇的玩法中時，會鼓勵孩子去發現新的關係，這樣也能促進他們的彈性及創意思考的能力（Freyberg 1973; Dansky 1980; Pepler & Ross 1981; Saltz & Brodie 1982）。

記憶力

另外的證據也顯示，幻想遊戲會加深孩子的記憶力，虛構遊戲可以促進無論是列表式或敘述式內容的記憶。例如 Newman（1990）曾指導一組四到五歲的幼兒玩一組玩具，另外一組的幼兒則只是去記住這些玩具。玩玩具的這組，比起只是叫名稱或摸

玩具的這組（用在「記憶組」學前幼兒身上的策略），產生較好的記憶力。被教導遊戲的這組兒童，較會從事許多自動組織材料的活動，這使他們不費力的記住這些東西。這包括替代物品的功能性使用（假裝吃玩具香蕉，或幫娃娃穿鞋），以及描述他們的活動（例如「我在擠檸檬。」或「狗狗坐到直昇機上飛走吧！」）。當兒童把物品放入一個有意義的虛構遊戲情境中的時候，就增加了這些東西的可記憶性。這樣的遊戲方法，可以為將來在兒童中期，需要使用更熟練複雜的記憶策略時，提供重要的基礎，而這要靠在將被記憶的訊息之間，建立起有意義的關係來達成。

　　另外一個調查，是強調主題幻想遊戲在記憶發展上的角色；針對一群五、六歲的孩子對一個不太熟悉的故事的記憶，在兩種不同情況下，加以測試。其中一種是假裝的情況，在這裡面他們演出剛剛聽到故事的主題，第二種是控制的情境，在這裡故事一說完，孩子就立刻回到正常的教室活動中去。一共是六個禮拜，每個禮拜有一組孩子聽老師說故事、選擇角色跟道具，然後演出這個故事；另一組則是聚集來聽完故事之後，就回到例常的課程中去。參加主題幻想遊戲這組的孩子，當他們被要求記住一個過去沒聽過的故事時，他們的表現成績好很多（Silvern et al. 1986）。其他的研究也證實，孩子的說故事和故事記憶能力，是在有機會參與幻想遊戲時才會增進（Saltz & Johnson 1974; Saltz, Dixon, & Johnson 1977; Pellegrini & Galda 1982）。

語言

　　有效的故事記憶有賴於語言上詳細敘述的運用，而這能力可藉遊戲的經驗來增強擴充。正如 Ervin-Tripp（1991）的研究中所提到，幼兒在玩遊戲中，聽到語言鑲嵌在當時正在討論的物品和行動中時，能幫助他們確定語言是可以了解的；當新字或表達的意思在幻想的劇情或遊戲中出現的時候，孩子可以很容易的從具體情境的線索中，猜到它們的意思。

　　進一步而言，當孩子參與在遊戲中的說話時，他們常會糾正彼此的錯誤，不是直接說出，就是示範可接受的說話方式。例如在演出電話對話的情節中，一位幼稚園的孩子說：「哈囉！請到我家來！」他的玩伴就很快糾正他，並告知比較恰當的電話問候方式：「不對！你應該先說：你在做什麼？」（Ervin-Tripp 1991, 90）。幼兒在最近的經驗中聽到新的詞句時，會介紹給他們的同伴，這使得在扮演遊戲中的字彙無形中增加了許多。一個四歲的孩子在玩護士的遊戲時，跟她的玩伴說：「我要給你一個溫度。」雖然她一開始使用這個詞句是不對的，但積極的試驗能讓她在這情境中注意到，未來應怎麼應用「溫度計」一詞才對，逐漸就會有正確的使用方法。當她在情境中帶入新詞句時，其他的小朋友也有學習的機會。最後，需要用來表達不同觀點、解決爭議，和說服同儕合作完成遊戲的語言技巧是數不盡的。遊戲提供一個場所，在其中，對話討論的所有方面都得以擴充延伸。

▶在一起遊戲幫助孩子學會許多語言技巧，他們需要用以表達不同觀
　點、解決爭議，和說服同儕合作完成遊戲。

推論（Reasoning）

　　虛構遊戲也可以培養孩子對不可能或荒謬情境的推論分析能
力——這個發現與維高斯基強調遊戲可以協助孩子，將所代表的
意義與物品本身分離，允許意義本身有更彈性和創新的運作的觀
點相符合。在認知發展文獻上的一個重複發現就是，大部分童年

中期的思考，是維繫在一些「眼前的」（here and now）具體真實的東西上。但是在某些情況下，幼兒也能獲得推論分析的「理論的型式」（theoretical mode）。Dias 和 Harris（1988,1990）探討四到六歲孩子有跟隨邏輯命題的能力，即使他們是處在挑戰和抗衡真實世界知識的環境中，試看下面的三段論法：

> 所有的貓都會叫。
> 瑞斯是一隻貓。
> 瑞斯會叫嗎？

Dias 和 Harris 讓第一組孩子用代表每一前提內容的玩具來演出這個問題，第二組的孩子則被告知這件事是發生在另外一個假裝的星球上的情況。控制組的孩子則只是聽和回答這個問題。在前兩組遊戲情況下的兒童，會給予比較多的推論而非事實的反應，同時也比較會用理論觀點來調整他們的答案——例如，「在這故事中貓會叫，所以我們也能假裝牠們會叫」。

作者結論，進入「假裝的模式」（pretend mode），可以讓孩子用相反的事實來分析推論，而以為他們是真的——這個發現，為維高斯基的假設提供衝擊性的實證就是，在遊戲的情況下，孩子是「遠遠超越他的一般年紀，超越他的每日行為」（[1930-1935] 1978, 102）。將口語陳述當作推論的邏輯基礎，獨立於他們的滿足之外，這將是在「真實導向的模式」（reality-oriented mode）中，一直要到青少年時期才會萌發出來的能

力。

外觀與真實的界線

　　還有一種使孩子的思考在「假裝的模式」中，比在「真實導向的模式」中表現得更卓越的情形，是與分辨外觀和真實的差異能力有關。很多學前幼兒的父母很熟悉這樣的情形：當臥室的燈被關掉的時候，孩子會說：「爸爸！媽媽！妖怪又到我的房間裡來了！」為了消除房間裡恐怖的怪物，動物的圖片及牆上的活動裝飾物都要被移開，有時壁櫥裡面和床底下都要再搜尋一遍。

　　最近的實證研究證明，在某些情況下，很多學前幼兒很容易被東西的外觀所矇騙；他們錯誤的結論就是，這些東西看起來的樣子就是它們實際上的樣子。Flavell, Green, 和 Flavell（1987）曾經用「外觀—真實」的問題（appearance-reality），將一些物品偽裝成不同樣子的測驗讓孩子做做看。孩子被問到這些項目實際上是否「真是這樣」（really and truly）？學前幼兒很容易被所看到、所聽到的矇騙。當被問到一張白色紙被放在藍色濾光鏡後面時，是不是「真的是藍色」？或是罐子內的聲音聽起來像 baby 哭，再想一遍是不是「真的是 baby」？他們往往都會回答「是」，要到六、七歲的時候，在這測驗上的表現才會好一點。

　　但在虛構遊戲中，兒童所用的替代物品，其遊戲象徵和原來所代表的，卻有極大的不同。我們常會聽到孩子說這類的事情：「假裝這個球是蘋果」，或「我們用這積木做對講機吧！」可是

學前幼兒卻不會認定這想像的象徵是真實的。事實上，孩子遠在他們能夠正確回答「外觀—真實」問題之前（DiLalla & Watson 1988; Woolley & Wellman 1990），就可以分辨假裝遊戲和真實經驗的不同。虛構遊戲對幫助孩子在日常生活中，熟練分辨外觀與真實世界的差異時也許是很重要的，因為這種重複的經驗，可提供不同物品從真實到象徵意義來回的轉換。

想像的自語（inner speech）

除了將幻想遊戲視為對非遊戲技巧的發展很有幫助之外，它本身也可以被測試檢驗——想像活動強調，也表達了孩子的認知、情感，和社會生活上的明顯觀點（Nicolopoulou 1991）。事實上，這種像故事一般的幻想遊戲的描述，也許正預示了我們內在心理經驗特點的一連串有趣的口語敘述，也像皮亞傑所強調的邏輯思考，對於每日生存的適應也非常重要。

依這樣的解讀，維高斯基提出建議，幻想和角色扮演的衝動並不會在青少年期消失。相反的，他認為以後幾年的想像思考，就像幼兒時期被內化、被減縮的假裝遊戲的形式一樣，成為一種「沒有行動的遊戲」（play without action）（[1930-1935] 1978, 93）。由於來自社會的限制及認知上的發展，導致外在的、想像的遊戲必須走向內在。它轉變成意象及安靜的自我對話，再逐漸變成「與內在聲音漫步的一個延伸的意識流，它無論是在清醒或睡眠時刻，都不斷對新經驗批判、對過去做反應，並且預測未

來」（Singer & Singer 1990, 232-33）。藉著將幻想的因素介紹進入知覺，這種創新、私密的敘述，也許能幫助我們打開和延伸各種可能的新視野，來克服世俗、重複的日常生活。很少人能否認，遊戲好玩的思想型式，是人類經驗的一種無所不在而且必然的特徵。這也可能是成人藝術家和科學家所呈現出來的，創造性心智的綜合基礎。維高斯基（[1930] 1990）推測這種創造性的想像，在幼兒早期假裝遊戲的劇本，以及物品替代的活動中，已經埋下了基礎和根源（Smolucha 1992a）。

　　總而言之，幻想遊戲對社會成熟以及不同心智觀點的建構，具有不小的貢獻——對整體的認知表現、創造性想法的統整、對不同型態訊息的記憶、語言能力、理論性分析能力、對外表與真實的分辨，以及建議和協助我們克服日常生活的遊戲性質的口語敘述等。對那些認為遊戲活動是如此天真且吸引孩子，必須加以限制以追求更「生產性」（productive）的活動，或者懷疑遊戲是否構成真正有力的最近發展區的那些人而言，上面所討論的發現，已經很清楚的提供了證據：在孩子的生命中，遊戲佔有合法而豐盛的地位。

▌鷹架兒童的遊戲

　　皮亞傑象徵遊戲的觀點掌控了過去三十年，宣稱虛構遊戲在孩子逐漸具備象徵思考能力時，就自然能萌發產生。就像皮亞傑

解讀自我中心語言的方式一樣（看第二章），他和他的追隨者都認為，很小的幼兒缺乏認知能力去跟他的同伴分享遊戲的象徵——不管是成人或同儕——直到學前的階段才有此能力。就如我們看下面一位研究主持人所歸納的 1980 年代早期遊戲的文獻：「父母不太可能跟他們的幼兒玩假裝的遊戲，或示範這樣的遊戲」（Fein 1981, 1106）。

　　因為皮亞傑學說的觀點曾被廣泛的接受，所以直到最近才有研究者認真的探討孩子遊戲經驗中的社會情境。他們挑戰以前認為幻想遊戲是一種不需要促進的現象，只是很自然的從孩子內在的意象產生的觀點。相反的，新的證據顯示，虛構遊戲就像其他高層次的心智功能一樣，是社會互助合作的產物。文化中的專家份子，鷹架孩子的假裝行為，能促進其早期的萌發和延伸。一旦具備了假裝的能力以後，兒童彼此之間能很快建立對分享遊戲的了解，共同創造有規則的想像劇情，來引導他們成對的，或小團體的活動。這些遊戲的場景似乎是合作活動的小世界的縮影，它影射了社會關係，及在更大社會中建設性的、目標導向的活動。

成人—兒童遊戲

（兩歲大的依莉被媽媽帶到樓上房間去換尿布）

依莉：我要去沙門冰淇淋。（沙門冰淇淋是他們家最喜歡去的
　　　冰淇淋店）

媽媽：妳要去沙門冰淇淋店嗎？

依莉：是的！

媽媽：安德是不是廚師呢？（*安德是四歲的孩子，常跟依莉的姐姐玩*）

依莉：是的！（*停了一下*）*我的廚師！*

媽媽：（*將依莉放在床上開始換尿布*）妳是廚師嗎？妳會不會用妳的鍋碗盤子煮飯呢？妳有鍋子跟盤子嗎？

依莉：是的！我有。（*摘錄自 Haight & Miller 1993, 46*）

　　在上述遊戲過程中，兩歲的依莉到房裡換尿布時，開始想像遊戲的劇本，結果轉換成要去買冰淇淋的過程。為回應依莉所開始的幻想遊戲，母親鼓勵她延伸想像主題，並且用玩具把它演出來。這個遊戲的插曲，在母親問依莉問題，幫她澄清意象，並思考更多新想法時，得到更詳細的描述和維持。

　　以維高斯基為基礎的遊戲研究強調，虛構遊戲從一開始就是一種社會活動（El'konin 1966; Garvey 1990; Smolucha 1992a; Haight & Miller 1993）。在西方工業化社會裡，遊戲一開始是出現在保母跟孩子之間；遊戲和假裝一開始是在專家的支持引導下學習到的。在這些互動中，孩子學會挪用溝通的習俗、社會的技巧，以及象徵的能力，這些都可以讓他們以自己的方式來進行假裝遊戲。

　　保母在嬰兒時期支持並培養孩子遊戲的研究文獻是非常豐富的。例如在生命第一年的中期，輪流遊戲（如拍蛋糕 pat-a-cake 和躲貓貓 peekaboo）就會出現。父母親一開始玩這種遊

戲時是演出兩方角色，此時嬰兒是非常驚訝的觀察者。到十二個月大的時候，嬰兒就變成積極的參與者，他們會跟父母親互換角色。當嬰兒這樣做的時候，會練習人類會話的輪流型態，並且開始內化遊戲互動中的對話結構（Ratner & Bruner 1978; Sachs 1980; Trevarthen 1989）。除了輪流的遊戲外，在生命的前兩年，父母親都會跟嬰兒玩體能的遊戲，父親尤其常做。到了兩歲以上，只有父親會跟孩子玩猛烈的進攻、高舉、扭打的遊戲——特別是跟兒子玩（McDonald & Parke 1986）。研究發現，透過這種在幼兒階段促進其與同儕遊戲的方式，孩子開始學習去規範自己情感的產生，並且去「讀」（read）其他人的感覺（Carson, Burks, & Parke 1993）。因此幼兒—保母遊戲對幼兒早期的溝通、情感，和社會技巧的發展都有重要的貢獻，未來才有可能與別人玩象徵遊戲。

　　稍近的研究文獻更顯示，保母對遊戲的鷹架行為，已將嬰兒的遊戲延伸到幼兒階段的虛構遊戲。Haight 和 Miller（1993）曾經廣泛的執行這類的研究，他們的研究，受他們觀察到假裝遊戲需要特別的溝通慣例所激發。例如遊戲的人必須同意角色的規定（「你做老師，我做學生好不好？」），以及轉換物品和地點（「嘿！我們可以用積木角做教室。」），他們也必須告訴彼此有關場景和劇情的轉換（「讓我們來假裝這是回家的時間好不好？」）（Garvey & Kramer 1989）。在看到假裝遊戲中說話的傳統化特性時，Haight 和 Miller 推測，有效的虛構遊戲的技巧，必須從比較有經驗的同伴身上學習到。

　　為了尋找真相，這些研究者就對九個美國中產階級家庭的孩子，在家中假裝遊戲的發展，做了從一歲到四歲長期的追蹤。他們的發現與皮亞傑的觀點相反，皮亞傑認為假裝是個人化的產生，後來才變成社會化。他們卻發現虛構遊戲是非常優勢的社會活動，跨越所有年齡的差距，而且佔據孩子全部假裝活動的百分之六十八到七十五。又發現母親通常是這些孩子三歲以前遊戲的主要伴侶，到四歲的時候跟媽媽及其他同伴（兄弟姊妹及同儕）的玩耍時間則相等。整體而言，母親跟孩子的假裝遊戲，會隨著年齡成長而降低，孩子與孩子的遊戲則增加。

　　在年齡很小的時候與母親玩假裝遊戲，並不是因缺乏玩伴的關係。對於那些一直有機會接近其他孩子的孩子而言，四個孩子當中，在十二個月大的時候，沒有一個孩子會跟其他的孩子玩假裝遊戲；在二十四個月大時，四個中有兩個會跟別的孩子玩；在三十六個月大的時候，有三個會；在四十八個月大的時候，四個都會。同樣的，Dunn 和 Dale（1984）觀察一群兩歲的孩子發現，這些孩子都有兄弟姊妹，雖然這些孩子同時跟母親和兄弟姊妹玩，但是在這樣年幼的時候，他們比較喜歡跟母親玩。這個以及其他的研究都支持的觀點是，保母或母親是最開始促進假裝活動的人（Miller & Garvey 1984）。他們也確認維高斯基的觀點就是，與保母玩的遊戲，在幼兒能力逐漸增加時，將由同儕來取代。

　　進一步指明保母教導學步兒假裝的證據，可以從 Haight 和 Miller（1993）的觀察摘錄中發現，學步兒在十二個月大的時

候，假裝多是單方面的，而幾乎所有的遊戲插曲都是由母親先
導。到兩歲以後，假裝能力建立得比較好一點時，母親與孩子會
在虛構遊戲的展開上呈現雙向的興趣；雙方各有一半的機會開始
創造遊戲的插曲，這發現也有其他的研究者來證實（Dunn &
Wooding 1977）。在所有的年紀中，母親通常都是跟隨著孩子
的引導，並對孩子的貢獻加以詳細闡述。為回應母親，孩子即使
已能跟其他的玩伴玩在一起，仍會不斷回去找母親做遊戲的玩
伴。所以即使假裝遊戲一開始是由母親介紹給她們十二個月大的
孩子，但這很快會變成合作的遊戲，雙方都加入想像的對話中，
母親也逐漸放下創造及引導幻想主題的責任，讓孩子去承擔。

另外的研究又擴充了 Haight 和 Miller（1993）的發現，是
建立在維高斯基兩位同事——El'konin（1966, 1978）和
Smolucha（1992a, 1992b）的報導：孩子虛構遊戲中的物品取
代，可以追溯到他們母親過去告訴孩子，如何為物品重新取名，
或建議一個假裝的行動等活動的腳本中。雖然早在十二個月大
時，就已會有主動的物品取代，但大部分幼兒對物品的假裝，是
由母親開始引導的（Smolucha 1991）。到兩歲的時候，母親談
到更多不存在的幻想的物品，這種改變可促進孩子在他們遊戲
時，擴充對取代物品想像的空間與範圍（Kavanaugh, Whit-
tington, & Cerbone 1983 ）。進一步而言，很多工業社會國家
的父母，買了很多刺激孩子假裝主題的玩具給孩子玩——像迷你
小車、娃娃，和假裝的人與動物的角色等等。在提供一連串特別
用來玩假裝遊戲的物品時，父母就在對孩子溝通，告訴他們假裝

是有價值的活動，並且把道具放入想像場景內，將與幼兒遊戲合作的機會擴大到極致（Sutton-Smith 1986; Haight & Miller 1993）。

正如本章前面所說的，物品替代是一種假裝的觀點，為後來抽象和想像的思考奠定主要的基礎，而 Smolucha 也認為這些做法起源於早期育兒的情境中，能培養促進遊戲活動。與這些觀點相同的是，Singer 和 Singer（1990）討論到，為了創造性的良好發展，孩子生活上重要的人應為孩子建立假裝的氣氛，以熱切和尊重孩子的態度，鼓勵並接受孩子的想像活動。這些研究者也檢驗了歷史上著名的作家、藝術家，和科學家的生活，發現很多例子中，都有一個很顯著的個人——父母、兄姊、家庭的親戚，或是老師——藉著跟他們說想像的故事、開啟合作的假裝遊戲，或提供禮物（例如書或玩偶），來刺激他們的想像實驗，這些都會刺激他們的假裝遊戲。

例如在蘇俄作家 Vladimir Nabokov 的自傳中，形容母親在他臨睡前拿出珠寶，讓他非常驚訝興奮，這種經驗刺激出他的「神奇與迷醉」，及後來他的小說中華麗慶祝的意象（Singer & Singer 1990）。Edith Wharton 記得她父親的一個朋友，每次禮拜天的晚上與她的家人用過晚餐後，都會把她抱在膝上，開始講述難以置信的傳奇故事。她認為這些故事劇情內容對她發展成為小說作家的過程，是非常重要的因素。Charlotte Bronte 曾為她的兄弟講述一個玩具士兵禮物的故事（和她三位較大的兄長一起，其中兩位也都變成作家），她將這小人物轉換成虛構的

▶在提供一連串特別用來玩假裝遊戲的物品時，父母就在對孩子溝
通，告訴他們假裝是有價值的活動，並且把道具放入想像場景內，
將與幼兒遊戲合作的機會擴大到極致。

作者，在一個充滿奇怪生物的奇幻島嶼上發明了很多的遊戲。依
照 Singer 和 Singer 的說法，這種「奇幻的意識」，是與童年時
代的社會化引導遊戲交織而成的產品：

> 不只在這些著名的作家、藝術家，或科學家的傳記或自傳中發
> 現這些事情，同時也在富有創造性、想像性的平常人的記憶中
> 發現，或是從那些能聯想起最早期遊戲經驗的人身上發現。
> （1990, 1）

支持性的成人—兒童遊戲之後果

在他們長期的研究中，Haight 和 Miller（1993）非常小心
地檢驗母親與孩子扮演遊戲中的主題，發現呈現了每日生活的不
同功能——例如溝通感覺、表達和解決衝突、使每日的例行生活
更有生氣、教導活動，以及影響遊戲同伴的行為等。這些保母跟
兒童遊戲的不同社會用途呈現於表 3.1 中。Haight 和 Miller 建
議成人的支持及延伸學前幼兒的虛構遊戲，應該會促成本章之前
所討論的各方面的發展結果，但是到目前為止，在這主題上還缺
乏很有系統的研究。

累積的證據也確實顯示，和母親玩的虛構遊戲，比起那些獨
自玩的虛構遊戲，比較能維持，並且在其中有更多的幻想轉換。
類似於維高斯基最近發展區觀點的是，嬰幼兒的虛構遊戲正在萌

發，如果此時能與更成熟的玩伴玩遊戲，他們的玩法會表現得更有能力。在一些最近的研究中，研究者比較一到三歲幼兒，在與他們的母親互動時，單獨玩假裝遊戲的情形。在每一個調查中都發現，當有母親參與時，他們能表現出兩倍的假裝遊戲活動。此外，有保母或母親的支持，能使虛構遊戲朝向更高的層次發展（Dunn & Wooding 1977; O'Connell & Bretherton 1984; Zukow 1986; Slade 1987; Fiese 1990; Tamis-LeMonda & Bornstein 1991; Haight & Miller 1993; O'Reilly & Bornstein 1993）。例如，當母親積極參與時，孩子會比較想混合象徵的主題到比較複雜的連續事件中——例如，將小熊放到床上睡覺的時候，會幫它刷牙、放平在床上、唱搖籃曲，並且吻別道晚安。在母親—孩子的遊戲順序上也會有較不同且多樣的遊戲主題，而且母親的口語敘述，在提升遊戲的持久性和層次上都有更好的效果。在 Haight 和 Miller 的研究中，也有一些建議性的證據出現，就是母親與孩子的遊戲，確實能夠促進孩子與孩子的遊戲。一歲孩子的母親如果加入許多假裝遊戲的話，他們在四歲時，就會有比較高的同儕遊戲的比例。而最熱心、富想像力的母親們，她們的小孩，往往也是學前幼兒中裝扮技巧最高的。

表3.1　保母─幼兒虛構遊戲的功能

功　　　　用	形　容（描述）	例　　　子
溝通感覺	有些保母和幼兒會使用假裝的方式溝通關於情感的主題，規範情感的感受。	四歲的裘依常常會和母親進入虛構的情境玩，藉以表達對小弟弟複雜的感覺。有一次，他爬上地下室的衣櫥，靠近一支熱管子，像弟弟常做的事一樣。母親抓著他的手假裝很嚴厲的警告：「不要碰！會燒到你自己！」他假裝像弟弟般尖叫，母親將他自衣櫥上抱下來。
爭論	有時合作的虛構遊戲可以讓孩子跟保母之間的嚴重衝突得到解決，並具有平息緊張的功能。	三歲的南西跟她的母親介入真實的衝突，但沒有放棄假裝的型態。有一例是南西的母親努力想要她丟掉奶嘴。每次說她就以指偶表示，南西說：

		「我要奶嘴！」媽媽的指偶就反應：「嘿！小女孩，妳已有一個紅嘴巴在妳的臉上！我不相信奶嘴還能放進你的嘴巴。」
使例行生活更有趣	保母有時可跟孩子在合作虛構遊戲中，打破例行生活的平凡品質。	兩歲的茉莉坐在臥室的地板上與母親摺襪子，她摺了一雙襪子後舉起來對母親說：「媽媽！妳看我做了什麼？我做了一些可以吃的東西！」
教導	保母和孩子的假裝遊戲也可用來做爲教導非遊戲性課程的工具。	麥可的媽媽用假裝的方式鼓勵他使用馬桶，剛開始他不願意，但當母親要他負責訓練玩具熊的大小便時，他就變成非常熱心的學習者了。
管理他人	合作的虛構遊戲在追求互動的目標上，常常有策略性的功能。	兩歲半的茉莉，遲疑的站在滑梯上面不敢往下溜，要求媽媽來幫忙。在媽媽鼓勵她

		仍不肯滑下來後，茉莉就開始進入想像，她說：「鯊魚來了！牠在沙堆裡！」茉莉的母親只好幫她滑下來。
好玩	大部分時候成人和兒童參與想像遊戲，都只是爲了好玩而已。	哲思常到遊戲場玩，在那裡母親經常加入他的扮演遊戲，有時她扮演怪物的角色。母親笑著追在他後面說：「怪物來了！」哲思就會高興的尖叫。在一陣追逐之後，母親會抱起哲思親吻說：「哈！怪物吃到你了！」

摘錄並改寫自 W.L. Haight & P.J. Miller, *Pretending at Home: Early Development in a Sociocultural Context*（Albany, NY: State University of New York Press, 1993）, 73-80.

成人─兒童遊戲的重要特點

雖然父母─兒童的遊戲曾獲得廣泛的注意，但我們在尋找文獻時，卻沒有發現任何研究是強調成人在學前幼兒教養機構參與遊戲的情形。雖然老師時常參與假裝遊戲到某種程度，但到底多常，或用何種方式參與虛構遊戲，卻是目前還不知道的。雖然如此，在社會本源和促進成人─兒童遊戲重要影響的證據上卻建議，成人在幼教機構參與孩子的合作遊戲是非常重要的。事實上，當有越來越多的嬰兒與學前幼兒的母親外出就業時，保母就需要為幼兒的生活補充父母們「遊戲功能」的角色，就像他們幫助完成其他廣泛的幼兒教養的角色一樣。

但有效的遊戲性參與幼兒遊戲，卻需要一個適合發展的幼教環境。尤其重要的是，豐富的成人─兒童比例、穩定的老師，可以敏感負責、恰當回應孩子的需求，並且為他們提供一個設備豐富、有許多扮演機會的環境（National Academy of Early Childhood Programs 1991）。這些因素都非常重要，因為這可以確定教養者有足夠的時間、和諧關係，和道具材料，來刺激並建立孩子想像的特質，並且鷹架他們，使其與同儕往更複雜、社會假裝的方向發展。

在這同時，成人對孩子的假裝遊戲提供有效的貢獻上，也做了好榜樣。如果老師的溝通方式太過干預、過度強大，或只有單方面，促進發展的成人─兒童遊戲的力量將會被削弱。在一本二

十年前寫給家長看的關於遊戲方面的書中，作者 Brian Sutton-Smith（1974）曾預期維高斯基影響性的陳述：「在遊戲中孩子經常表現出超越他的平均年齡，超越他日常行為；在遊戲中孩子似乎高出自己一個頭。」（Vygotsky ［1930-1935］1978, 102）。Sutton-Smith 曾解釋，虛構遊戲比任何其他形式的象徵媒介，能讓仍需靠學習語言來表現每日生活、內在思想，及感情的孩子，更完整的表現出來。我們再看表 3.1 的例子就可發現，對兒童而言，單獨用文字或圖畫來建構清晰明確的陳述是多麼的困難。假裝似乎是遠遠超過其他任何形式的象徵。因此成人也不需用解釋的方法促進它，就像他們平常幫學前幼兒完成拼圖或認知活動的方法一樣。反而是成人的參與，在用示範或建議來回應、引導，和延伸孩子的行為時，是最有助益的方法。

為了支持互動中的互助是最適合刺激虛構的發展的這一個觀點，Fiese（1990）發現母親的介入（開始一個與孩子目前活動無關的新活動）、發問，及指導，會在十五至二十四個月大的孩子身上造成不成熟、簡單的探索遊戲。相反的，在一個分享的活動中，輪流和合作參與，卻有極大的可能會產生高層次的假裝。成人在遊戲中要清楚的設定自己在假裝情境中控制的程度。

進一步而言，一個由 O'Connell 和 Bretherton（1984）所做的研究顯示，成人的介入，如果能跟孩子在過程當中獲得的遊戲觀點相符合時，會是最有效的鼓勵參與。他們觀察二十到二十八個月大的孩子與母親的合作遊戲中就發現，較小幼兒最有可能會遵循母親的建議，去探索環境或安排、重組玩具。二十個月大

的孩子有時會用提示來玩象徵遊戲，二十八個月大的孩子就常會如此做。在相同脈絡下，Lucariello（1987）的研究發現，當二十四到二十九個月大的孩子對母親所建議的遊戲主題非常熟悉的話，兩方面的參與者都會表現出較高層次的想像活動，並且一起建構遊戲的劇情。如果對主題不熟悉，母親就幾乎要負起全部的假裝責任。與維高斯基最近發展區觀點相一致的就是，這些發現提醒我們，成人的引導必須注意到孩子目前能力的程度，以建立在基礎上的方式溝通才會是最有效的。就如 O'Connell 和 Bretherton 所提到的「兒童必須達到某種準備度，才能合併任何新的、社會建構的知識。」（1984, 362）

　　當一個孩子在家庭經濟拮据的環境中成長，假裝遊戲就會顯著的減少，至少在學前機構所觀察到的現象是如此（Garvey 1990）。但是低收入、為貧窮所困的孩子，在他們的幻想參與上卻有很大的不同。Freyberg（1973）訪談了六個孩子的父母，其中三個表現出高層次的假裝，另外三個就顯得低層次。她發現這種差異具有社會本源因素——特別是在父母的支持上，顯示一個問題：是否假裝應被直接教給很少參與的學前幼兒？很多專家說是；提供這種教導是對孩子的興趣及目前認知能力的回應。研究顯示，如果能教導經濟情況不足的學前幼兒假裝，就能擴充他們不論是在遊戲或與學校課業有關的不同活動上的能力（Rubin, Fein, & Vandenberg 1983）。這些證據都一致證明，無論在學前幼稚園或小學教室裡，社會戲劇的訓練都是很重要的課程的一部分。

在一個目的為促進能力不足兒童遊戲的最大方案中，Phyllis Levenstein 藉教導父母與其學前幼兒遊戲來間接介入。她確認是父母的「遊戲性」（playfulness），而不是「直接性」（directiveness），能預測未來孩子的認知和社會的成熟度。此外，Levenstein 也發現保母與孩子遊戲間的教導與學習，只在一種情況下最有效，那就是鑲嵌在溫暖、感情的關係之下──這種情況就是創造了一個「輕鬆自主而有趣的非解說性氣氛」（Levenstein & O'Hara 1993, 243）。

總而言之，當幼兒教育的環境是適合發展的情況，他們就比較可能會鼓勵成人—兒童虛構遊戲中的重要特性，這些特性也就能提升遊戲以及非遊戲的能力。所謂適合發展的環境，包括了充分的老師人數，可以在孩子了解的範圍內示範並建議遊戲主題，他們表現熱情接受的態度，對孩子提出的遊戲有所回應，並且提供想法來幫助孩子延伸他們想像的創造。

成人—兒童虛構遊戲中的合作應從兒童身上找尋線索

為了有效的在成人—兒童遊戲中捕捉孩子的興趣並培養他們的發展，老師和照顧者應對孩子的貢獻有所回應，並加以建構。下面這一段合作虛構遊戲的記錄，是來自被國際幼兒課程學院評鑑為高品質的一所幼兒教育中心，所摘錄的部分就是很好的例子。一個設備豐富的物理環境、小團體、隨時準備好的老師們、孩子每天可為自己選擇許多活動、訓練良好的老師準

備社會文化的環境、提供口語刺激卻不是直接的介入，這些都可以鷹架孩子的遊戲，及多方面的心理發展。

＊　　　　＊　　　　＊

三歲的凱西在林老師坐的地毯旁繞來繞去，林老師正讀一篇故事給凱撒和天奇聽。旁邊有一個盒子內躺著一個娃娃，上面蓋著小毛毯。

凱西指著娃娃問老師說：「我可以拿這個嗎？」

林老師說：「當然可以啊！我想娃娃準備起床了，並且要聽故事。」

凱西抱起娃娃靠近林老師說：「我想娃娃肚子餓了。」她就假裝將食物放入娃娃嘴裡。天奇就加入了：「凱西在餵喬治。」

林老師確定且延伸的回答：「是啊！凱西是在餵喬治，我們回家以前要餵飽這個 baby！」然後又問凱西：「這 baby 叫什麼名字？妳記得我們給她取什麼名字嗎？」

凱西回答：「喬治啊！」凱西摸娃娃頭時製造了些聲音：「她想要聽耶！」凱西解釋聲音給林老師聽。

林老師說：「喔！妳是說她在聽搖籃曲嗎？」

「是啊！」孩子開始合唱，和林老師一起唱搖籃曲，「喬治、柏治、布丁和派！」凱西抱著喬治，隨著搖籃曲起舞。

＊　　　　＊　　　　＊

四歲的旺達坐在小拖車上，由戴安拉著在屋裡繞來繞去。

旺達大叫：「停車！」從車上跳出來，戴上他的帽子走到

娃娃角，王老師正坐在那裡。

王老師對他說：「嗨！旺達！你去哪裡啊？剛才你坐車去哪裡啊？」

旺達說：「我坐車去繞一繞！」

王老師好奇問：「你坐車繞一繞嗎？」

旺達說：「我到店裡去了一趟！」

王老師鼓勵的說：「你買了什麼東西呢？」

旺達附在王老師耳旁小聲說了一段。

王老師：「哇！聖誕糖果喔！那你的聖誕糖果在哪裡呢？」

旺達：「留在車上了，等一下車子開過來的時候妳可拿些來吃！」

接著王老師就請旺達參加娃娃角的活動，對旺達說：「你要不要煮一點晚餐啊！我們的晚餐準備吃什麼呢？」

旺達：「吃一些食物跟爆米花好了！」

王老師：「吃爆米花當晚餐？我很餓，我要吃比爆米花更多的食物！」

旺達：「好吧！我們就煮一些牛排、豆子，還有蘋果醬好不好？」

王老師：「聽起來好像很好吃的樣子喔！」

旺達就走到爐邊，此時海爾跟克莉正玩著鍋碗盆子，孩子們開始討論起煮晚餐的問題。

（L. Berk, 個人觀察 1990）

促進成人—兒童遊戲的介入活動

Phyllis Levenstein 的「母親—孩子家庭方案」（Mother-Child Home Program）（MCHP）是一個專門提供給發展困難與貧窮的學前幼兒的預防性教育以及心理健康的方案。構想起源於 1965 年，在這段期間，早期介入首次成為美國的國家政策，MCHP 的啟發得自兩個來源：第一是來自蘇俄的維高斯基（[1934] 1962）及美國的布魯納（Bruner 1964, 1984; Bruner, Olver, & Greenfield 1966）的理論，他們兩位都強調口語互動的重要性，及介於母親與孩子間意義分享的商議是對認知發展最有利的條件。第二是美國心理學家懷特（Robert White）的思想，也是此方案的主要推動者。根據 White（1959）「影響動機」的理論（effectance motivation），兒童的能力是藉由能掌握環境的感受（effectance），以及對這種掌握的快樂感覺（efficacy）來達成。綜合這些觀點，Levenstein 跟她的研究伙伴認為，一個溫暖、關注的、口語豐富的親子關係，最適合促進這種精熟能力，而這種關係是最容易由遊戲情境中了解的。

MCHP 方案是每週進行兩次，每次半小時的課程，讓母親跟孩子在正式入學前做兩年這樣的活動。玩具材料（玩具和書）是依能刺激父母跟孩子內在動機的標準來選擇，這些禮物由訪問者——稱為「玩具示範者」（toy demonstrator）的帶到家裡去，為母親示範口語互動的技巧。而這種成人—兒童的對話，卻是設計成非解說式的。玩具示範者不為母親提供大量轟

炸式的訊息解說，反而鼓勵母親與孩子做輕鬆愉快的互動。

　　後續兒童發展的發現也證實，MCHP 在這目標上是成功的。與控制組的比較結果，參與的兒童在 IQ 上呈現短期的好成績，在學業成就上則維持長期的好表現，從一到八年級都達到國家的常模標準（Levenstein 1988; Levenstein & O'Hara 1993）。仔細的來看這種母親的互動行為，正可為這方案的成功提出證據。一小群方案及控制組的母親被要求到實驗室兩次，其中一次是與他們三歲半的幼兒遊戲十分鐘，另外一次是兩年後，再與她們五歲半的幼兒玩遊戲，這兩次遊戲都被錄影下來，在這兩年的期間孩子的發展也統統被追蹤。方案組的母親在刺激口語行為上明顯高於控制組母親的表現──這種差異一直持續到孩子進入幼稚園，而且不再參加 MCHP 的方案為止。這些最能預測認知、學業，和社會能力的母親的行為，也很能回應孩子的口語化（表現在微笑或其他有感情的肢體語言中），和刺激他們的創造性思考。相反的，母親在遊戲情境中不斷表現給予訊息行為的話，則與學校有關的認知和社會技巧發展呈負相關。

　　相同於維高斯基的理論，Levenstein 也下結論，如果對孩子的遊戲是給予輕鬆愉快的對話回應，就最能夠促進遊戲中的參與和想像的思考，也最適合培養在學校中成功所需要的成就動機及自我規範的能力（Levenstein & O'Hara 1993）。相反的，如果是不斷的用訊息干擾，「對」（at）他們，而非「與」（with）他們溝通的話，將無法讓孩子參與在遊戲的對話中，

同時也干擾了他們更高發展的可能。

與同儕進行的社會假裝遊戲

在托兒所，四歲的傑生正加入積木區一群小朋友，玩太空發射的遊戲，他指著書架旁邊的角落，向梵斯建議說：「這正好可以做我們的控制塔台。」

「等一等，我必須都準備好才行。」蘭妮說著，還在安排一些太空人（兩個娃娃以及一個泰迪熊），把這些東西裝進大積木圍起來的圈圈裡，代表的是火箭。

「倒數！」傑生大聲宣佈，對著一塊小積木假裝是對講機「5、6、2、4、1，發射！」梵斯宣布這是控制塔台的指揮官。蘭妮抓住一個娃娃的手去按一個假裝的按扭，然後報告「卜、卜、他們起飛了！」（Berk 1993, 311）

孩子如果有機會去接近同齡的朋友，這些孩子的社會戲劇遊戲——或是與同儕的虛構遊戲——通常在兩歲半的時候就開始有了，而且在學前階段更加興盛。就如前段摘錄所表現出來的，在四歲的時候，孩子就可在一個詳述的情節中創造和合作許多的角色，而且呈現對角色關係和故事情節非常成熟的了解。

與同儕的假裝遊戲，需要用到許多孩子與大人在遊戲和對話時所培養的不同能力，但這也必須是回應性、和諧的，和合作的

關係，才能發展出令人愉快滿意的遊戲經驗，而對孩子的發展有所貢獻。依據 Göncü（1993）的看法，與同儕的社會遊戲必須具備「相互主觀性」（intersubjectivity）——個人參與同樣的活動，達到共識的過程。在第二章時我們曾提到，相互主觀性對成人鷹架孩子的學習而言，是非常重要的，因為它創造了一個溝通的共同領域，使每一個參與者都能調整適應同伴的觀點。相互主觀性對社會戲劇遊戲的維持，因其具備最近發展區的功能，讓孩子在其中精進技巧與了解，而顯得非常重要（Corsaro 1983）。在上面遊戲的插曲中，這三個孩子共同建構複雜的情節，且以平順互補的方式來回應其他人的貢獻和提議，正表現了高度的相互主觀性。

　　相互主觀性對同儕社會遊戲的重要性，也被其他許多遊戲理論家的研究所贊同。皮亞傑注意到孩子為了玩在一起，必須合作來建構遊戲的象徵（[1945] 1951）。同樣的，維高斯基也宣稱，在同儕玩假裝遊戲時，孩子必須共同發展規則，以便引導社會活動（[1930-1935] 1978）。而 Parten 更為最高型式的同儕社會參與命名為「合作遊戲」（cooperative play），在其中孩子藉著對計畫、角色，和工作分配的磋商建立了共同的目標（1932）。

　　最近的證據也顯示，當兒童在學前階段，花在社會戲劇遊戲上的時間不斷增加時，同儕玩伴間的相互主觀性也在此時不斷增加（Rubin, Fein, & Vandenberg 1983）。Göncü（1993）觀察三到四歲半孩子的遊戲對話中，發現有下列四種廣泛類目的行動發生，其中兩個反應相互主觀性的狀態，其他兩個則缺少這種

特性：

• **擴充遊戲的互動**：介紹新的因素到遊戲的互動中，例如玩具、主題，及討論遊戲的特質（例如問玩伴「想要做什麼？」），幫同伴的想法加上新的訊息，以及為自己先前表達的意思加上新的訊息，貢獻到共享的遊戲活動中（build-ons）。

• **表達同意**：藉著接受同伴的陳述、修正同伴的想法，以及試圖解決不同的意見等，直接表達對同伴想法的贊成。

• **強調自己的想法**：參與在重複個人自我中心的興趣中，無法將同伴的觀點列入考慮。

• **不相關的行動**：表達對同伴的想法沒有興趣，或無法了解。

隨著年齡的增加，兒童在遊戲過程中表現出更大程度的共享的了解。年紀大一點的學前幼兒用一些延伸、加強建立，及確認玩伴的遊戲訊息的方式來維持彼此的互動。進一步而言，隨著年齡增加，兒童會更增加對活動的延伸性、介紹，及擴增接受度的反應，而減少反對、重複自己的興趣，或不相關的行為。事實上，在四歲半的時候，幼兒明顯的很少強調自己的意見，反而是較常延伸擴充同伴的想法。Göncü 結論這是：「將其他人的觀點列入考慮的能力反應，同時也可能因不斷成長，而促進去參與和同儕的對話。」（1993, 113）

當我們看兒童—兒童遊戲特性的時候，我們會看得更清楚，就是溫暖的、反應性的照顧者的互動，對鼓勵這類遊戲是很重要的。但即使社會戲劇遊戲已進行得不錯，成人也開始減少他們的遊戲參與，老師和保母仍須引導孩子朝向有效率的同儕關係。有

趣的是，觀察的證據也顯示，老師很少去調停同儕的互動，除非產生了極大的意見衝突，且已威脅到教室秩序或孩子的安全時，才會去做（Neuman & Roskos 1991; Howes & Clemente 1994）。在這些成人確實介入的例子中發現，他們並不常常依孩子目前的能力去修正自己的介入，或使用某些技巧來幫助孩子規範自己的社會行為。例如，在幼稚園當同儕衝突發生時，幼兒教師總是使用直接的策略，教幼兒怎麼做、怎麼說（「你問丹妮可不可以讓你下一個玩救護車？」），或為他們解決問題（「傑西先玩這個玩具的，所以你等一下再玩。」）（File 1993, 352）。比較不直接的策略——例如問孩子問題，以促進他們產生解決問題的方法——則是很少見的。再者，老師所用的策略並不與孩子的年齡或是其社會遊戲的成熟度有關。老師很少在孩子的最近發展區內提供幫助，以培養孩子的社會能力，也很少將成熟的社會行為的責任逐漸交給孩子。

　　File 也建議用維高斯基的方法來促進同儕的關係，這方法就是老師必須獲得關於個別兒童社會技巧的詳細知識——他們過去通常只為認知領域收集這類訊息。當老師介入孩子的活動時，必須去使用廣泛的教學策略，因為（正如對認知發展）適合鷹架孩子社會發展的支持必須是因孩子而異的，且隨時間而改變。有時也許由成人示範技巧，或提供孩子策略的例子（例如：「你可以告訴保羅，我想要輪一次。」）。其他時候她也許會要求孩子去參與問題的解決（「如果你想輪流的話，你該怎麼做？」）（1993, 356）。在每一個情況中，老師要選擇最適合孩子的能

力和目前需要的支持程度，然後當孩子在最近發展區獲得新的社會技巧時，就必須收回這種協助。File 建議老師可以考慮陳列在表 3.2 的三個問題，幫助他們決定在每一個情況中採取最有效的溝通方式。

很多老師在孩子的同儕遊戲中遲疑是否要介入居間調停，也許是因為老師害怕太過於干預，或不正確的相信孩子會自己學會社會技巧。當成人確實開始介入時，兒童的行為有時會變得非常極端，以致成人開始時的動機變得直接性和強迫性。但以維高斯基為基礎的應用在社會領域的教學藍圖卻認為，成人在孩子的社會發展上是個積極的動力者，他們提供個別化的引導，儘可能給予每一位孩子在此刻能處理與同儕磋商互動的責任。

相反於他們在遊戲互動中的行為，在「重視結果的」（closed-end）解決問題的情況下，必須找到一個正確的活動解答時，學前幼兒卻很難建立一個合作的、分享的藍圖（Tudge & Rogoff 1987）。這裡再度證明，孩子的社會能力在遊戲情況比其他情況下發展得更好。在社會戲劇活動中所精熟的社會技巧，會逐漸推論到其他同儕互動的非遊戲活動裡（Vygotsky [1930-1935] 1978）。

表3.2　三個問題幫助老師決定 在孩子與同儕遊戲時提供多少引導	
問　　　　　　　題	目　　　　　　　標
1. 以前在類似的情況下，我看到孩子是怎麼做的？	專注在個別孩子發展中的技巧上。
2. 在這種情況下，孩子需要我多少的幫助才能滿足達到「成功」的目標，同時也符合我的教室目標？	考慮哪一種程度的支持是需要的，這種支持不會取代孩子可以承擔的責任。
3. 我如何讓孩子關注彼此，而不是把目標放在我身上？	在同儕困難擴大之前，及時的介入預防，就可避免老師高程度的干預。

錄自 N. File, "The Teacher as Guide of Children's Competence with Peers," *Child and Youth Care Forum* 22 （1993）:357-58.

遊戲社會情境中的物理層面

　　成人影響孩子的遊戲，並不只是藉著社會互動而已，同時也藉由他們對遊戲環境的安排。遊戲的物理情境是非常重要的，因它能塑造並且引導兒童與同儕互動的機會，也影響遊戲主題的選擇，並從周圍文化中提供修正的藍圖。正如下面例子所顯示的，

假裝遊戲很明顯的在某些物理生態環境中萌發，而且受到它的影響。

▶虛構遊戲的物理情境是非常重要的，因它能塑造並且引導兒童與同儕互動的機會，也影響遊戲主題的選擇。

我們來看一項調查，兩位研究者與一位老師合作，改變了學前活動中心物理環境的安排，並且觀察這種改變對孩子選擇遊戲空間、道具，及同儕互動上的影響。Kinsman 和 Berk（1979）對於造成學前幼兒在早年就遵循他們文化性別刻板印象之行為的影

響因素，感到很有興趣。在這同時，正好有一位學前教師懷疑如
何安排她的教室，以擴充她的四到五歲幼兒的遊戲與社會經驗。
因此這位老師跟研究者就選擇兩個活動中心——娃娃角及積木區
——做為特別的目標，因為這兩個角落聯合了他們特殊的興趣。
這計畫就是針對一群孩子，觀察在一般的情況下，在這兩個角落
裡遊戲三個禮拜的情形；這兩個角落彼此靠近、用牆櫃架隔開，
然後在將架子移開之後，觀察孩子對這兩地區的使用，及他們遊
戲品質的改變。

　　研究顯示，在櫃架被移開之前或之後，男孩與女孩在這兩個
角落所花的時間並沒有不同。事實上，在每一個情況下，兩種性
別的兒童都比較喜歡積木區，但在他們遊戲觀點上的改變卻是很
大的。在架子被移開之前，遊戲是非常性別典型的表現，兒童大
部分跟同性別的同伴一起活動；也就是一般認為的，男生都在積
木角，女生都在娃娃角。此外，當男生進入娃娃角時，他們通常
不使用娃娃角的材料，反而玩法跟這角落的基本目的是無關的，
例如會玩出金剛或蝙蝠俠的主題等。

　　當架子被移開後，行為的改變就明顯不同了，幼兒不再只跟
同性別的朋友玩，男孩和女孩開始頻繁的玩在一起。尤其是女
孩，會參與比較複雜的遊戲，將兩個角落的材料統整運用在想像
的主題中。最後在架子被移開之後，孩子之間負面的互動降低，
很可能是遊戲空間開放，減少了擁擠的現象，及對於材料的競爭
搶奪的關係。Kinsman 及 Berk 的研究強調，遊戲的空間如何反
應，也教誨了周圍文化的態度和價值觀——通常是以一種連老師

也未知覺到的方式。

成人也會藉他們所提供的遊戲道具，來影響孩子每天的假裝活動。有些證據顯示，較不真實的物品在遊戲中比較能增進創新性。在一個研究中，McLoyd, Warren, 和 Thomas（1984）聚集一小群學前幼兒進行兩個遊戲——一組是玩非常真實的玩具（例如卡車、娃娃、餐具組），另一組是玩功能不確定的玩具（例如水管清潔工具、圓柱體的紙板、紙袋等）。兒童使用特定的玩具時會表演熟悉的角色，例如母親、醫生，跟嬰兒。相反的，不確定材料這組，卻導引出許多想像角色的遊戲，例如海盜、外太空怪物等，也就造成比較複雜的社會互動，尤其是在計畫的陳述上，例如：「我來當海盜，你就是犯人！」或「看啊！我現在要跳船了！」因為幻想的虛構遊戲並不遵循熟悉的每日生活的劇本，所以兒童需花比較多的時間計畫每段插曲，並向玩伴解釋他們在做什麼。

McLoyd, Warren, 和 Thomas 的研究建議，老師應確定有很多不同的物品替代物——有些真實，有些不太真實——可隨時提供給孩子。真實的玩具能促進孩子探索每日的社會世界，由他們的社會所提供可能的角色，以及神話傳奇，都是他們流行文化中完整的一部分（超人英雄、侏儸紀公園恐龍，和忍者龜）；非真實的玩具引發的似乎不是那麼標準的、世界性的主題。但是在學前階段，幼兒還是比較喜歡在虛構遊戲中複製物品（McLoyd 1983; Haight & Miller 1993）。一開始時，似乎是因為年幼的學前幼兒需要用真實的東西來假裝，然後，也許是真實的玩具提

供了與同儕接觸的試金石,他們都熟悉每日的角色及所代表的文化傳奇。

最後,當玩具物品的種類有限時,成人可藉著示範及建議新玩法,鼓勵孩子在玩具和遊戲主題之間發展更彈性的關係。一旦遊戲的劇本展開時,物品和場地的取代物,都可依計畫的需要而調整,或是重新引導故事的發展。有一個例子就是,一對兒童要去消滅怪物,用玩具手電筒照看不見的怪物(他們很害怕),最後將之放進娃娃角的爐子裡,並宣布他們自己是今天的英雄!

在更廣泛的社會文化情境中的遊戲

受維高斯基影響,在西方中產家庭兒童的研究上顯示,照顧者藉著安排遊戲情境、提供道具,及建議示範虛構的主題,鷹架孩子萌發的假裝行為。年紀較大的兄姊——及兄姊的玩伴——也可以培養幼兒的想像遊戲,雖然其有效的程度要看兄弟姊妹之間關係的品質。Dunn 和 Dale(1984)發現,當兩歲的孩子跟比他們大的學前兄姊相處得很好時,兄姊常提供特別的情境來讓他獲得遊戲的技巧。此時母親通常表現的只是感興趣和參與的旁觀者,提供相關的建議,但避免接受偽裝情境中的身份認同,而兄姊會邀請他們年幼的弟妹參加他們遊戲的劇情。因為如此,幼兒常被兄姊要求與他們合作扮演劇情中的角色,而一個兩歲的孩子在這種情況下,會有驚人的成熟表現。

在某些文化團體中,兒童並不被認為是個適合成人的社會同

伴；也因此在對話中他們並沒有得到平等的對待和互動，而父母親也很少跟他們玩。相反的，兒童只能在大人跟他們說話時才說話，被大人要求提供訊息，或要求順從指示時才回答。在這種情況下，年長的兄姊和表兄弟成為第一個玩伴，而且在母親忙著照顧新生嬰兒和工作責任時，扮演照顧者的角色（Whiting & Edwards 1988）。在觀察印度鄉下、瓜地馬拉，以及中墨西哥等地區的學步兒時發現，父母很少參與學步兒的假裝遊戲，但在年長兄姊陪伴的鼓勵和引導下，倒經常玩假裝遊戲（Zukow 1989; Rogoff, Mosier, et al. 1993）。

最近 Farver（1993）在一個美國和墨西哥的社區裡，對母親與兄長和二至三歲的幼兒遊戲的品質做了比較，發現母親和兄長所花在和幼兒直接互動的時間量的差距非常大。在這些文化中，母親—幼兒與兄姊—幼兒，在家中玩一袋木製形狀玩具的虛構遊戲被錄影下來。不出所料，三歲的美國兒童跟母親經驗到比較複雜的遊戲，墨西哥兒童卻跟他們三歲半到七歲大的兄姊玩出比較複雜的遊戲。再者，Farver 觀察到美國幼兒的兄姊比較傾向依靠外來的方法；他們較常指導、引領，和拒絕他們年幼弟妹的遊戲。相反的，墨西哥的兄姊們用比較多的行為，溫和的促進他們的假裝遊戲——例如邀請參加、對幼兒的行動提出建議，或正面的感情表現。在這觀點下，墨西哥的兄姊跟美國的母親一樣，表現出鷹架的行為，這是因為墨西哥的文化要求兄姊有照顧幼兒的責任，在這種責任下所培養出來的能力。

這些發現也建議，孩子可以經由不同的專家同伴來社會化進

入假裝行為。在一些學前或幼兒托育機構，混齡的分組讓較大及較小的幼兒一同相處，這提供了額外的機會促進孩子假裝的行為。截至目前為止的證據顯示，這些少數族群的兄姊特別能精熟於這種鷹架行為──事實上，他們跟許多成人一樣能幹；但也因為他們有限的照顧角色的經驗，以及他們跟弟妹之間較會有衝突的關係，他們也許需要更多的協助，來學習如何與年幼的弟妹同伴有效的玩遊戲。老師和照顧者也可以藉著觀察孩子的遊戲，在需要時介入，且示範建議敏感、反應性的策略，來提供這類的引導。在多元文化混合的班級裡，有技巧的少數民族的孩子可做同伴的模範和鷹架者，教導同伴如何參與年幼兒童的遊戲。

▌結論

　　大量關於兒童遊戲的文獻顯示，對孩子發展的貢獻可以從不同有利的角度來探討。心理分析理論家曾強調假裝的情感統整的功能，他們指出會激起焦慮的事件，例如當孩子在看醫生或被父母親管訓的時候，很可能會回到幼兒的遊戲中，而以一種相反的角色來演出，可以在真實世界不愉快的經驗中得到補償（Erikson 1950）。皮亞傑曾強調虛構遊戲提供孩子練習象徵主題的機會，皮亞傑與維高斯基兩人都同樣認同，假裝遊戲可以讓孩子對社會角色責任更熟悉。在世界各地不同的文化中，幼兒扮演家庭的景象及常見的職業──例如西方世界的警察、醫生，和護士；

在印地安的 Hopi 族群裡，他們演出獵兔人及石器匠的角色；在西非 Baka 國家的小孩，演出蓋房子及製作魚叉的角色〔Garvey 1990〕。藉著這些，遊戲提供孩子重要的洞察力去發現自己跟廣大社會的關聯。

維高斯基特別強調以想像及規則為基礎的遊戲特性，為剛才的觀點提供額外的想法──提醒我們在發展反省思考、自我規範，及社會合作的行為上，這種虛構遊戲的重要角色。對那些確定遊戲是學前重要課程的老師而言，維高斯基理論確認了遊戲在學前及小學的學習環境中的重要地位。對那些認為學科較重要，而忽視或將遊戲自學校或幼兒生活中剔除的老師而言，維高斯基的分析也提供了必須加以改變的令人信服的論點──為何假裝遊戲是培養將來課業或真實生活上成功能力的最重要活動的原因。

豐富的研究證實了，為達到個人目標，及成為社會上負責且有價值的一份子所需之發展技巧，想像遊戲提供了廣泛的基礎。當在促進孩子「自動意向……真實生活計畫，及意志動機」的形成時，獨特的虛構遊戲的特性，幫助孩子了解了特定文化角色的意義和功能〔Vygotsky [1930-1935] 1978, 102〕──簡而言之，所有這些都使想像遊戲成為最理想的，能培養成熟的、認知性和社會化能力行為的教學情境。

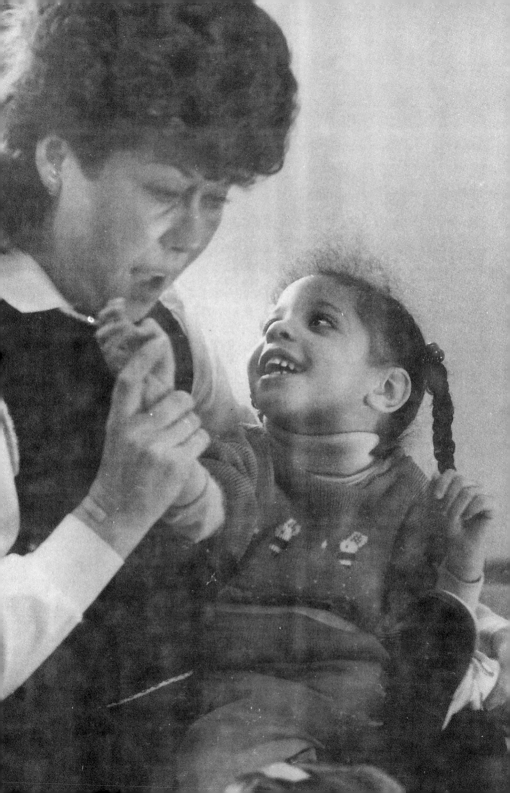

有嚴重學習與
行為問題的兒童

◇維高斯基特殊需要兒童方案
◇知覺缺陷的兒童：聽障兒童的案例
◇有自我規範困難的兒童
◇加強有嚴重學習與行為問題幼兒的教育環境

　　當其他孩子正安靜的做數學問題時，八歲的凱文在他的位置上扭動不安，弄掉鉛筆，看著窗外，並且撥弄他的鞋帶，穿過幾張桌子大聲的跟喬伊說：「嘿！喬伊，放學後你要不要去玩球？」喬伊並不回答，他跟其他的孩子都不喜歡跟凱文在一起玩。在操場上凱文根本聽不懂也不遵守遊戲的規則，在打棒球時，也不知道要如何跟別人輪流。在外野的時候，當球正朝他的方向飛過來，他卻丟下帽子四處亂看而沒有注意到球。凱文在學校和家裡的桌子常常都是一片混亂，他經常弄丟鉛筆、書，和做功課所需要的文具。在數學課的最後，凱文的作業紙始終是一片空白。

　　凱文是佔學齡兒童百分之三到百分之五比例的，有「注意力缺陷過度活動異常」（attention-deficit hyperactivity disorder）（ADHD）症狀兒童中的一個。被診斷具有這種症狀的兒童，很難停留在工作上超過幾分鐘，他們的行動常是非常衝動、忽略社會規則，在沮喪時會表現出嚴重的敵意。他們之中有很多（但非全部）是過動兒，每日生活充滿過度的活動，讓父母親跟老師耗盡精神，而且讓同學討厭。（摘錄自 Berk 1994a）

　　這一章我們將了解，凱文的這種行為引出成人與同儕的負面反應，會限制他們文化上的完整發展以及高層次的心智功能。在維高斯基的觀點中，改進凱文社會生活的品質——藉著提供有效的鷹架學習活動，以及正面積極與成人或同儕的互動——對成功的介入活動而言是很重要的。

　　在本章我們將討論維高斯基對能力不足和有嚴重學習與行為困難的孩子，對他們的發展與教育的重要觀點。維高斯基對特殊需要的兒童有興趣是在早年事業開始時即產生，對這方面的關心一直維持到他去世。正如第一章所介紹的，他在 1925 年即在蘇俄大力建立研究實驗室，來研究問題兒童的發展，維高斯基擔任這個研究所的主任直到去世為止，今天這個被稱作「蘇俄缺陷學研究學院」（Russian Institute of Defectology）的，仍是研究能力不足孩子最主要的國家級研究中心。

　　維高斯基在這個領域有一本最好的原著，最近被譯成英文（Vygotsky 1993），其中收錄了許多關於「缺陷學」（defectology）研究的作品，這「缺陷學」就是蘇俄的所謂不正常孩子的心理學及學習困難的名詞。雖然維高斯基是專注在兒童生理，特別是知能感覺不足的孩子（如視障或聽障的兒童），以及心理障礙的人（如嚴重的智障及精神分裂症），他的不正常心理學的基本原則，仍可應用到任何形式的生理或心理困難兒童身上。在這章我們開始提出維高斯基對特殊需要兒童發展的主要觀點，然後簡短的討論將維高斯基原則應用到孩子知覺困難方面目前甚少的研究工作。下面我們要探討維高斯基的觀點中，比較重視的特殊教育的研究領域：衝動、不專心，及過動兒童自我規範的困難。最後探討的是，維高斯基的觀點被老師和父母應用到這些困難兒童身上的情形。

▌維高斯基特殊需要兒童方案

維高斯基與能力不足兒童（無論是心理或生理）有關的一個中心思想中曾提到，使兒童的發展更加衰弱惡化的原因，並不是原本的缺陷，反而是這缺陷如何影響他參加社會文化活動的方式。與維高斯基觀點相符的是，高層次的心智功能在社會互動與合作的活動中具有基礎，那些有缺陷的兒童，如果無法經驗到與成人或同儕積極互動的機會，將會在他們的「文化發展」上造成從屬的、更嚴重的問題。依維高斯基的說法，這種缺乏完全參與社會活動的情形，會限制他們高層次的心智功能，例如自我規範的發展。依維高斯基的說法：

> 為什麼高層次的功能沒有辦法在不正常的孩子身上發展？並不是這種缺陷直接阻止他們或使他們看起來不可能……這種高層次功能的低發展程度，是在缺陷之上第二層的結構問題。這發展不足是出自我們所稱的，不正常兒童孤立於他的合作對象之外……任何一種兒童現存的缺陷都會產生一連串特性，會阻止兒童的合作關係、互助，以及與別人互動的正常發展。從社會發展中所產生的合作或困難中孤立，也就是造成高度心智功能低度發展的情況，其實可以在自然事件的途徑中自然產生。
> （1993, 199）

▶除非有缺陷的兒童得到許多與成人和同儕積極互動的機會，他們很可能在「文化發展」上產生從屬的、更嚴重的問題。

　　以視障或聽障的兒童作爲例子來說，我們很快就會看到這些孩子其實可以很適當的補償他們原本的困難，只要他們被維持在一種敏感的環境，在這環境中他們被當做是參與的一份子，而且能融入他們文化中社交和合作的活動中。但是如果他們跟別人互動的機會被排除，因此而學不到有效的社會和語言技巧，他們的文化、社會，和心理發展就會遭遇困難。

　　有趣的是，雖然維高斯基認爲這種缺陷兒童所有的社會困難——最後造成高層次心智功能不足——是比他原來問題更大的問

題之所在，他也強調這種觀點是可以用治療來處理的，維高斯基陳述：

> 較高發展層次的低度發展並不是初始的，而是隨缺陷而來的第二層的條件狀況，因此他們所代表的就是不正常孩子徵兆鎖鍊中最弱的一環。這也是所有教育的努力所應該面對的地方，為了在最弱的點上打敗這個鎖鍊……不像缺陷本身，那是基本功能發展失敗的影響因素，這種合作性是較高心理功能發展的因素，是我們可以控制的。就像實際所說的，對抗缺陷的無力感以及其自然的因果，這種是有效、豐富，而且是有希望的，在合作的活動中可以打敗這種困難。（1993, 199）

依維高斯基的說法，教育心理或生理有困難的孩子，最重要的一點就是促進他們與成人和同儕的社會互動。這就是意指有困難的孩子應該儘可能被包括在原本文化的正常活動中。因此，維高斯基可說是幼兒教育中最早的主流教育的擁護倡導者。再者，他假設對正常孩子發展的定則與過程，也應該可應用到特別需要或缺陷的孩子身上。這些孩子發展的路線是因為缺陷，及缺陷造成與環境互動的影響，產生了補償行為，發展的路線因此而有所改變。因為這個原因，小心設計的社會環境，及鷹架的學習經驗，用以促進高層次心智功能的發展，並擴充這些兒童發展的最大可能性，就扮演了更重要的角色。簡而言之，維高斯基相信有特殊需要孩子的教育，應該和教養正常發展兒童的目標相同。在

某些案例之下，用來達成目標的方法也許需要修改，但一般的策略方案則是相同的。

維高斯基評估最近發展區（ZPD）的觀點，曾在第二章有詳細的描述，對學習和行為困難的孩子特別重要。通常為這些孩子所做的教育計畫是建立在他們不能做什麼的評估之上。一些標準、靜止的個別測驗常常自然的呈現出他們在很多活動上有困難，結果他們很可能因能力的限制而被標籤了，那些具有最大困難的孩子很可能被封閉孤立在特別的教室內。為這些「缺陷的」孩子所設的教室中，往往創造出一種不同的文化，有明顯不同的社會互動及對於行為的期望，因此也危及高層次心智功能的發展。

因為具有心智或生理困難的孩子以特別的方式發展，他們能力的儲藏內涵要比他們正常不受影響的同伴來得複雜許多，而他們在某些方面的弱點在其他方面也有補償的優點。標準測驗的程序，是沒有辦法適當的評量這些孩子真實能力的——也沒有辦法評估其學習的潛能。因此維高斯基 ZPD 的觀點，加上他對活動及彈性評估的運用，對有困難的孩子特別重要。與其把眼光放在這些孩子不能做的地方，維高斯基認為更重要、更有挑戰性的問題，應是不管在獨立或有其他人協助的情況下，這些孩子「能做什麼」（can do）的問題上。因此，維高斯基強調老師和父母應注重這些孩子的優點，而不是只注意到他們的弱點。如果強調優點的話，成人就比較會在 ZPD 的範圍內提供有效的鷹架行為及活動。這些兒童所表現出的缺陷或弱點將隨著時間而得到改

▶因爲具有心智或生理困難的孩子，他們能力的內涵比他們正常不受
影響的同伴來得複雜許多——在某些方面有弱點，在其他方面也有
補償的優點——因此標準測驗的程序，是不太可能適當的評估出這
些孩子的眞實能力或學習潛力的。

善，也會在鷹架的活動情境內有所增進。

▌知覺缺陷的兒童：聽障兒童的案例

聽障兒童完全或幾乎完全缺乏接收聲音的能力，對維高斯基提出了特別的挑戰。維高斯基認為語言和社會互動對發展中的心智是非常重要的，那就難怪他會寫下關於聽障兒童教育的作品（Vygotsky 1925）。維高斯基所擔憂的，是他們沒有辦法了解或使用他們文化中的語言，這點會嚴重干擾將語言內化為思想工具的行動。在這種情況下，高層次的心智功能，包括自我規範，將無法正常的發展。

維高斯基發現自己陷於如何對聽障兒童實施最好的教育的基礎困境中。一方面他相信聽障兒童應該學習如何說話，了解口述語言（藉由讀唇）成為一個較大文化的正常參與的一份子。因為這個原因，維高斯基尋找有效的方法來訓練讀唇（lip reading）和說話。另一方面他也很快的了解到，教導這種技巧給聽障兒童是這麼的不自然、有身體上的侵犯性，而且非常勞累，以致這種獲取語言的方法嚴重偏離聽覺正常孩子學習語言的管道（Vygotsky 1925; Knox & Stevens 1993）。同時這種將聽障兒童送到特殊學校去學習口述語言的孤立情形，也違反了維高斯基一個最主要的原則——有學習困難的兒童，應該像沒有學習困難的兒童一樣的接受基本方法的教育。

　　有趣的是，手語在維高斯基那個時代的蘇俄被叫作「模擬」
（mimicry），很不被了解而且幾乎一致被拒絕；被當做是原始
的動物化的手勢動作系統，並不近似真正的語言。因為這個原
因，維高斯基原本反對教導聽障兒童手勢動作的語言系統，可是
正如一些維高斯基學派的學者注意到的，他在後來的寫作中開始
改變這種想法（Knox & Stevens 1993）。今天已被廣泛承認
的手語（例如美國手語 ASL）是完整的象徵系統，具有任何其
他人類語言的特性，包括完整的字彙、複雜的文法，以及實際的
規則等。如果維高斯基知道我們近來對手語的了解，他可能會是
手語使用的擁護者，因為這是最有效的增強聽障兒童社會互動的
方式，並且能讓高層次的心智功能完全發展。

　　與這個觀點相一致的就是，近代的研究發現，聽障兒童最高
的心理發展，要靠是否有機會去經驗支持性的親子互動關係而
定。探討這個議題的一個很重要的方法就是，將聽障父母的聽障
子女，和聽覺正常父母的聽障子女做比較。聽障父母的聽障子
女，通常被認定在嬰兒時期就有聽覺的障礙。因為他們的父母在
家就是使用手語，這些孩子在幼兒時期就是以手語作為他們的母
語。相反的，到出生很久以後，聽覺正常父母的聽障子女可能都
不被認為是聽障。因為他們聽覺正常的父母不會使用手語（如果
他們選擇用手語，要花很多時間來學），比起聽障父母的聽障孩
子，或正常父母的正常孩子，這些孩子無法暴露在同樣豐富的語
言環境中。正如維高斯基理論所建議的，這三組孩子的發展可以
說有很大的不同。

聽障父母的聽障孩子在親子互動的品質上，跟正常父母的正常孩子是很相似的，包括相互的溝通以及鷹架行為（Meadow et al. 1981; Jamieson 1994; Jamieson & Pedersen 付印中）。此外，聽障父母的聽障子女，其語言的獲得在時間或前後次序上是非常典型的，而這些孩子自動使用自我引導的手語，與正常孩子使用公開的私語相同。只要聽障孩子的早期社會經驗跟聽覺正常的同伴一樣，他們在手語使用上就很流利，而且這群孩子從他人規範（他律）到自我規範（自律）的轉換型態也能很正常的產生（Jamieson 1994）。

但是聽覺正常父母的聽障孩子，其親子溝通、語言獲得，和自我規範的發展卻有很大的不同。有不少研究顯示，**聽覺障礙兒童的聽覺正常父母**有下列的特徵：(1)在互動上比較不主動，(2)在達到聯合注意、相互合作及相互主觀性上比較沒有效率，(3)對孩子的線索比較不敏感，(4)比聽障孩子的聽障父母，與正常孩子的正常父母更直接教導及有控制性（Brinich 1980; Meadow 1980; Wedell-Monning & Lumley 1980; Meadow et al. 1981; Lederberg & Mobley 1990; Spencer & Gutfreund 1990; Meadow-Orlans 1993; Jamieson 1994; Jamieson & Pedersen 付印中）。

這種不同，根據 Meadow-Orlans（1993）的研究顯示，早在十二個月大的時候就已出現了。她比較了九個聽障父母的聽障嬰兒，十二個聽覺正常父母的聽障嬰兒，以及十個正常父母的正常嬰兒之間的親子互動。錄下他們在實驗室兩階段自由遊戲的活動──第一次是在十二個月大時拍攝，第二次是在十八個月大時

拍攝──記錄下母親的行為（敏感、參與、彈性、積極情感和堅持性）、嬰兒的行為（順從、積極情感、參與，與溫和），及雙方的行為（相互性、共享的了解，和共享的輪流）。結果發現，聽覺正常兒童的聽覺正常父母和聽障兒童的聽障父母之間並沒有差異。但是在比較這兩組之後，聽障兒童的正常母親在母親的敏感性、積極感情、共享的了解，及輪流方面分數都比較低。這種不同的程度，從第一次到第二次活動時也有擴大的跡象。此外，雖然三組的嬰兒在十二個月大都表現相似的行為，但在十八個月大的時候，四個孩子裡有三個的評量結果不同，對聽覺正常父母的聽障兒童來講有負向的差異。Meadow-Orlans 指出母親與孩子對互動的品質都有貢獻。但是在調查長期性特性的基礎上，她的結論是：無效率的父母—兒童的溝通，才是要對孩子的負面行為負責的原因，而非其他因素。

其他研究者也特別從維高斯基的觀點，探討聽障兒童父母的鷹架行為（Jamieson 1994; Jamieson & Pedersen　付印中）。例如 Jamieson 和她的同事發現，聽障兒童的聽障母親，和正常兒童的正常母親，參與同樣型態的母親教學策略和鷹架技巧。但是再度發現，聽障兒童的正常母親，相較於其他兩組父母—兒童關係的組，在修正口語和非口語的交換，以符合孩子的行為和能力上卻有困難。這個結果至少有部分可能，是因孩子沒有辦法激發支持性的母親行為，聽障兒童沒有辦法反應他們正常父母的聽覺訊息，而父母卻非常依賴聽覺的回應和回饋來維持有效的社會互動；也因此相互主觀性（介於父母與子女間對事物的共同了

解）是非常有限的。Jamieson 也評估了在聽障兒童與其父母互動中，從他律到自我規範的轉換程度。當母親跟她們的學前幼兒一起玩三度空間的木製積木拼圖時，在活動開始與結束的五分鐘裡，她記錄下由孩子意圖決定的拼圖建構的比例。不像聽障母親—聽障孩子，及聽覺正常母親—正常孩子的那兩組（孩子從活動的開始到結束都在增加他們的意圖），聽障兒童的正常母親並沒有逐漸釋放活動的責任給孩子。結果這組孩子並沒有因時間而增加其拼圖建構的意圖。

依維高斯基的說法，兒童因有限的父母—兒童溝通及很少有參與鷹架行為的機會，所以他們語言的內化就比較沒有效率，也因此呈現自我規範的困難。事實上，正常父母的聽障兒童一再被發現，比起聽障父母的聽障兒童及正常聽覺父母的正常兒童來說，較具有行為和衝動控制的困難（Schlesinger & Meadow 1972; Harris 1978; Chess & Fernandez 1980）。維高斯基的理論建議，介入以及教育聽障兒童必須建立在與別人活動的情境中，且有許多使用手語機會的目標上，來刺激其語言與認知雙方面的發展。

上述研究正清楚說明維高斯基的重點，比原來的缺陷更大的毀壞，是後來孩子在互助活動中的參與情形。缺乏聽覺能力對聽障兒童心理的發展並不是主要的問題。如果我們提供機會，這些孩子能很容易的藉著社會互動得到替代的象徵系統，來補償他們的不足。困難只會在他們有限的父母—兒童互動關係中，隔絕其語言與認知的充分發展的情形下才會發生。

▶維高斯基的理論建議，介入以及教育聽障兒童必須設計在有許多使用手語機會，和與別人活動的情境中，以刺激其語言與認知雙方面的發展。

　　在討論過上述發現後，我們的目的並不是要責怪這些聽障兒童的聽覺正常父母。事實上在對聽障孩子的溝通上，大部分父母都已盡了力。有些調查也指出，聽障兒童的聽覺正常父母也會發明一些有效策略來跟他們的孩子對話。例如母親的直接說明用意也不錯──目的在從孩子身上喚起回應，以期對話的延伸（Caissie & Cole 1993）。聽障兒童的聽覺正常父母也必須做一個困難的決定，就是到底要不要學習和使用手語？如果要學的話要學會到什麼程度？那些選擇熟練手語的父母，在成年後不但要學習第二種語言，還要常常思考在家裡如何有效的使用手語，往往會經歷更困難的過程。另外還有一個更複雜的因素是，在現實的環境中，聽障現象是一種連續尺度：孩子從有一點點聽覺障礙到完全耳聾的差異。對落在連續尺度中間的孩子來講，他們的聽覺困難會不會隨年齡的增長而改善或更加惡化，這點常是很不確定的。在這種情況下，父母就更難決定，到底應促進口說英文或是手語，來做為孩子的優勢語言系統？在一些嚴重失聰的案例中，正常的學會口說英文幾乎是不可能的，以維高斯基為基礎的研究就指出，學習及使用手語，是保衛及培養聽障兒童的語言、認知，和心理潛能的重要方法。

可是維高斯基關於聽障兒童教育的基本困境又回來了：使用手語擴大與其他人互動的機會，通常指的是必須將聽障兒童從一般的學校分離出來。如果給予他們下面的選擇：(1)參與文化活動有限、社會溝通困難，及語言和認知能力貧乏；或是(2)在個人的次文化中運作良好，用手語練習溝通，並擁有一個刺激的社會世界。那麼，維高斯基的觀點很清楚的會選擇第二個方式。

▌有自我規範困難的兒童

維高斯基的原則應用在特殊需要兒童的研究，主要是集中在許多孩子在幼兒學校行為難以管理的困難上，他們往往缺乏注意力、衝動、過動、干擾，和／或有學習困難。在入學的時候，不少這樣的孩子被診斷為「注意力缺陷過度活動異常」（attention-deficit hyperactivity disorder）（ADHD）（美國心理治療學會1994），ADHD影響了百分之三到百分之五的小學兒童人口，其中百分之六到百分之十是男生（Barkley 1990）。現在證據顯示，缺乏注意力、高活動水準，以及困難行為的徵兆，從幼兒及兒童中期到青少年期，都維持一種中等穩定的程度。很多學前幼兒被老師評定為極端「管理困難」的孩子，當他們到達小學年齡的時候，很可能是與注意力和行為問題有關的ADHD問題的高危險群。許多孩子在小學有了嚴重的困難，就會繼續在中學呈現問題，甚至持續到成年以後（Campbell et al. 1986; Campbell & Ewing 1990; Barkley et al. 1991; Weiss & Hechtman 1993）。

可是我們必須了解，在幼兒身上如果只是出現注意力不足、高活動水準，以及干擾行為，未必是一個持續困難的預兆。這些有時是典型而正常的學前幼兒行為，他們只是剛開始要把行動帶到思考的控制之下。相反的，這種徵兆的「嚴重性」（severity）

▶高活動水準、注意力不足，以及干擾行爲是典型的學前幼兒行爲，只有在這些行爲是嚴重和頻繁時，才會是未來可能有問題的危險份子。

和「頻率」（frequency），才是決定這些學前幼兒將來會不會繼續有問題的重要因素（Barkley 1990; Campbell 1990; Campbell et al. 1994）。

　　過去的二十五年間，因爲幼兒的困難中有自我規範的問題存在，研究調查開始轉向維高斯基的理論，來幫助他們對注意力缺陷和衝動兒童的了解和治療。被診斷是 ADHD 的兒童具有下列特徵：(1)在行動的計畫和組織上有困難，(2)對調整注意力、喚醒

與活動，以配合環境所要求適當程度的表現感到困難，(3)對抗拒
和制止自己的衝動，以回應環境中的刺激感到困難（Douglas
1983, 1988; Barkley 1990, 1994; Landau & Moore 1991）。這
些困難都與自我規範過程的引導、修正，和控制注意力與行為以
達目標有關。

　　雖然臨床研究者同意，許多 ADHD 兒童是在自我規範上的
能力不足，但這些孩子試圖集中注意力與行為的時候，他們是如
何應用自我規範的策略卻是很少被了解的（Berk 1992; Diaz &
Berk 1995）。因此，有些研究者就想要從維高斯基的觀點，來
探討 ADHD 兒童的口語自我規範的能力。下面的部分，我們先
要討論早期應用維高斯基的理論在 ADHD 兒童治療的意圖，然
後我們要考慮介於兒童的社會環境以及他們自我規範問題之間的
關係。最後我們要總結最近所知，關於學習及行為困難兒童的私
語情況，以及我們目前所知在教室裡實際應用的情形。

自我引導訓練：有效嗎？

　　最早應用維高斯基的觀點在學習行為困難孩子身上的意圖是
發生在 1960 年代的晚期，當時有幾個研究者為衝動／過動兒童
提出了認知—行為的介入策略（Palkes, Stewart, & Kahana
1968; Meichenbaum & Goodman 1971）。這種方案就是今天
我們所知道的「自我引導訓練」（self-instructional training）。
雖然開始的設計是用來改善衝動、無法自我控制，和不專心孩子

的學習困難，但這些程序也可以應用到明顯有經常的侵略性及學習能力不足的孩子身上（Camp et al. 1977; Wong 1985; Hughes 1988）。

這種自我引導訓練的理論基礎，是建築在行為學派理論上面，他們認為發展是被示範及增強的外在動機所控制。此外，這種治療的設計也是源自維高斯基的假設，就是對自己說話可以讓孩子控制自己的行動。結果他們分析出來，如果一般正常成就的兒童使用私語能規範他們的行為，那麼無法專心及衝動的孩子，若有行為規範的問題時，也應被教導如何對自己說話。這個方案主要的假設是，那些具有嚴重行為和學習問題的孩子，在參與目標導向的活動時，通常不會自動的使用私語（Kendall & Braswell 1985）。

在一個典型的方案中，治療專家做示範的角色，他在工作時大聲對自己說話，下一步，要求孩子操作這個活動時也對自己說話，使用的陳述跟治療專家所用的相似。然後這種自我引導會逐漸淡化，孩子就會被要求做活動時不要出聲，只有嘴唇的動作，最後，會被要求內化口語的內容。這種治療就是要藉著示範及直接教導，引出私語在活動中內化的自然過程，就如原先被維高斯基所形容的那樣。

姑且不論自我引導訓練的直覺訴求，對於減輕衝動性及促進工作準確性的效果評估則是令人失望的。即使正面的效果確有產生，也都限於一些兒童被訓練的工作或非常類似的活動。跨越不同情境和時間的維持和類化——特別是教室裡學業的表現——卻

沒有呈現出來（Dush, Hirt, & Schroeder 1989; Abikoff 1991; Hinshaw & Erhardt 1991）。最近有幾個調查也做了結論，這種自我引導介入的成效可能還是未成熟的。雖然這程序是發自一種善意的努力，想要解決某些孩子難以處置的學習困難，但卻不是建立在對這些孩子的社會經驗，和自動自發使用私語的質與量上的系統研究的結果（Diaz, Neal, & Amaya-Williams 1990; Berk & Potts 1991; Berk 1992; Berk & Landau 1993; Winsler 1994; Diaz & Berk 1995）。

成人─兒童的溝通及 ADHD 兒童

如果社會互動扮演培養孩子最高發展的角色，那麼孩子與成人之間的關係在孩子自我規範問題上扮演重要角色也就並不意外。因為自律是從他律中逐漸萌發的，而社會環境也因為他們所提供有效的鷹架而有內涵上的不同（能夠藉私語促進孩子接收規範的角色），孩子自我規範的能力是受成人─兒童溝通中他人規範的支持品質的影響，而這（如我們前面的說明）是來自雙方面的貢獻。

過去幾年雖然很多關於 ADHD 成因的探討不斷被提出來，最近的研究則強調基因的影響（Barkley 1990, 1994）。如果支持基因的說法，則 ADHD 兒童的父母和兄弟也應比較有這方面的缺陷；同卵雙胞胎也比異卵雙胞胎會有共有的問題，一個被領養的 ADHD 兒童的生身父母（但非養父母），就可能會有同樣

的病徵（O'Connor et al. 1980; Alberts-Corush, Firestone, & Goodman 1986; Biederman et al. 1990）。此外，一個破壞性的環境也會在胎兒期造成影響，例如母親的吸菸、酗酒，及鉛中毒，都與 ADHD 危險性的增加有關（Landau & Moore 1991; Barkley 1994）。截至目前為止，「沒有任何證據顯示，親職態度或教養方式是這種異常的原始病徵的成因」（Landau & McAninch 1993, 52）。可是經由孩子與社會環境的相處，不良的父母教養方式可能會加劇孩子的病徵，同時也可能導致與 ADHD 有關的附屬問題的產生，例如敵意對抗、傲慢無理的行為、嚴重的管教問題，以及低落的自尊心等。

　　ADHD 兒童的父母親，通常比沒有異常問題孩子的父母親，很一致的表現出更多的控制及負面的行為（Campbell 1975; Cunningham & Barkley 1979; Mash & Johnston 1982; Barkley, Cunningham, & Karlsson 1983; Tallmadge & Barkley 1983）。被診斷為 ADHD 兒童的父母，比起一般孩子的父母，使用比較多的口頭指導、發出較多的命令、在孩子活動時有比較多身體的指導、給予較多的建議和糾正，而且較少回應孩子的行為（請參看 Danforth, Barkley, & Stokes 1991）。在教室中，這種負面的訊息常會被擴大延伸，老師發現自己幾乎整天不停的指導和命令這些孩子，很少會讚賞他們。事實上，只要有一個 ADHD 兒童在教室，很明顯的就會催化老師在教室裡給全班同學的負面回饋（Campbell, Endman, & Bernfeld 1977）。

　　最近的研究共識則發現，因為無法專注和不順從的行為，所

以這些被診斷為 ADHD 的兒童，在誘出成人的控制性及負面形式的溝通上扮演主要角色。教師通常對這些孩子有下面的描述：「他們似乎沒在聽」、「無法完成活動」、「不能專心」及「需要更多的重新指導」（Barkley 1990, 1994）。在解決問題的活動中，ADHD 兒童很快回答問題，沒有考慮另外的可能性。他們經常侷促不安的站起坐下，並且活動時在手上把玩不相干的東西（Landau & Moore 1991）；因此他們的工作往往是不小心和不正確的。在教室裡，他們衝口而出問題的答案、不會輪流，在共同的活動與遊戲中，對挫折表現很低的容忍度，也無法與同學合作。因此，他們一般都很少有朋友，常被同儕拒絕，也就不足為奇了（Barkley 1990; Landau & Moore 1991）。

當 ADHD 兒童從父母、老師，和同伴身上誘引出不良適應的互動型態時，他們就減低了社會環境中可以幫助他們將他律轉換為自律的最大能力。與維高斯基理論相同的就是，這些孩子的特性，會影響到他們與文化中其他份子的社會經驗，也影響他們在積極參與合作中促進高層次心智功能發展的程度。從維高斯基的觀點來看，改進這些孩子所經驗到的成人—兒童的互動關係是很重要的。

最近有一個對 ADHD 兒童的研究，探討了父母—兒童的互動及兒童使用私語的關係。Winsler（1994）對三十九位六至八歲男孩做了錄影，其中十九位在臨床上被診斷有 ADHD 的問題，把他們在若干社會狀況下，從事選擇性的注意力及樂高建構的活動錄影下來。其中有一天，他們跟父母玩其中一種活動，然

後必須獨自完成類似，但卻不是完全相同的另一個活動。父母被教導要「幫助他學會這個活動，然後他可獨自做好另外一個類似的活動」。在另外一天，同樣的男孩再做另外一個工作，第一次是讓受過訓練的實驗者對他完成鷹架的程序，如第二章所述，然後要他們獨自完成類似的活動。

正如預期，ADHD 兒童的父母親，比起那些實驗者，跟同樣的孩子玩時，會表現出比較多的引導及比較沒有效率的鷹架活動。相對的，這些診斷為 ADHD 的兒童在與用鷹架方法的實驗者合作活動時，比起跟他們的父母親活動，明顯用到更多的私語。當實驗者敏感的讓孩子融入活動，且在他們熟練時將責任轉換給他們，私語數量也是在與實驗者活動時呈直線增加。這種藉著減少成人控制來增加孩子私語的型態，並沒有在父母—兒童組的活動中發現。整體而言，這研究建議 ADHD 兒童其實可以對社會情境中的改變做回應。在此研究中也發現，當兒童接受一個很了解 ADHD，而且知道如何應用在學習上的成人，所提供的高度敏感的鷹架行為時，他們會使用較多自我規範的語言。

自我規範困難兒童的私語

在過去二十年中，研究者曾觀察表現衝動及好動行為的兒童，以了解其在私語的數量、品質，及發展路線上是否跟其他兒童相似。從這些研究中可歸納出下列四個結論：

• 與自我引導訓練方案基礎相反的假設是：這些過動、衝動，

及不能專心的兒童，在活動時比同年齡沒有行為問題的孩子，使用更多公開的，與活動有關的私語（Zivin 1972; Campbell 1973; Dickie 1973; Copeland 1979; Zentall, Gohs, & Culatta 1983; Zentall 1988; Berk & Potts 1991; Berk & Landau 1993; Winsler 1994）。

• 除了包括許多公開的，與活動有關的私語之外，這些被診斷為 ADHD 兒童的自言自語通常也包含比較多無關的及使人分心的談話（Zivin 1972; Dickie 1973; Copeland 1979; Berk & Potts 1991; Diaz et al. 1992; Winsler 1994）。

• 有 ADHD 問題的兒童，他們比起同年齡沒有行為問題的兒童，使用較少部分內化了的自語（像是小聲說話以及聽不見的喃喃自語）（Berk & Potts 1991; Berk & Landau 1993; Winsler 1994）。

• ADHD 兒童的私語，比起那些沒有行為問題兒童所用的私語，與活動表現及工作上的專注較少有顯著的相關（Berk & Potts 1991; Berk & Landau 1993; Winsler 1994）。

這些發現只是指出：這些衝動、不專心，及過度好動兒童私語的形式、功能，及發展路線，與其他兒童沒有什麼兩樣——這個結果支持維高斯基的假設，認為自語是全球性的人類解決問題的工具。在這同時，比起他們正常的同伴，這些 ADHD 兒童的私語有一段較長的發展階段，保留在外在公開的情況，這也可以由他們減少使用較成熟、內化的私語的形式可以看得出來。依 Berk 以及她的同事研究，發現這種自語內化的延遲，可從另外

一種影響私語因素的觀點來了解——就是在認知挑戰的狀況下會增加的情形。因為注意力及知能控制系統的缺陷，會給工作成功帶來額外的困難，也就限制了私語能幫助 ADHD 兒童有效掌控行為的功能。因此具有這種缺陷的兒童，就需要利用外在化的，與活動有關的口語，藉一段較長的、延伸的發展期間，朝內化聽不見的形式發展（Berk & Potts 1991; Berk 1992, 1994c; Berk & Landau 1993）。

為支持這個說明，兒童與成人兩方都可以降低自我規範的障礙的因素包括：(1)增加 ADHD 兒童私語的成熟度，和(2)加強這種私語與工作有關的行為和表現間的關係。為考慮到孩子的特性，Berk 和 Potts（1991）檢驗十九個 ADHD 和十九個正常表現的六到十一歲的男孩子，在教室做數學活動時，所使用的私語和行為間的關係。研究發現只有在最不會分心的 ADHD 男孩子中，用聽得見的自我引導語言，才能預測增進他們對數學作業的注意力。再進一步，這些研究者又追蹤一小組診斷為 ADHD 的兒童，他們使用及不使用興奮劑藥物治療的情形，這是被廣泛使用來治療異常的方法。雖然興奮劑對治療 ADHD 並不是完全的有效，研究者卻發現，在百分之七十的臨床診斷使用藥物的學齡兒童身上，興奮劑確實能夠擴充注意力和表現（Pelham 1987, 1993; Barkley 1990）。〔註〕Berk 和 Potts 報導，藥物治療能夠很明顯的增加這些 ADHD 男孩子們的私語成熟度，引導他們較少依賴外在與工作無關的口語，而多依賴喃喃自語。此外，只有在服藥的狀態下，兒童的私語才和增進自我規範有積極相關，

而以一種減低自我刺激的行為，及更注意數學活動的型式表現。

在成人方面，Winsler（1994）發現成人鷹架的品質，能預測 ADHD 兒童的私語對他們的注意力和工作表現影響的程度。在這些 ADHD 男孩經驗到一個訓練有素的實驗者，了解其診斷並對他實施鷹架方法之後，比起與父母的互動和他們不甚完善的鷹架行為，兒童部分內化的私語會跟其活動的表現有較好的關聯。再者，研究者也認為成人與 ADHD 兒童溝通的品質，可以藉著藥物治療來擴大。當服用興奮劑會造成比較集中注意力及控制衝動的結果時，這些孩子與父母、老師、同伴間的關係也就改善了。當孩子比較能夠聽話和更合作的時候，成人的命令和負面的管教就會慢慢消失，而更緊密的監督指導和控制的需要也會降低。但是大部分這類的孩子，仍然持續需要外在的控制和場地的限制，因為他們的行為比起沒有行為問題的同伴，仍然是停留在較少自我規範及有組織的狀況（Pelham 1987, 1993; Landau & Moore 1991; Landau & McAninch 1993）。

最後，雖然我們的討論是集中在與 ADHD 有關的學習與行為問題上，也有一些調查是針對被認定學習能力不足的孩子——特別是有學習損害，不論是中等或中等以上智力，在學校表現不良的情形進行研究。一些類似型態的發現——不當的父母與子女互動、外在化的私語、私語內化的延遲，以及較無效的私語和行為的統整——都出現在這些研究當中（Berk & Landau 1993; Lyytinen et al. 1994）。這些被認為學習能力不足的孩子，比他們正常表現的同學，運用較多聽得見的私語，原因之一可能是

他們在從事學業活動時，比較依賴發展上較不成熟的、較花時間的認知策略的關係（Geary et al. 1987）。換句話說，他們私語的內容本身，在幫助他們控制自己的行為方面較無效率。雖然ADHD兒童的認知策略尚未被有系統的研究，但是在維持注意力和克制衝動行為方面的過度困擾，也可能會導致他們所用的策略，比起他們的同伴更沒有彈性也較不正確（Berk & Potts 1991）。這些觀察建議：這兩組的小朋友都會在有效率的、問題解決策略的引導上得到益處，而不是從一般使用私語的訓練上得到——這種能力他們本來就具有。

加強有嚴重學習與行為問題幼兒的教育環境

依照維高斯基的理論，能夠擴充自我規範、高層次的認知功能，幫助正常孩子發展的社會經驗，應該也能幫助有嚴重學習和行為問題的孩子培養出同樣的結果來。以維高斯基為基礎的介入，是建立在專注於活動中兒童的 ZPD 範圍內成人—兒童的對話。成人的鷹架，所提供的協助是適合孩子目前的行為需要，並逐漸減少協助，讓孩子負起自己從事活動的責任，這點是非常重要的。

但是我們看到這些具有注意力缺陷、衝動性，及其他學習困難的孩子，比起他們的同伴，很少經驗到這種精細差異的溝通。研究發現 ADHD 兒童參與在這類對話中的機會，受到成人—兒

童關係中緊張的限制，結果造成對這些孩子的幫助，需要用直接性的引導才能降低他們不恰當的行為。給予特殊的指導和要求、保持對工作導向及社會行為的期望清楚而一致、追蹤並確定孩子的服從、讚美他們的專注和合作，都顯示了可以改善行為、降低成人的責罵，和提供孩子成功機會的可能，這些也都能幫助修補他們瀕臨瓦解的自尊心（Barkley 1990; Pelham 1992）。對於正在接受藥物治療的孩子，這種介入的程序可降低需要的服用量，也減低可能的不利副作用（Landau & McAninch 1993）。

　　上面所描述的技巧，可以打破成人與行為問題兒童間溝通的負面輪迴，因此要創造一種情境，讓促進發展的互動成為可能。一旦這種情況確立以後，我們就可以教導父母親，當孩子在從事有挑戰性的認知活動時（例如寫家庭作業），給予他們敏感的與鷹架指導的回應——社會經驗對於促進自我規範的私語和學習的獲得是很重要的。也應該提醒老師：要提供鷹架的協助，和適當挑戰的學習活動（在孩子的 ZPD 範圍內）；逐漸將責任由大人轉移到孩子，也對自我規範能力不足孩子的克服困難有所幫助。對這些注意力缺陷和衝動的孩子令人憎惡的行為，成人常下結論認為這些孩子是沒有辦法自我管理的。結果，父母跟老師往往過度重視行為的增進，而忽略了當他們準備好時，提供更多自我控制的準則。

　　最後，環境的要求也會影響注意力缺陷及衝動兒童在教室裡發生問題的程度。不適合發展的環境——像那些過度結構化、強調成人的灌輸卻忽略孩子的參與，和要求孩子坐在位子上完全做

好自己的工作——都對孩子的資源產生特殊的限制；結果，這些
孩子的行為就特別的麻煩困擾。當這些孩子從比較低結構性的學
前幼稚園進入到比較正式的小學時，他們 ADHD 問題的診斷會
增加，這也就不足為奇了（Pellegrini & Horvat 1995）。相反
的，如果環境能提供孩子和成人控制的均衡性，藉允許孩子稍微
走動、與其他人合作活動、在久坐的活動中有經常休息的機會
等，則這些有自我規範問題的孩子，會比較少有干擾的麻煩行為
產生（Jacob, O'Leary, & Rosenblad 1978; Pellegrini & Hor-
vat 1995）。以維高斯基為基礎的課程，我們將在第六章中討論
——每個都建立在成人與孩子合作的參與上，而且鷹架他們去精
熟適性發展和挑戰性的活動——這種活動對能力不足或有缺陷的
孩子而言，和對他們典型正常發展的同儕，同樣都是重要的課程
活動。

▶如果環境能提供孩子和成人控制的均衡性，藉允許孩子稍微走動、
與其他人合作活動、在久坐的活動中有經常休息的機會等，這些有
自我規範問題的孩子，就比較少有干擾的麻煩行為產生。

註

　　使用興奮劑的藥物來治療注意力不足及自我控制能力差的學前幼兒，通常藥效是沒有保證的。研究發現四到五歲的幼兒對興奮劑的反應，不像較大的、學齡兒童的反應那麼好（Barkley 1989）。此外，學前幼兒對這些藥物有更多的副作用產生，例如緊黏著大人或減少獨自遊戲的機會，這確實能阻礙他們的認知和社會發展。最後，這種藥物使用的好處是非常短暫的，行為只有在孩子服用藥物的時候得到改善，在藥物治療上並沒有維持長久的效應（Campbell 1985; Landau & McAninch 1993; Pelham 1993）。藥物治療的有用是因為它們能夠改善孩子的注意力及行為問題，即使是暫時的，也能促進孩子參與學業活動的能力。

學習與發展的關係：

比較維高斯基理論及其他主要觀點

◇學習與發展是分開的實體
◇學習與發展是相同的
◇維高斯基的觀點：學習引導發展
◇維高斯基與皮亞傑：心智的相遇

從教育的角度來考慮，皮亞傑認知發展的主要結果說到，允許孩子從事他們自己的學習是一個辯解。皮亞傑並不是說不論你試著做什麼，認知發展均以它自己的速度前進。他只是說學校目前想要做的事通常是無濟於事的，你不能夠只是對孩子說話，就想進一步了解孩子。（Duckworth 1964, 20）

[依照維高斯基的想法]，心理發展是藉著教學／學習以及教養而發生的……[藉著] 不同型態的自動的及特殊組織的成人與孩子的互動，或是一個人與其他人的關係——藉著這個互動，人類可以在歷史所形成的文化中去同化……在這個過程中一個很重要的角色……就是由符號及象徵系統所扮演的角色。（Davydov 1995, 15, 18）

在前面幾章我們討論了維高斯基社會文化理論的中心觀點，我們一路討論下來，都是他與其他兒童發展和教育的重要觀點如何不同——特別是皮亞傑的認知發展理論。在第二章中我們看到維高斯基認為語言在認知發展中的角色，與皮亞傑觀點的不同。依照維高斯基的觀點，語言在私語的型態下，可說是發展的中心——是藉以調適文化的認知策略，從社會轉換到心理層次功能的重要方法。維高斯基認為，自我引導的內在對話，是居於人類知覺的重要位置。因為人類的心智是藉著社會互動的內化和轉換而形成的，因此它是恆久滲透在它的社會根源裡。相反的，皮亞傑認為語言是次要的萌發現象——是一種知覺動作活動的成長，加

入了嬰幼兒對物理世界的獨立探索。私語被認為是學前幼兒不成熟、自我中心、非社會化調適思想的象徵；它並不能夠在幼兒的生活中，提供正向積極的適應性功能。同樣的，在第三章中我們也討論到維高斯基對於虛構遊戲的觀點，他認為是社會化的產生及與生俱來的溝通能力。但對皮亞傑來說，象徵遊戲卻像私語一樣，原本是獨自的活動，只有在認知逐漸成熟，且自我中心性降低後，才慢慢變成社會化。

在本章中，我們將再完整的討論維高斯基觀點，與其他本世紀主要理論關係中的獨特性，並明白解說在幼兒的學習和教育上的深入應用。維高斯基曾解釋他觀點的獨特性，可以從分析學習與發展間的關係上去了解（[1930-1935] 1978; [1934] 1986）。他提出這種關係上的三個主要觀點，每一個在現在的理論上都保持鮮活的特性：

　　1. 學習與發展是分開的實體，

　　2. 學習與發展是相同的，

　　3. 學習是引導發展的。

我們將這個觀點分析在表 5.1 中，放在一起探討時，就清楚說明了維高斯基的理論提供了新的、統整的架構，提供設計適合發展的實作，也卓越地符合了幼兒的教育需要。

表5.1　學習與發展關係的主要觀點			
觀點	描述	對兒童與社會環境的看法	二十世紀理論
學習與發展是分開的實體	發展是最主要的過程，學習跟隨在後，在已經萌發的結構上再淬煉及精進	積極主動的兒童；社會環境應避免干擾兒童的自然發展	皮亞傑認知發展理論
學習與發展是相同的	發展完全源自學習，社會環境提供了輸入，就是由兒童吸收現成的東西	被動的兒童；社會環境負起所有發展的責任	行爲學派理論
學習引導發展	學習扮演發展的主要角色，當兒童在他們的最近發展區內進行活動，且得到更精熟同伴引導的情況下，學習即引導發展前進	主動的兒童與積極的社會環境合作產生發展	維高斯基的社會文化理論

　　為了說明並且強調這三個觀點，維高斯基討論了兒童自發與科學概念的獲得。自發或每日概念，就是我們在每日生活軌道中所精熟的事情。它們包括了一般的知識——例如熟悉的物品（球、腳踏車）、行動（跑、跌倒）、人類關係（兄弟、叔伯、朋友）、基本的數字觀念（計算）、時間的觀念（昨天、今天、明天）。這種自發概念的發展並不是知覺或特定的，孩子非常容易得到這種概念，而且只有一點點，甚至沒有感覺到他們在做知覺性的思考。相反的，科學或學校所教的概念，基本上是教導的學習結果——介於有知識的老師與純真兒童間的互動。例如歷史、因果關係、乘法，以及世界上的國家等。一旦孩子明白熟練這些概念的時候，他們就會清楚的知覺和了解，並將了解連結上口語的定義。維高斯基認為理論家對自發與科學概念間關係的理論觀點，正反應了孩子聯結發展與學習間觀點的基本假設。以下，讓我們了解一下這是怎麼回事。

學習與發展是分開的實體

　　第一個論點是陳述學習與發展是分開的實體——發展是佔優勢的主要過程，學習跟隨在後，而且對孩子的思想建構與成熟上影響很少。從這個觀點來看，發展被看成大部分是被內在控制了；從孩子內在所產生出來的，是最重要的引導認知改變的東西。而環境，包括社會環境，與孩子互動，並從經驗中產生意

義，但在孩子能力產生的過程中並不扮演中心的角色。相反的，兒童大部分負責修正他們的想法，而生理上的準備度才是改變的關鍵。發展被看成是在生物法則控制之下的成熟過程，學習需要應用到由發展所產生的新技巧。

固守這個觀點的人認為，教學指導對孩子的基本了解及解釋世界的方式並沒有太大的貢獻，但卻會精進孩子探索周圍環境時自動萌發的能力。依維高斯基的想法，這種「分開者」的論點是假設：

> [發展] 創造了潛能，而 [學習] 才能了解他們。教育是建立成熟的超級架構，或者說教育和發展的關係就如消費和產品的關係。學習依靠發展，但發展的軌道卻不受學習所影響。（[1934] 1986, 174-75）

維高斯基解釋，在分開者觀點中有基本的事實因素，因在觀察中發現，孩子必須是在準備好發展的情況下加以引導才可能成功。如果要訓練一個一歲的孩子綁鞋帶，或教一個兩歲的孩子讀寫，那將是反效果也是愚蠢的。但是分開者的觀點卻過度強調了發展的重要性，低估了學習的貢獻，因那兩者是被假設成單方面、依賴的關係；引導雖然從發展中分離出來，卻仍依靠發展，但發展卻大部分不受引導的影響。就像講到自發與科學概念的不同，只有前者——孩子對世界的解讀不受成人的影響和促進——可以告訴我們關於孩子思考的特性。

維高斯基將分開的觀點歸因到皮亞傑的認知發展理論，他認為對孩子自發分析的研究，就是一種可以闡明他們思考特性的途徑。非自發的概念，皮亞傑相信，就是反應成人施加給孩子的額外課業。孩子可能非常表面化的記得或學習這些類目，卻很少告訴我們真正的了解在哪裡。因此，皮亞傑選擇訪談孩子有關一些不太可能得到直接引導的問題──像是保留、序列、階層分類，及自然現象，如河流流進湖裡、太陽在天空移動等（[1923] 1926, [1926] 1930）。在對科學概念直接教學的形式下，學校學習被認為對發展的決定性影響是很小的。

相反的，皮亞傑認為孩子的思考，在發展準備好時，會注意到他們不成熟中的缺陷，就會比較像成人的思考，放棄不合邏輯的分析，而以邏輯的方法面對世界。事實上，皮亞傑認為幼兒的思考，跟比較成熟的同伴或成人之間，並不是合作或互補的關係，反而是一種衝突（Tudge & Winterhoff 1993）。在每一個階段，孩子都矛盾的注意到他們的自發概念，總呈現出不完整或不恰當的真實世界。結果，他們就會修正這些觀念，成人分析的示範也會逐漸勝過他們的想法。逐漸的，孩子就會延伸他們新的、邏輯的策略，去精熟學校教給他們的科學概念。

維高斯基承認有些發展的產生，是來自於「孩子的思考，碰撞本身不當之牆」（bump[ing] into the wall of its own inade-quacy）的結果，但他懷疑這樣的經驗是否是孩子唯一的，或最主要的老師（[1934] 1986, 165）。依據維高斯基的想法，皮亞傑的理論建立了一個「發展與學習之間對抗作用的原則」

（p.157）。

　　皮亞傑認為孩子是積極的想要了解他的經驗，在二十世紀中期第一次傳到美國時是非常革命性的觀點。到 1960 年代，很多教育學者熱烈擁抱這種理念，設計了一些皮亞傑基礎的課程，強調「發現學習」（discovery learning）——兒童自動的與環境互動。在一個以皮亞傑為基礎的教室裡，老師們並不強調用口語傳達知識，或藉解說指導。相反的，他們提供非常豐富且不同的活動，來促進孩子的探索，並鼓勵孩子在活動中自由選擇。此外，建立在皮亞傑原則上的這些教室，也對孩子的準備度很敏感，藉著和諧的努力，而不是藉指導加速其發展。在孩子顯示他們有興趣或準備好之前，新的技巧是不會強加在他們身上的；因為皮亞傑的理論強調發展超越學習的至高權威，老師對於孩子獲得新知識過程的貢獻，也會比孩子本身還低。總之，皮亞傑對教育的看法，認為孩子是一個積極的有機體，在抑制干擾自然發展的社會環境中，負起改變的責任。

▌學習與發展是相同的

　　第二個論點是說明學習與發展是一樣的——這個觀點反應出一種「結合性」的（associationistic）、「環境偶發性」（environmental-contingency）的教育策略。從這種觀點來看，孩子的內在並沒有「向內的」（inward）歷史觀念，而且也不會產

生自發的發展。相反的，必須從外在灌輸給他們可以吸收的、現成的東西。社會環境提供的是輸入，以一種在價值和知識上清楚指導的方式；也就是藉著模仿，和對正確反應的增強，及對不正確反應的處罰，在孩子的內在不斷累積。這種方法潛在的心理學理論基礎是行為主義的；可以追蹤到華生（John Watson）、桑代克（Edward Thorndike），和史京納（B. F. Skinner）這些人的思想與作品，他們假設發展完全產生於學習（Kohlberg & Mayer 1972）。

　　維高斯基曾對這種認為發展無用的觀點加以解釋。有不少證據顯示，當幼兒從成人的講話中學到新的詞句時，詞句之下的觀念其實並未完全成熟；反而是這種觀念尚未完整形成，隨著年齡的增長會進行很多的改變。再者，孩子也不會模仿和吸收環境中現成的訊息，反而是選擇性的學習者（selective learners）。例如孩子很少模仿他們不能完全熟練，或遠超過他們目前能力之上的技巧，反而會去模仿一些正在形成的能力——這些是在他們發展程度範圍之內的（Bloom, Hood, & Lightbown 1974; Kaye & Marcus 1981）。這種相同論觀點，忽略了分開論觀點的中心真理：不在意發展準備度的指導往往是沒有效果的，只會造成無意義的、機械式的重複成人所轉換的知識。

　　相同理論準確的描繪了傳統的教室裡，老師認為他們的基本目標就是傳播訊息，並且將孩子當成是回應者，其主要的工作就是吸收學科的知識與技巧。建立在這種模式上的注重學業的幼稚園裡，教學就是傾向於事實的獲得、強調低層次的認知功能，並

依賴成人選擇的教材和作業簿。這種策略是成人為中心，而不是兒童為中心（Goodlad 1984）。因為它拒絕了孩子自動發展的存在，也跟最近「適性發展的實作」觀念（developmentally appropriate practice）是相對立的，「適性發展的實作」觀念強調要提供適合孩子發展階段的活動，目標在培養積極的頭腦，能夠思考、分析、發問，和實驗（National Academy of Early Childhood Programs 1991）。總而言之，相同觀點認為孩子是被動的，在社會環境中他們負起所有心理成長的責任。因為發展與學習被認為是相同的，這個理論去除了對兩者之間關係的任何考慮。

‖維高斯基的觀點：學習引導發展

維高斯基的觀點則認為，學習與發展既不是分開，也不是完全相同的過程，相反的，他們組成一種複雜、相互的關係，也就是「教導會引領或誘發發展」（instruction leads, or elicits, development）。這怎麼可能？這個答案就在最近發展區內，也就是介於這個孩子能獨立達到，以及跟一個能幹的大人合作能夠達到的差距範圍內。維高斯基解釋道：

> 在孩子的發展中，模仿與教導扮演重要的角色，它們帶出人類心智品質特殊的地方，並引導孩子到一個新的發展層次……凡

▶維高斯基的觀點認爲，學習與發展既不是分開，也不是完全相同的
過程，相反的，他們組成一種複雜、相互的關係，正如「敎導會引
領，或誘發發展」。

是今天孩子跟別人合作可以做的事情，明天他就能獨自做這件
事情。所以唯一最好的形式的指導……不是目標朝向成熟，而
是變得成熟的過程；但仍有必要決定在其中引導的最低門檻，
例如開始引導數學，某些最基本的成熟功能仍是需要的。但我
們同時也需要考慮高的門檻。教導必須是朝向未來，而不是過
去。（〔1934〕1986, 188-89）。

　　依維高斯基的想法，教育兒童的環境必須能運作他們的最近
發展區。當老師不斷提供孩子（或允許他們選擇）一些問題，使
他們獨自處理不需要協助，或提供一些遠超過他們能獨自運作的
經驗，他們就無法調整引導，以促進兒童之發展。相反的，維高
斯基強調老師們必須與兒童互助合作，在合作的認知活動中，很
小心地選擇適合孩子「潛在發展的水準」（level of potential
development），就能真正促進孩子實際上的發展（Wertsch &
Rogoff 1984），正如維高斯基所強調的：

指導只有在它超越發展之前才是好的，然後它可以喚起並提升
那些正在成熟過程中的，也就是存在最近發展區內的功能，只
有用這種方式，教導在發展上才能扮演極端重要的角色。
（1956, 278）

　　維高斯基曾討論教導能引導新的知識和技能，同時也允許兒
童朝向一個新程度的了解，在其中他們能知覺並達到對心智活動

的控制。這也就是說，當孩子把他們的私語，及在挑戰性活動中與更精熟的同伴對話所得的策略融合在一起，他們就開始從事「口語化的自我觀察」（verbalized self-observation），他們將此反應在策略上，且應用在精緻的形式上（[1934] 1986, 170）。因此對維高斯基而言，指導是對孩子知覺成長和規範思考程序的主要貢獻者；它促進了一個高層次認知活動的轉變。

　　維高斯基藉著他的同事 Zhoze-phina Shiff 對於科學和自發概念之間關聯的研究，來解釋教學與發展間的關係。Shiff 編了兩組故事，配合圖畫顯示一個活動的開始、繼續，及結束。其中一組材料是關於學校教的科學概念，來自於小學社會研究的課程。另外一組故事則是集中在自發的概念——每日生活中經常發生的現象。在聽過這兩個故事之後，二年級跟四年級的小朋友就被要求完成一個結論句，說出這故事事件的邏輯關係（例如：這男孩跌下他的腳踏車，因為——）這活動顯示他們在每一種知識上，能夠知覺反省的程度。

　　Shiff 發現，對材料的知覺理解上，科學概念（學校教的）明顯的高於自發知識（自然獲得的）。這些兒童在完成句子的工作表現上，如果他們所分析的訊息是學校教導過的，會比自己獨立活動所學到的要好得多。同時，在表現的年齡差距上，自發概念也比科學概念來得大。但隨著年齡的增長，在自發概念上的反應就會追上對科學概念的知覺。

　　維高斯基的分析是，當孩子自己在發展的時候，他們的知覺往往會專注於心智活動的目標上，很少會停下來對心智活動本身

加以反思——他們用來達到這目標的方法。一個學前幼兒在打一個結、拼一個拼圖，或畫一幅畫時，都是專注在思考的結果上（打結、拼圖、圖畫），而不是如何進行思考。但如果能在兒童最近發展區範圍內指導一個活動，成人往往會將活動分解為一些小部分，而且建議熟練活動的方法（例如：「首先你做這個，然後下一步你可以做那個」），支持孩子的努力，並且幫助孩子評估（例如：「如果你用這個方法做的話，我想你將會發現這樣做比較好。」）。如此，孩子並不只是得到新的知識，同時也進入高層次的心智發展，開始思考他們自己的想法。這種改變讓他們更有效的規範自己的行為，因為他可產生覺知及熟練思考。逐漸的，藉著教導所產生較高層次的認知發展就會延伸到自發的概念上，這是孩子自己獲得的。這樣的情況下，在引導發展上，學習是個有力的力量，而且為孩子帶來系統性的分析及反應性的知覺。維高斯基的結論：

> 學習是必要而且是全球性的、有文化組織的發展過程的觀點，特別是人類心理的功能……發展的過程可說是落後於學習的過程。（[1930-1935] 1978, 90）

　　維高斯基認為學習引導發展的觀點，在教室的實作上，比起其他分開論或相同論的觀點，帶出一個特別的策略。不像分開論建議一個積極的孩子，負責自己本身的發展；或者相同論認為一個被動的孩子，被周圍的世界環境所控制。這種社會文化觀點所

提出來的，是一個「積極的孩子」（active child），和「積極的社會環境」（active social environment）合作，去創造發展的改變。成長是在最近發展區產生──這是一個精熟的名詞，在社會互動的軌道中創造產生；在其中孩子可以學到部分的技巧，但只有在接受專家同伴的監督協助下，才能成功的應用。孩子積極的探索、嘗試各種不同的可能，並轉向同伴尋求協助；在同伴引導並且建構其活動、鷹架其努力時，就能延伸其目前的技巧知識，達到高層次的能力。當孩子將此互動的特性內化之後，他們就會在其上運作和重建，在新的，但相似的情境下努力去了解適應（Wood 1980; Bruner 1983; Wertsch 1985a）。在這段過程中，他們不只是調整性的使用已經學會的能力，且能夠創造新的技巧。在 Giyoo Hatano 的用語中，兒童能夠經驗這種形式的教育系統，會變成「適應性的專家」（adaptive experts）（1993, 155）。

　　總之，既不是倡導純粹形式的發現學習，也不是教誨式的教導，維高斯基的教育取向是一種「協助的發現」（assisted discovery）。在教育文獻中，這種教學的方法曾經被推論成很多不同的方式──例如像「引導的練習」（guided practice）、「回應性教學」（responsive teaching）、「協助的表現」（assisted performance），和「蘇格拉底的對話」（Socratic dialogue）等名稱。其他還有 Tharp 及 Gallimore，曾經將維高斯基理論在教育上的應用總結如下：

▶既不是倡導純粹形式的發現學習，也不是教誨式的教導，維高斯基
的教育取向是一種「協助的發現」。

[兒童的表現]　藉著協助與合作的活動，在發展上可說超越個人
的表現層次……藉著這個過程，孩子獲得了本地社會中的「知
覺的層次」（plane of consciousness），並成為社會化的、適
應了較高文化的成功的人類。（1988, 30）

▌維高斯基與皮亞傑：心智的相遇

　　在前面的部分，我們將維高斯基的社會文化觀點與其他主要
觀點做了比較，那時我們刻意強調他們的不同。我們討論的大
意，也反應了最近那些認同自己是維高斯基或皮亞傑學派的理論
家、研究者，和教育者的分裂──這種區分誠如最近一位作者所
描寫的，是「波動騷擾」（tumultuous）！（Glassman 1994,
186）

　　但是維高斯基（[1934] 1986）也曾清楚說明，皮亞傑的研究
對他的關於自我引導語言在認知發展上角色的定論，也曾是一個
主要的刺激。同樣的，皮亞傑（[1962] 1979）在回應維高斯基對
他自我中心語言解讀的批評上，也承認維高斯基在語言思想上的
寫作很有價值。雖然維高斯基與皮亞傑理論之間重要的差異確實
存在，但他們也同樣有很多相似的地方，可以做為建立橋樑的豐
富基礎（Tudge & Winterhoff 1993; Cobb 1994; Glassman

1994）。在仔細看過他們兩位後發現，對自然或生物的改變，或歷史與社會情境對發展影響的角色觀點上，這兩位偉大思想家之間的差異，其實應是強調不同的問題，而非無法妥協的分裂。

例如，在皮亞傑後來的學術發展中，他也強調社會情境對發展的影響，認為在社會經驗上的不同，會影響孩子知識的建構（但不是唯一的決定因素）（1985）。同樣的，維高斯基也提出生物論的基礎，發展的自然軌道是兩個主要改變的線中的一個，另一個則是文化的線，能將生物所決定的建構轉換進入複雜的、反省的形式。如我們在第二章中所指出的，維高斯基並沒有忽略有機體的基礎對發展的影響，而且他的理論上有一些全球性的觀點——最重要的就是在學前階段，思考和語言的加入，奠定了為高層次心理功能的萌發鋪路的工作。因此皮亞傑和維高斯基各自用自然或社會的層次建立理論，並認為兩者中的任何一個都不足以完全解釋發展。可是，皮亞傑在認為孩子思想上一般結構的改變上，仍強調自然的一面，而維高斯基則看重社會面，強調與專家同伴對話的轉換，會影響孩子自然形成的觀念。

總而言之，皮亞傑與維高斯基都開始於一個基本的觀點，就是認為孩子是一個生物的有機體。皮亞傑強調在有機體內的東西引導了認知的改變；維高斯基則探討，社會經驗如何對孩子的思想造成重要的修正。雖然維高斯基在發展上強調指導的角色，重視口語對話的重要性（[1934] 1986），他也明白指出，孩子有時是藉著顛簸度過環境中的挑戰而糾正自己的思考。同樣的，皮亞傑也接受這種論點，就是孩子所在文化中的份子，都能藉著指導

和對話來幫助他們的發展，雖然不像維高斯基所提的那麼激進的轉換。對皮亞傑而言，指導可以精緻並促進已經萌發的架構，但它卻不能像維高斯基所相信的那樣，導致觀念的發展。

因皮亞傑與維高斯基共享了關於發展的一套基本理念，他們的理論最好不要被看成是對立的，而應是彼此互補的理論。Glassman（1994）曾經把他們共同的特性總結如下：

- 有兩條發展線──自然與社會──它們在思考的發展中不斷的互動，每個都很重要，想要了解認知的改變不能忽略任何一方。
- 發展是環境中經驗的結果；逐漸的，孩子會藉著內在的反應，在心智中轉換他們的經驗。
- 認知發展的路徑包含了思想上主要的、質的轉換。對皮亞傑而言，每個地方的兒童都經過四個階段的發展；但對維高斯基而言，當：(1)兒童能用語言來溝通時，(2)教導能帶領他們知覺並掌控其思想時，思想即可以激進的轉換。
- 個人發展的步調可以受到社會周圍環境的影響。

藉維持皮亞傑與維高斯基相似的知覺意識，研究者和實作者可以利用理論的分歧點，來檢查並平衡他們本身的工作，正如Glassman 所建議的：

[老師]　可以考慮到文化的影響，但也應知覺認知的結構「……無法從外在強迫孩子……」（Vygotsky 1929, 421），可能會

▶皮亞傑強調在有機體內的東西引導了認知的改變；維高斯基則探
討，社會經驗如何對孩子的思想造成重要的修正。

轉向由皮亞傑發展出來的實體論過程，來檢查某種年齡教孩子
一些事情是否可能。一個發展的研究者所考慮的是全球性的發
展，能夠平衡看起來是對抗社會歷史的，也是全球性的另一個
發現。（1994, 212）

　　皮亞傑與維高斯基的不同，不應導致兩種理論信徒的破裂。
認同兩人共有以及獨特的特性，能讓建構性的對話產生，而延伸
的、合一的觀點將來也能將兩方面最好的特性融合。事實上，能
激起更熱烈興趣的推論應是：這兩位認知發展的偉人如能相遇，
並且將他們卓越的成就交織在一起，今日將可能有更廣闊的觀點
存在！

6

維高斯基理論在
幼兒教育中的應用

　　與維高斯基藍圖相一致的學程，例如義大利的瑞吉歐方案，老師們的角色被當作是「藉著機警、啟發的修正，以及與孩子對話、合作，和共同建構知識的刺激，激發探索的機會。因為認知的發現被認為是一個很重要的社會過程，老師應幫助即使是最小的幼兒也要學習聽別人的，將他們的目標和想法列入考慮，並且成功的溝通。」（Edwards 1993, 154）

　　正如一位瑞吉歐的教學者所表達的：「我們 [老師] 必須以一種能抓住孩子丟給我們的球，並且丟回去給他們的方式，讓孩子想要繼續跟我們玩遊戲，也許在玩的過程中，又會發展出其他的遊戲來。」（Filippini 1990，引用自 Edwards, Gandini, & Forman 1993, 153）

　　在這章中我們將要強調，維高斯基理論在幼兒教室裡的教學與學習的應用。我們將會看到社會文化觀點的假設：除了呈現必要的訊息，延伸討論的機會及在共同活動的情境中解決問題，對學習和發展都是非常重要的。在兩位維高斯基學者的言論中可知，人們必須用新的方法來思考教育——不再是談知識的轉換，而應是「交易和轉換」（transaction & transformation）（Chang-Wells & Wells 1993, 59）。藉著強調高層次心智功能的社會本源，以及文化建構的心智工具如何被個人所內化的觀點，維高斯基的理論對教學革新提供了激發的藍圖。近代在幼兒教育領域上應用維高斯基觀點的用心，有一些主題是從未出現過

的。

　　第一、以維高斯基為基礎的課程改革非常強調教室的談話（discourse）──不管是老師─兒童，或兒童─兒童間的互動都一樣。維高斯基認為學校的談話與每日的互動具有品質上的不同。在學校裡，當兒童開始在數學、科學、社會研究，以及其他的課程領域中，討論讀寫以及語音修正的主題時，談話不只是溝通的方法，而且是研究的主體。記得在第五章中，提到維高斯基將教導當做一種可以讓孩子逐漸明白的方法，並發展出知覺操作和控制其文化中象徵系統的能力。在此過程中，對書寫語言的精通就更顯得重要。維高斯基（[1930-1935] 1978）曾指出書寫比口語的表達必須更準確及擴充，因為它不能依賴任何補充的條件，例如聲調或手勢，來確定其意義。因此，這非常適合支持孩子將語言作為一個系統，及將其當作思考工具的體悟。本章的主要部分，將放在討論藉文字材料培養語言流利的教室談話的形式上。

　　無庸驚奇的，大部分促進發展的教室談話是集中在小學階段，因為這段時間「正式教育」正剛開始。為了配合這個強調，我們的討論重點也是放在小學的階段，但是我們即將描述的例子及基礎原則也可以被調整應用到幼兒的身上。在本章的最後部分，我們將要討論幼兒教育中獨特、近代的策略，是與社會文化理論觀點高度相符的。維高斯基給幼兒教師主要的教學訊息，就是在幼兒的最近發展區內（ZPD），多提供鷹架活動的機會，特別是想像遊戲──這是在與同儕合作的努力上，和未來成功掌握課業的學習時均需要的，最高的促進自我規範的方法（請看第三

章）。整體而言，適性發展的學前與小學教室，老師所提供的遊戲或學業課程的經驗分配會有所不同；隨著年齡的增加，兒童在認知上更成熟，也較可以掌握後者。

第二、普及於維高斯基課程革新的相關主題就是對讀寫的強調。我們已經注意到維高斯基（[1930-1935] 1978）的觀點，他認為讀寫活動對心智功能中知覺意識的發展扮演著主要的角色，而且能夠將之帶入自我控制的掌握之下。一旦孩子能夠知覺到語言的象徵性及溝通系統，思考就會變成注意和反省的主題。老師在以維高斯基為基礎觀點的教室裡，將之轉換為高度讀寫的環境，在其中可以應用很多不同型態的象徵性溝通，彼此統整，讓幼兒熟練。但讀、寫和量的分析並不是閉鎖孤立的轉換，或以嚴格、步驟分明的型態，讓孩子在其中只是不斷的練習一些組成的技巧，而對學習內容缺乏意識和意義。相反的，讀寫就是在真實的社會情境中，對意義的了解和溝通，這是中心要點。最近的「全語言」運動（whole-language），是幼兒讀寫教育教學策略的主流，就是受維高斯基理論的影響而融入的觀點。在本章中我們將要討論不同的教育實務，其中有很多是跟全語言的信條相符合的。我們將從很多教學課程的領域，藉許多例子來說明這種做法，和廣泛應用的情形。讀者如果特別對如何進行全語言哲學的教學有興趣的話，可以參考 Goodman（1986）、Watson（1989），以及 McGee & Richgels（1990）等人的著作。

第三、在本章中我們將再探討維高斯基理論的中心點：最近發展區。為幼兒提供回應他們目前進展程度的協助，利用當下即

時教學引導的機會，刺激他們發展，這種情形目前在北美洲的教室裡是很少看到的。但社會文化理論告訴我們，如果缺乏對個別孩子最近發展區調適的敏感互動，這些孩子所學的並非是最好。所謂「萌發課程」（emergent curriculum）的觀點——是指幼教老師所做的教學計畫，是建立在孩子逐漸產生的興趣和能力上，而不是在幾個月前就計畫好將要執行的教室經驗。這是跟維高斯基的理論高度符合的，因為這樣的做法將孩子的自發性與彈性，和老師深思熟慮的引導統整在一起（Jones & Nimmo 1994）。正如我們將看到，維高斯基最近發展區的觀點，不只激發擴充發展的教學過程，也導致一個新的評估孩子學習準備度的「動力的」（dynamic）策略。

　　最後，對教育的社會文化策略，需要將教室塑造成一個學習者的社區——此種被老師和兒童從內創造出來的社會文化系統，需要外在周圍社會環境的支持。這種成人與孩子彼此依賴，藉著參與文化意義豐富的合作活動，來共同促成逐漸萌發的了解，是維高斯基學校經驗的精華（Moll & Greenberg 1990）。在這種觀點下，很多研究者認為維高斯基最近發展區的原本觀念需要被擴充，從一個孩子與專家伴侶合作的關係，擴充到集體的、相關領域的視野上（Moll & Whitmore 1993）。在本章的最後部分，我們提出一些成功的重新建構學校的企圖；像這樣，支持一個社會文化的學習社區，所必須有的目標重組和外在支持，才有可能產生。

▌能使兒童發揮功能的活動場地的重要性

　　如果在學校中和別人合作對於認知發展是這麼重要，那為什麼很少發生這種現象呢？社會文化理論強調，成人和孩子參與活動的性質，會影響他們口語互動的品質，反過來也會塑造他們的思考（Tulviste 1991）。從這個觀點來看，互動在教室裡很少能直接幫助孩子學習，最主要的原因是當孩子轉到幼稚園和一年級的時候，老師與孩子的互動，常常是受熟悉的、事前選擇好的、為全體設計的活動的驅使。再者，很多老師依賴教師手冊上的教學方法，來引導跟活動有關的對話。這個互動結果，就變成老師的問題與孩子被預期回答之間的輪流而已，這也就不足為奇了。這種型態可以讓全班整個活動順利的進行，但卻常將孩子限制在參與一些低層次的認知過程上了，像是背誦、重複的練習，和事實的記憶。事實上，大約有百分之二十的教室問題是強調背誦記憶的問話，可以用簡單的「是」或「不是」回答（Goodlad 1984; Gallimore, Dalton, & Tharp 1986; Oakes, 1986）。不幸的是，在背誦的過程裡，如果孩子說出不是預期的回答，經常會使老師終結這個互動，轉向另外一個孩子，去尋找預期的答案。只有當大團體的活動在預定的軌道上轉向的時候，老師才會讓孩子參與高層次的思考，像是分析、綜合，以及應用想法和觀點。

　　至少有兩個原因，可以說明全班性的指導——在美國和加拿大的教室裡最常見的活動場景——想要達到共識的諮商，以之引導孩子在連續的最近發展區內學習，其成效是非常低落的。首先，老師無法很適當的去達成每個孩子教學上的個別需要，如果他（她）停下來協助一兩個孩子，管理的困難就很快的出現在班上其他人身上（Tharp & Gallimore 1988）。第二、為了維持秩序和教室事件的順利進行，全班的教學必須不斷的保持師生之間權力的不對稱。當老師在教室對話中只要求孩子回應的聲音，孩子就很少有機會在成人專家觀護的眼睛下實驗這些策略，和顯示（藉著口語或行為的線索）為達到有意義的了解，他們所需要的協助。不足為奇的是，在教室內大部分的教學是被侷限在團體的情況下，那種能讓孩子超越只是獲得「一籃事實」（a basket of facts）的互動經驗，事實上是很少存在的（Anderson 1984）。

團體教學（*whole-class instruction*）何時才適當？

　　大部分以維高斯基為基礎的課程都包括了一些短時段，其間老師將全班的孩子聚集在一起，因為其他場所活動的成功常是建立在全班活動的有效功能上。有時老師會想用全班的時段來介紹兒童到小組和個別的活動上，或傳達完成活動必要的特別程序，例如在教室內不同區域的輪流。也有時候，團體活動可用來作為全班性的指導，強調某些大部分孩子已經準備好，可以同時精熟的活動內容。也有的時候，老師將全班混合在一起解決社會的困

難，或教導形成學習社區的重要價值觀。偶爾他們會用一點時間與全班分享他們的教導哲學，提供孩子一些觀點，讓他們了解為什麼老師把教室經驗安排成目前的樣子。例如在活動結束時，有一個三年級的老師，在地毯上聚集孩子們並告訴全班：「說話是我們在這裡所做最重要的事情，因為在工作時能說話，你才能學到更多」（Moll & Whitmore 1993, 28）。這段陳述可說是簡單精確的總結了維高斯基對教育最重要的信念，這與幾世紀來，要孩子保持安靜以便進行團體教學的觀點是截然不同的。

活動中心（Activity centers）

活動中心是依主題所建立的教室角落，允許孩子以不同方式來完成個別和團體的課業學習目標。在活動中心所產生的小組與兩人組的互動，可以讓孩子發出積極的聲音，老師也與他們進行互動的對話。活動若安排得很好，孩子對主題的學習，就不會被中心所強調的道具與材料所限制。因為在活動中心可能有許多不同的經驗，每一個參加者都可對別人的了解提供有用的貢獻，也超越了活動領域的限制。例如在教室裡，以中心為基礎的活動，逐漸會延伸到整個教室，但一定需要在活動情境中統整老師的引導和孩子的參與合作，才會達到高程度的學習。一個以「埃及」為中心之主題，逐漸會讓教室轉換為博物館，孩子會引導學校其他班級的孩子進來學習參觀（Moll & Whitmore 1993）。

藉著豐富的，能夠促進高層次、讀寫形式的溝通和思考的教

▶在活動中心所產生的小組與兩人組的互動，可以讓孩子發出積極的
　聲音，老師也與他們進行互動的對話。

室談話，活動中心在理想上很適合對有意義目標的共同建構。小
組和兩人組互動環境中的一般活動，通常能使老師實現幫助孩子
的角色——幫孩子解釋想法、提出問題、克服新挑戰來時冒險的
恐懼，及一起工作，不管語言差別、文化背景和能力的不同。

個別的兒童活動

　　最後一個以維高斯基為基礎，教室裡重要的活動情境就是，

孩子本身和原文內容（text）的互動——由其他作者或孩子本身所寫的。孩子從與別人的對話中所拾取的了解和技能，轉換成為自己的與讀寫相關的談話。在這個情境下，他們不只是跟自己談話，同時也跟原文的敘述談話。就如同 Tharp & Gallimore（1988）所指出的，讀寫的生活是與寫成的作品不斷的互動。與原文進行對話的時間、空間與資源，必須在孩子早期的發展中就提供機會給他們。逐漸的，跟其他人藉著原文的對話來說話，就會成為最普通的學習活動情境，提供了終生獲取新知和象徵工具的機會。

▎老師—兒童的談話

什麼樣的老師—兒童談話，最適合發展出能掌握表達其文化社區讀寫形式的、積極有信心的學習者？下面的部分，我們將藉著受維高斯基觀點刺激的三個創新的教學方案來回答這個問題。在每一個方案的核心都是老師們的努力，藉不同挑戰工作的安排，加入互動的教學。在做時，老師把強烈想要培養孩子積極投入並控制自己學習的希望，與孩子做了溝通。

▶幼兒需要時間、空間和資源，來參與和原文內容的對話。

相互教學（Reciprocal teaching）

相互教學是受維高斯基理論所激發的一種教學方法，開始是設計用來促進較大的小學生的閱讀理解能力，他們通常有課業學習困難的危機，或者已經驗到這種困難（Palincsar & Brown 1984）。最近這種策略被延伸到幼兒身上，以及其他的課程領域，例如社會及科學的課程。相互教學，就是一位老師與二到四位兒童形成學習的小團體，他們輪流領導一個討論，目標是要幫助孩子了解一段原文的訊息，並從中獲得知識。老師的角色就是在討論中，以一種逐漸導引出完全的參與對話，以及精熟手上的原文的方式，來鷹架孩子的參與。

為了達到這個目標，小團體的份子們依照前後順序應用四個認知策略：發問（questioning）、綜合（summarizing）、澄清（clarifying），和預測（predicting）。首先，老師解釋並且示範這些策略，來鼓勵孩子進入互動的情境中。當孩子變得比較熟練時，老師支持和提供回饋，並逐漸減低她在討論中的角色。有系統的使用這四個認知策略，藉著與先前學會的訊息相聯結、保留清楚討論的方向、詳細述說他們的觀點，及重新再做一遍他們所學到的東西，以便用來解決新問題，就能確定兒童獲得新的知識。

一旦團體成員讀到一段文字，對話的領導者（最先應是老師，然後是兒童）就開始「發問」關於內容的問題。孩子會丟出

問題、提出額外問題，然後，如果不同意，再讀一遍原文。下一步，領導者「綜合」這段文字，討論於是產生，而後達到總結的共識。再來，參與者會「澄清」組員曖昧或不太確定的觀點。最後，領導者會鼓勵孩子，建立在先前的知識和文字的線索上，「預測」下面會發生的內容（Palincsar & Klenk 1992）。

在相互教學中，孩子常會聚在一起，讀很多不同的文字，包括一些類似的主題，這樣就可以藉著檢驗其中的相似性來加深他們對重要觀念的了解。在使用反覆主題的原文時，孩子很快學到從一件事上擷取來的意義，可以應用到另一件事上——也就是，即使先前沒有獲得相關知識，他們也能更有效率的學習新的原文。

這裡節錄一段相互教學的對白，這發生在一小組一年級小朋友和老師開始閱讀一系列強調動物生存的主題故事之後。在剛開始對話之前，老師讀了一段有關雪鞋兔的文字給孩子聽，描寫小兔子的出生，及兔子媽媽如何照顧牠們的情形：

凱恩（**對話的領導人**）：小兔子何時出生呢？

老師：這是很好的問題。（**就叫別人回答問題**）

凱恩：羅比嗎？蜜莉嗎？

蜜莉：夏天！

老師：如果兔子生在冬天會怎樣？讓我們想一想！

　　　有幾個孩子開始回答出一些問題，包括「這隻小兔子就會非常冷。」「牠們會需要食物。」「剛出生時牠們沒

有毛。」

凱恩：我有另外一個問題，牠如何保護新生小兔的安全呢？

凱斯：牠把牠們藏起來啊！

凱恩：這是對的，但有沒有其他的……

老師：有些非常不尋常的事情就是，牠怎樣藏這些小兔子的？
讓我非常驚訝！但我不知道是什麼？

泰韋：牠們都被藏在不一樣的地方。

老師：為什麼你認為牠會這樣做呢？

蜜莉：可能是因為我聽過另外一個故事，當牠們是小兔子的時
候，牠們會吃對方，而且彼此打架。

老師：這有可能喔！要是大山貓來時怎麼辦呢？
一群孩子認為這些小兔可能會全部死掉。

泰韋：如果我是媽媽我就會藏我的小兔，但我會把牠們藏在一
起。

凱莉：如果小兔被藏起來，媽媽想要再去看牠們，怎麼記得牠
們在哪裡呢？

老師：好問題！因為牠的確需要再找到牠們！為什麼呢？牠帶
什麼給牠們？

蜜莉：牠需要帶食物來，牠可能留下樹枝或其他做記號。

老師：妳認為牠會放樹枝就像我們做路線記號一樣嗎？
一群小朋友又不同意，並認為牠可能是用嗅覺。有一個
小朋友記得雪鞋兔在冬天時並不全都是白色，因此他建
議媽媽可能會依小兔的顏色來區別牠們。

老師：所以我們同意兔子媽媽在藏好小兔子後，會用牠的嗅覺
　　　找到牠們，凱恩你能為我們總結一下嗎？

凱恩：兔子寶寶是出生在夏天……

老師：兔子媽媽……

凱恩：兔子媽媽就會把小兔藏在不同的地方。

老師：然後牠會去看牠們……

凱恩：帶食物去看牠們。

泰韋：牠會保護牠們的安全。

老師：有任何預測的事情嗎？

蜜莉：牠會教牠的小兔什麼事呢？……例如像是怎麼跳。

凱瑞：牠們已經知道怎麼跳了。

老師：好，現在我們再往下讀看看。

（Palincsar, Brown, & Campione 1993, 47-48）

　　正如這段對話所顯現的，相互教學在孩子身上引發令人印象深刻的高層次認知過程，包括對課程原文內容的分析、綜合先前知識、發問，及推論。兒童對對話的貢獻是對故事主題有豐富的澄清和延伸，充滿對於先前課文所讀到訊息的推論和探討。這種策略的設計者說明，當孩子做出這些聯繫的時候，他們經常會發出非常快樂的聲音，並且藉「興高采烈」（squeals of delight）來表達這樣的感覺（Palincsar, Brown, & Campione 1993, 49）。

　　研究發現，比起控制組的兒童（那些只聽同樣的故事，卻沒

有參與內容討論對話的孩子），這些一年級的孩子在連續二十天經驗到相互教學的方法後，他們在與主題相關，卻與討論時不一樣的文字的理解力上，顯示令人印象深刻的收穫。此外，要求孩子將一組動物圖片依故事主題所強調的來分類時，那些參加相互教學的孩子，更能依據主題相似性來決定分類，而控制組的孩子卻往往受限於動物外表的特徵。基本的原則，而非明顯知覺的特徵，比較會影響經歷過相互教學孩子的知覺思考（Palincsar, Brown, & Campione 1993）。正如維高斯基的理論所建議的，藉著成人專家對話鷹架所傳遞的策略，往往能導致兒童令人印象深刻的高層次心智功能。

　　相互教學可能是以維高斯基為基礎的介入方案中最具結構性的部分，而這個技巧的設計者也認為確實如此。這些融入相互教學裡的策略之所以被挑選，是因為他們代表成功的理解者，從原文中學習時典型參與的認知活動（Palincsar, Brown, & Campione 1993）。結構對於正要將社會文化的藍圖融入教室經驗中的老師而言，相互教學的結構是特別好的技巧。對所有新的學習者（老師和兒童雙方面），有清楚的路線地圖引導新的運作，是非常有幫助的——尤其這是明顯成功的案例！以後，當對相互教學的探究過程越來越熟練的時候，老師就可以將其調適到新的課程目標，並配合特殊的教室情況的需要。事實上，觀察顯示，老師和兒童在開始時，都以固定的順序應用這四種相互教學的策略；但逐漸的，參與的人變得比較有彈性，老師有時停下來，兒童就插入問題，並且從活動的開始就有澄清說明的機會，即使這

段文字已讀過。

　　正當孩子受維高斯基對話經驗的刺激，而有了智能上的伸展，老師則在如何維持活動和讓活動更活潑的努力上面對挑戰。運用相互教學的老師們發現，他們自己會以不同的對話策略安排來支持孩子們的討論，包括暗示想法、解釋說明孩子的貢獻、選擇性的使用讚美，甚至有時只是適時的安靜（Palincsar, Brown, & Campione 1993）。但為了要有效的使用這些策略，老師們通常會發現，他們對於孩子以及教導過程的內在對話就會改變，會變得比較緊湊，更加的努力，正如下面欄內所敘述的一樣。

學習使用回應性發問：老師的內在語言

　　依照維高斯基的觀點，行為最早是在從事挑戰的工作時，靠周圍一個能幹的個人藉著對話來規範，然後再藉學習者自我引導的說話來規範。當新的技巧變得自動化以後，私語就走入內在，並且變得更加快速、簡化，和安靜。雖然這種過程在孩子身上曾被廣泛研究（見第二章），也可以在成人學習技巧時發現這種現象。Gallimore, Dalton, 和 Tharp（1986）曾要求老師在班上運用一個新的對話策略叫做「回應性發問」（responsive questioning），來形容他們的內在語言，這是設計來取代傳統背誦教學方法的正確回答順序。

　　就像相互教學，回應性發問讓老師能引導、協助，和規範學生的訊息處理過程，鼓勵他們參與高層次的思考，和更清楚

的表達想法。為了幫助老師熟練這種談話的形式，教給他們發問的技巧叫「E-T-R」（experience, text, relationship）（經驗、原文、關係）。例如，在讀一個故事之前，老師會要求孩子把任何和這個故事有關的先前知覺帶進來。一旦開始閱讀，老師會經常回到 E- 問題上，來延伸孩子在對這故事發展的了解上所建立的經驗背景。她也會加上 T- 問題（引導原文的過程），指出不同程度的理解，從事實的細節到高層次的推論。此外，也會用 R- 問題（鼓勵孩子找出關係）來幫助孩子將目前知識和過去經驗（E）、原文訊息（T）聯繫起來。

Gallimore, Dalton, 和 Tharp 曾經指出，這種回應性發問創造了類似自然對話的互動。逐漸的，除了培養較高層次的認知處理之外，回應性發問也頗能配合某些低收入、少數民族孩子的語言經驗，他們（不像中產階級、文化主流的同伴們）先前在家只有一些像是背誦形態的互動經驗而已（請看第二章26—31頁）。

被訓練使用回應性發問的老師們曾指出，現在的思考對他們而言，跟以前的思考很不相同。最大的改變就是，他們內在的陳述已變成會很小心的去注意孩子的說話。因回應性發問需要老師建立在孩子們的貢獻上，他們必須專心注意孩子們到底想說什麼，而不再只關心他們說的對或錯。對未完成的回答也變成一個可以提供協助的機會，不再暗示另外一個孩子提出預期的答案。下面是一位老師的報告，關於回應性發問如何改變她對孩子的看法：

我過去非常依靠教師手冊所提出理解的問題，[現在] 我只是聽孩子怎麼說，並探討這樣說的來源。有時我非常驚訝的發現，他們沒有我所期望的經驗背景，所以 [我就說]：「讓我們忘了這個故事，來討論好了。」有時候也發現「天啊！我以為他們知道這個。」我必須在這個點上重新思考，我該怎麼問他們……這實在是很大的改變。（Gallimore, Dalton, & Tharp 1986, 25）

在回應性發問中，這種 E-T-R 的組合提供了師生交換意見的完整藍圖。老師究竟會怎麼做，產生於他們對哪一種後續問題能幫助孩子學習的反思。不像背誦，老師不能再依賴純自動的過程——劇本或重複特定的活動——來支持孩子在最近發展區的學習。相反的，他們必須針對立即的情況修正每一個問題。如此一來，老師才可能發現他們自己是沉浸在不斷的內在對話中，藉此對孩子說話的意義有所反省，再選擇行動的軌道，讓孩子延伸他們的知識和技能。結果，這種教學經驗變得有許多的意外收穫，並且是具認知挑戰性的——也因此更加的具有實驗性、刺激性，和令人滿足。

數學課程中的探討

接下來要討論的師生對話模式，跟前述的相互教學具有共同的因素條件，因為它集中在藉著積極參與和別人解決問題的情

況，來發展幼兒探索的技巧。但這個與相互教學不同的地方，主要是在過程比較沒有結構性——也就是說它不是放在事前的。相反的，意義的諮商就在老師與兒童討論和練習手上的課程時產生了——在這個例子上就是指數學。當不預期的事件發生時，老師能夠抓住它們，鷹架兒童的了解，同時也強調她對孩子貢獻的期望，讓孩子獲得彼此互相學習的利益（Minick 1989）。

Cobb, Wood, Yackel 以及他們的同事設計了一個二年級的數學探討課程來加深孩子們對數學的了解，然後藉由仔細觀察教室事件，和評估知識的獲得來評量。這個方案強調兩個交織層次的對話：「做和討論數學」（doing and talking about mathematics）及「談論討論數學」（talking about talking about math）（Cobb, Wood, & Yackel 1993）。

在學期初的時候，老師就很清楚直接的告訴小朋友們，希望他們參與數學活動中的對話，她很仔細的促進教室有益合作探討的情況：聽彼此的觀點、清楚表達個人想法、跟別人合作解決問題、堅持面對挑戰性的問題，以及設法達成問題的共識；這些指導是屬於「談論討論數學」的部分。他們想要刺激兒童並傳達一個觀點：數學是一種互動，同時也是個別的建構活動。當孩子在「做和討論數學」的時候，大人就比較不會那麼直接的指導。相反的，指導的策略會是提供孩子與別人合作，建立數學知識的機會——藉著解決相反觀點的企圖、解釋數學的觀點或解答，以及和其他人創造數學合作的活動（Cobb et al, 1991）。

設計這種方案的人強調，這種社會文化觀點的數學教學應該

和皮亞傑的觀點有所區隔，後者認為社會互動只不過是個人認知改變的觸媒而已。相反的，老師和兒童形成一個社會組織，在其中他們相互建構共享的數學知識，這本身就是先前社會文化諮商的產品。這個過程讓孩子可以抓住數學實作的意義和用處，並且發展一個觀點：數學是一個社團共同的努力，不再是成人灌輸的系統，或私人問題的解決活動。就如我們曾經討論過的以維高斯基為基礎的介入，老師的角色在探討數學課程運作的過程裡，是多面向、複雜的，並且是要求很高的。它包括了：

強調兩者擇一的解讀或解決之間的矛盾，幫助學生發展建設性的小組合作關係，促進學生之間數學的對話，毫不保留的提供選擇性觀點給討論的過程，以便點燃他們進一步潛在豐富的數學建構，以更成熟豐富的方式重述學生的解說，並引導「共享的」象徵系統的發展。（Cobb et al. 1991, 7）

　　為了說明，我們來看一個師生談話的例子。首先，一個孩子表現出從一年級時習慣以答案為主的課程轉換出來的困難。在那種課程中，孩子必須用老師所准許的方法來解決事情，不鼓勵他們表達自己的了解，答案也常被公開評論是否有價值。下面節錄的對話中，老師幫助孩子修正先前習得的學習模式，朝探索的取向去發展：

　　（老師跟兒童討論文字的問題，「共有兩組參加賽跑，每組有

六個跑步的人，共有幾個賽跑的人？」）

老師：傑克！你想到什麼答案了嗎？（*老師以期待的心情叫傑克，希望他能解釋他的思考方式*）

傑克：十四。

老師（**接受傑克的答案，沒有評估，再重複她的問題**）：十四，你怎麼得到這個答案的？

傑克：因為六加六是十二，兩個跑步的人在兩個比賽隊伍裡……（*傑克停止說話，把他的手放在臉邊，看著地板。然後他看著老師以及他的同伴，安娜，再轉回來，面對教室前面背對著老師，聽不見的喃喃自語。*）

老師：你再說一遍好嗎？我不太了解這個事情，你有……請再說一遍？

傑克：（*慢慢的，還是面對教室前面*）每一組有六個賽跑的人。

老師：對的！

傑克（**轉過來看老師**）：我錯了，應該是十二。（*他轉向，並且面對教室前面*）

老師（**在這時候開始了一段對話，她跟孩子「談論討論數學」**）：好的，沒關係！犯錯可以嗎？

安德魯：可以。

老師：犯錯沒有關係嗎，傑克？

傑克：是的！

老師：沒問題！只要是在我的教室裡犯錯都沒有關係，因為我

也常常犯錯，我們從犯錯中學到很多呢！傑克已經算出來了！「哇！我第一次沒算對呢！」（**傑克回頭看著老師笑了起來**），但是他繼續做，終於得到答案。

（摘錄自Cobb, Wood, & Yackel 1993, 98-99）

這個例子中顯示，老師如何策略性的綜合兩個層次的談話，形成此一探討數學方案的基礎。在這個案例中，對數學意義的共同諮商（「做和討論數學」）被傑克犯錯的不好意思，和認為老師評估他的反應的錯誤假設打斷了。首先，老師試著重複敘述他開始的要求，來技巧的掌控這個情況。當這無效時，她又引出第二種談話的方式（「談論討論數學」），當她很明確的告知孩子犯錯的權利，並且說明能夠「說出他們真正數學性的思考」的重要性時（Cobb, Wood, & Yackel 1993, 99），就變得比較具引導性。逐漸的，這種藉著推測、辯論，及修正路徑解決問題，終致達成了解的價值（而不只是尋找老師所期望的答案）是被班級所接受的。孩子產生了對「了解、解釋，和修正」等名詞修正過後的解讀，讓「談論討論數學」退出，對手邊的課程活動主題，能有更活潑的談話。

因為兒童先前並沒有被期望在學校的小團體活動中彼此合作，所以探討式數學教學的老師，常必須引導修正孩子參與真正數學溝通的企圖。試看下面一段當凱倫和凱格在解答問題時的互動及結果：

47＋19＝____，

48＋18＝____，及

49＋17＝____：

凱倫（舉起她的手指頭開始計算）：48，40……這一樣的嘛！（凱倫高興的指著作業紙上的 47＋19＝66，但凱格不理她，並且繼續寫前一題的答案。老師就取代他參與了這個對話，問凱倫「什麼一樣？」）

凱倫：如果你從 19 中拿 1 出來，並且跟 7 放在一起（當凱格向前靠近仔細的看這問題時，她有一點遲疑並且看著老師），[它] 就會變 48，然後這就 [和 48＋18] 是一樣的答案。

老師：你看到了嗎，凱格？你懂她的意思嗎？（老師開始一連串的「談論討論數學」，在其中她提醒凱格聽話的責任，並試著了解凱倫的解釋。然後她就轉向「討論數學」）

老師：看下一個問題 48 加 18 等於，她說這是同樣的數字。

凱倫：是，因為你從 19 拿 1 出來並且加到 47 上面，然後就會變成……（遲疑）

老師：48。

凱倫：48 以及 18……

凱格（加入）：喔！我知道她在說什麼了！從這裡拿 1，然後加到那邊。

老師：對的！

凱格：這應該是同樣的答案，或者你可以加到這裡加到那裡。

　　　（從 47 指到 48，再從 18 到 19）

凱倫：不！從……拿 1（她指著 19），然後加到這裡（指著
　　　47）。

　　　　　　　　（摘錄自Cobb, Wood, & Yackel 1993, 103-104）

藉師生談話而學習的諮商態度與感覺

　　要支持兒童向別人解釋他們的想法、界定他們的問題，及
意圖克服對冒險的恐懼，所需要的不只是使用文學讀寫形式的
思考和溝通而已。究竟孩童如何完全參與在教室的互動，和他
們學習新活動的方法如何，往往建立在他們對自己身為學習者
的自我想像上。因此，要在孩子最近發展區內促進有效的談
話，老師必須要協議的不只是新的讀寫意義，同時也是關於學
習本身的態度和感覺。

　　害怕犯錯常常讓孩子不敢去面對有挑戰性的工作。要從活
動中獲得好處，必須鼓勵他們設法開始這樣的經驗。下面就是
一個老師如何敏感的幫助兩個三年級的男孩，開始了一個他們
選擇探討的主題：

　　（伯朗跟金恩不曉得如何找一個主題來研究，對任何研究
　　者而言，這都是困難的工作。老師想起來伯朗對地圖很有

興趣，所以她就叫這兩個男孩去找來地球儀。當她再度加入他們的時候，他們已開始探索地球儀一會兒了。）

老師：好的！我想要跟你們兩個談談！你們已經花了很多時間探索這個地球儀，看起來你們對地圖很有興趣的樣子！我想你們是否可以試著畫一個地圖做為你們活動的一部分，你們對這個有興趣嗎？

（伯朗跟金恩表現出懷疑的樣子。）

伯朗：太難了！

老師：對你嗎？要不然……

伯朗：描線。

老師：描線？太小了，這是唯一的麻煩！是吧？你是不是夠勇敢，畫一個大一點的呢？你可以用一張廢紙，試試看畫出來；畫一個草圖，看看會怎樣。你永遠不知道結果會如何？……要不要試試看畫草圖？

伯朗（**還是有點不太願意**）：我不知道。

老師：如果你不知道的話，誰又會知道呢？金恩！你呢，你想要試試看嗎？

金恩：（喃喃自語）

老師：試試看是個好主意，如果你們想要的話就去拿一張大紙，畫一個草圖好嗎？看看結果會如何？如果你不試的話，你永遠不知道會怎樣。

伯朗：好吧！

（摘錄自Chang-Wells & Wells 1993, 75-76）

在這互動過程中，老師並沒有只藉指示孩子該做什麼而解決問題；相反的，是建立在他們的興趣上。一旦一個沉默的孩子開始從事一個工作，老師也許需要提供額外的鼓勵，來維持孩子的參與。細心的為孩子選擇適當的活動，使在兒童的最近發展區內進行，成人應有信心的表示：孩子藉努力和溫暖的支助，去熟練新的挑戰，並且強調促進知識和技巧的學習，遠比為了成績或具體的獎勵來得更重要。這些都是培養孩子對身為學習者的信心，和養成積極面對學校活動態度的有效方法（Dweck 1991; Heyman, Dweck, & Cain 1992; Churchill 1994）。

這段對白也顯示，這種由老師引導，共同合作尋找形式和意義的過程，比起兒童獨自活動，較能導引兒童參與更高層次的數學活動。當這群二年級的孩子積極參與互動中的對話時，他們在對數學建構的了解上顯得更有效率（Yackel, Cobb, & Wood 1991）。

這個剛描述的數學探索的課程，在加強兒童的學習，和改變他們對教室經驗的觀點上，究竟有多大的效果呢？在比較十七個探索課程的方案組和無此活動的控制組的量的評估後顯示，二年級的孩子在此種方案的教室裡，對數學觀念的了解，很明顯的超過他們的同儕（Cobb et al. 1991）。此外，這些參與方案活動的孩子，有更多可能顯示成功的了解數學，而不只是接受權威的解答、準備乾淨的作業紙，或只是在教室保持安靜而已

（Nicholls et al. 1990）。在參加探索學習的過程中，孩子發展出修正過的對指導的了解——並不只是從知道比較多的人身上轉移到知道比較少的人身上，或顯示對老師期望好行為的服從而已，而是一種「再創意義的諮商的討論」（as a forum of negotiation, of recreation of meaning）（Bruner 1986, 123）。

創造一個文學性的教室團體

在維高斯基觀點中，師生談話的最後一個例子是，教育革新從單一的課程教材範圍擴充到所有的學習活動，也就是創造一個文學性的教室團體。在共享活動的情境，許多延伸的討論和問題解決的機會裡，其社會文化的主題是非常明顯的。但是在此，老師所扮演的不只是對話內有技巧的調解人，同時也是高度文學環境的設計者，在此環境中所有的學習活動都是一種社會情境，讓兒童在其中實驗或使用口語和書寫語言，來尋找和建構意義。

Moll 和 Whitmore（1993）觀察一個三年級的雙語教室，裡面包括單語和雙語的墨西哥和盎格魯兒童，他們老師自認為是「全語言」的熱烈實行者。她的教室驗證了典型的包含本章先前所提最近發展區觀點的特性——是一個社會系統，孩子在一個由老師和兒童共同積極創造的相關區域中，藉由合作而學習（Moll 1990）。請看下面設計用來促進孩子文學模式表達能力的每日活動，在他們的母語或第二種語言的應用上都如此。

▶當兒童參與探索學習，他們開始看到教育的過程，並不只是知識的轉換，或對老師期望好行為的服從而已，而是一種「再創意義的諮商的討論」（Bruner 1986, 123）。

225

文學研究小組

　　每天早晨都由文學研究小組展開，提供社會閱讀的經驗，藉此小朋友可以跟老師和同儕一起分析內容、分享反應，和探討書本的問題。閱讀材料通常是以特定作者的作品做為組織的單位。研究小組也是依孩子的興趣與選擇組成，跟傳統「閱讀小組」不同的地方，他們是建立在目前的閱讀「能力」上。因此這個小組可以讓不同進展能力的孩子一起探討文學，同時也可以與熟悉一種或兩種語言的讀者共同探討。因此，孩子可以時常修正彼此的學習。

　　在一個典型的文學研究小組的對話中，兒童貢獻出對這個故事不同的解讀，然後由老師加以總結，提供額外的可能性，並且讓兒童解釋他們的反應，加深他們對內容的分析。在討論進行中，老師會鼓勵孩子使用不同的來源去修正他們的了解——例如個人的經驗、他們所讀過的其他故事書、手上的原文、同儕和老師。

放下一切來閱讀（DEAR）

　　老師會安排每日的個別閱讀經驗，就是所謂的「放下一切來閱讀」（drop everything and read）（DEAR），來補充閱讀的不足。DEAR 就是包括一段延伸的安靜閱讀的時段（十五到三十分鐘），這段時間孩子專注於任何他們感興趣的材料——圖書、報紙、雜誌、同學所寫的東西、漫畫，或其他書寫的作品。

老師也藉著選擇自己喜歡的讀物來參與這個活動，也藉示範傳達了閱讀是最快樂、豐富的學習活動的訊息。

寫作工作坊

接著文學研究小組和 DEAR 之後的活動就是「寫作工作坊」（writing workshop），在這段時間裡，孩子共同完成很多不同的作品，他們有時候會為班級其他的人敘述或出版。像拼音、注音、文體，和書法的課程，都融入到真實世界、有意義的寫作經驗裡去。兒童可以選擇主題及表達的語言，常常看到他們在老師的支持，及其本身的努力下合作寫故事、信，及其他的寫作型態。有時少數兒童在練習新型態的書寫時，興趣會散播到其他的班級份子，此時老師就會停下來，提供每個人一些關於寫作技巧的簡短課程。在一個例子中，因為很多兒童想要把他們對話中的句子寫進故事裡，老師就教全班怎樣使用引號。所有孩子寫作的作品都被保留下來，用以追蹤進展和發現新的可能。

主題單元

下午時間在教室裡就依某一個單元的內容來組織活動，選擇做深度的探討。在開學初，全班和老師一起做腦力激盪來選擇主題，相近的建議就被放在一組（例如「鯊魚和鯨魚」就會跟「海洋」放在一起），最後孩子就投票選出十個他們最喜歡的主題。因此，不像傳統的教室經驗中，活動都是預先選擇，而且都是由老師所決定；在這個教室有更多的機會讓孩子說出想法和喜歡的

東西。雖然老師在腦中有一些基本的目標，要在幾週的單元活動中達成，但在達成目標活動的選擇和組織上，孩子卻扮演最重要的角色。主題單元的基礎是建立在一種假設上：就是認為孩子能變成教室裡積極的探索者，只要能讓他們選擇和探討各種不同的可能。這種由老師的專長所引導的機會，對激發奮力學習的興趣和好奇是非常重要的。

主題單元統整了所有的課程領域，並且包括了大團體、小團體，和個別活動。每一個單元都會逐漸達到活動結果的極限，或顯示整個班級的學習。例如，有一個關於人類身體的主題，最後導引出一份由班上出版的有關健康的報紙，並且分發給全校的學生看；一個美國印地安人的單元，結果讓所有的兒童成為一本書共同的作者，內容還包括了一個關於印地安人訊息資源的詳細傳記。在此同時，單元主題強調學習的過程而不只是結果。老師在兒童熟練研究程序的過程中，幫助他們獲得研究的資源；兒童也因此變成能夠負責提出可研究的問題，和保存相關資料的記錄。兒童所創作的書寫報告，也必須遵循他們所選擇的文化類型上所定義的習俗。通常他們的作品會被放進學校的圖書館，讓孩子有權力和機會提供他們的社區一些真實的、研究過的、可供參考的訊息。

介於老師和兒童之間共享的控制，是要依賴真實世界中真實性的活動，共同參與對話來促進學習，並且使用孩子獨特的能力、個人的和文化的價值（包括他們的雙語能力）做為資源，充滿在教室內的所有活動中。成人指導的課程中，孩子變成被灌輸

的、被動的接受者的現象，事實上是不存在的。Moll 和 Whit-more（1993）總結了當老師參與在能提升孩子學習的對話中時，所扮演的不同角色：

• **引導者和支持者**：幫助兒童組織問題和想法，將這些轉化成為可以掌握的活動，並且願意在幼兒最近發展區內冒險掌握新的活動，因此確定每一個孩子都能經驗到學業活動的成功。

• **學習的積極參與者**：跟孩子一起探索、實驗，和合作。

• **促進者**：有計畫的安排環境及課程，選擇的材料可以培養孩子有目的的使用語言和學習策略。

• **評估者**：會修正兒童個人與合作性的發展，需要這些訊息，創造並重新規劃設計學習的經驗，以符合孩子不斷改變的需要。

在下頁表 6.1 中陳列了一般的原則，可以作為老師完成這些不同角色的引導。下面是一位維高斯基教育者的一段話：

使用維高斯基觀點藍圖的老師們，在他們自己教學的實作環境中，成為冒險者和困難的解決者。他們因此創造理想教學上的極致，〔她所扮演的是一個高層次思考的模範，同時〕為孩子提供自主表現的途徑……（Jones & Thornton 1993, 27）

▍兒童─兒童的談話：合作學習

在第二章中曾提到維高斯基對於最近發展區的初始定義，顯

示了這種受協助的表現，可以在「成人引導，或與能力較強同儕的互動」情況下產生（[1930-1935] 1978, 86）。在以維高斯基為基礎的教室中，孩子花許多時間和同學參與文化活動，這些同學是他律及鷹架行為的重要來源。

表 6.1　維高斯基引導師生談話的基礎原則

- 對於孩子所帶到學習情境中的知識、能力、興趣、態度、文化價值，和實作都表現敏感。
- 安排以活動中心為基礎的活動，能促進互動性的問題解決。
- 促進並接受不同的解決方法與策略。
- 鼓勵孩子在他們最近發展區內掌握活動——這能挑戰並擴充他們現有的能力。
- 提供許多機會示範，並讓他們參與高層次的思考。
- 豐富彼此的溝通：對孩子解釋課程活動與經驗的目的，並讓孩子解釋和調整他們的想法。
- 對孩子的最近發展區持續評估，以計畫並修正教學。

（改編自Jones & Thornton 1993, 27）

在第二章中我們曾注意到皮亞傑（[1923] 1926, [1932] 1965）也認為同儕對孩子的認知發展極有貢獻，但卻和維高斯基所認為的方式不同。依皮亞傑的說法，與其他孩子的互動會提供觀點牴觸的機會，從中產生認知的衝突，藉著和朋友的爭論和反

對，孩子不斷看到別人所持的觀點跟自己不一樣。也因此，他們開始接納適應，或重新組織自己的認知架構，以融入不同的訊息（Tudge & Rogoff 1987）。一個很重要的皮亞傑理論的成份就是，認為孩子從同齡的同儕互動中得到的，比起與較大兒童或成人的互動得到的較多。他維護相反的觀點，提示兒童最可能從與同齡同儕的互動經驗中，注意到他們思考中不恰當的地方。皮亞傑的觀點認為，孩子不太可能和同伴得到真正和諧合作的互動，直到他們克服自我中心才有可能——也就是具體運思期的階段。

　　但相反的，維高斯基卻認為認知發展是與同儕「合作」（collaboration）的結果（[1930-1935] 1978, [1934] 1962）。依維高斯基的看法，同儕的衝突對促進了解有貢獻，但是也只有在與同伴互動解決爭議，且朝向合作觀點的情境下才可能。再者，維高斯基並沒有指出，從什麼時候才開始有同儕的合作；他只相信新的認知能力，在任何年紀都可從孩子與孩子的互動中建構。維高斯基強調兒童混齡分組的重要性，這樣可讓每個孩子有機會接近更有知識的同伴，也有機會做為別人的專家資源。最後，同儕可以引導彼此向前發展，只要一個孩子所提供的幫助，是在另一個孩子的最近發展區內即可。

促進有效同儕互動的因素

　　早期同儕互動對認知發展影響的研究，大部分都是源自皮亞

▶維高斯基強調兒童混齡分組的重要性，這樣可讓每個孩子有機會接近更有知識的同伴，也有機會做為別人的專家資源。

傑的理論傳統（Murray 1972, 1982; Doise, Mugny, & Perret-Clermont 1975, 1976; Perret-Clermont 1980）。這些研究都使用典型皮亞傑的活動，例如保留觀念，發現將「非保留」跟「具保留」能力的孩子成對的放在一起，先前非保留的孩子經常表現更成熟的分析能力。但是，雖然在能力較低的孩子身上所看到的認知成長，被認為是從認知的衝突中產生，但在兩個孩子之間究竟如何產生，卻從來沒有被有系統的評量過。

當研究者加上錄音和錄影的協助，開始觀察這種複雜同儕合作的動力關係時，就有了兩個重要的發現：(1)當一起完成活動時，孩子很少以爭議、反對，或不分勝負的型態，表現出社會或認知衝突的證據，和(2)認知成長的發生是建立在許多因素的組合上：例如對孩子的教導，修正活動使其更適合孩子的參與，及同儕互動的品質等（Forman & Cazden 1985; Tudge 1989, 1990; Forman & McPhail 1993）。

兒童在某些情況之下會彼此互相做有效的鷹架者。特別是當孩子達到相互主觀性的時候，同儕互動能刺激認知發展——也就是，當他們工作時藉合併觀點，和參與真實合作的問題解決的活動，以朝共同的目標邁進。對培養發展而言，衝突與反對，比起與同儕解決歧見和分享責任的程度，似乎不是那麼重要（Light & Glachan 1985; Forman 1987; Tudge & Rogoff 1987; Nastasi, Clements, & Battista 1990; Tudge 1992）。當合作和觀點的分享無法產生時，認知的獲得也就不容易被看到（Rubtsov 1981; Azmitia & Perlmutter 1989; Gauvain & Rogoff 1989;

Tudge 1989）。

我們在第三章中提到，學前幼兒不像小學的兒童那樣精通於與同儕合作、溝通想法，和合作解決問題（Azmitia & Perlmutter 1989; Gauvain & Rogoff 1989），但這並不是說學前幼兒不可能有成功的同儕互動。記得學前幼兒在扮演遊戲中，對達到共識目標的合作能力是非常精進的，逐漸地，他們就能將這種能力技巧應用到非遊戲的情境中。一些研究也報導了學前幼兒中，有效的合作和認知是從問題解決的同儕互動中獲得的（Cooper 1980; Azmitia 1988; Brownell 1990; Tudge 1992）。

幼兒合作的能力就像童年時其他的能力一樣，是一種發展的成就，必須由成人加以培養。就像學前老師，在提供鷹架經驗以促進孩子的認知發展，和自我規範上扮演重要的角色，他們同樣也需扮演輔導兒童社會互動和社會問題解決技巧的鷹架者。在第三章中我們曾經討論過老師們可以用促進合作、和諧的同儕關係的方法——藉著每個孩子獲得社會技巧的細節知識，介入他們的衝突，從中鼓勵他們接收建立相互主觀性，和共建團體目標的責任（File 1993）。

可以用外在獎勵來鼓勵孩子的合作學習嗎？

一個用來擴大孩子同儕互動的具有影響力的策略，就是專注在設計確定教室學童合作行為的動機和行為結果。依照 Slavin（1983, 1987）的說法，得自同儕互動的認知收穫，是要靠老師

們建立對於合作行為和行為結果的獎賞上；老師必須提供孩子非常清楚的激勵，讓他們共同合作。Slavin 也建議，讓每個人對自己的團體貢獻負責，並且提供團體的獎勵給共同合作的成果，將是最有效的促進學習的方法。在這個情況下，孩子會努力藉著彼此社會性的增強，來促進團體的一致、和諧，和建設性。

可是其他的研究者，卻批評這種為同儕合作提供外在獎勵的方法；他們強調互動所支持的同儕合作活動，會產生加深的了解，本身就是非常有趣和令人喜歡的獎勵（Damon & Phelps 1989）。例如 Hatano 及 Inagaki（1987）曾指出使用外在獎勵來促進合作，往往會導致團體份子狹窄的只注意到團體努力的成果（例如正確的答案和獎勵），而不是在如何及為什麼某些問題解決的程序會造成正確的答案。相反的，討論及同儕合作能產生真正的洞察力，是非常令人內心滿意的經驗，會讓孩子在未來願意繼續與別人合作。因此，不像外在的獎勵，老師提供了幼兒有趣、參與的活動，能刺激令人滿意的社會互動——兒童未來也會熱心尋找合作學習的環境。

混齡分組

最近幼兒教育者重新表達了對於混齡分組的新興趣——將不同年紀的兒童放在同一個教室內。混齡分組被認為是對孩子的認知和社會發展都有好處的安排，而維高斯基的理論也被用來支持這個做法（Katz, Evangelou, & Hartman 1990; Roopnarine &

Bright 1992; Winsler 1993; Berk 1994b）。跟維高斯基理念一致的是，能力較強的同儕可以鷹架較不成熟的同學，而當孩子被挑戰做剛好超過他目前發展層次的工作時，最能刺激他們的認知發展。有些研究者發現，若是在與比他們大一點或能力較強些的孩子配對的情況下，兒童最能從同儕合作中得到利益（Mugny & Doise 1978; Azmitia 1988; Rogoff 1990）。

在一些研究中，調查者從社會認知遊戲型態的產生（獨自遊戲、平行遊戲，和合作；操作、建構，與戲劇遊戲），去比較混齡和同齡的幼兒教室活動。整體結果顯示，學前幼兒的遊戲在混齡的班級中，比在同齡的班級中複雜得許多（Goldman 1981; Mounts & Roopnarine 1987）。這說明了在混齡班級情境中，較大兒童經常提供的活動，是在較小兒童的最近發展區內，這能挑戰他們練習新的技巧。最近 Roopnarine 和他的同事（1992）觀察了室內自由遊戲活動：包括了兩個同齡三歲兒童的班級，兩個同齡四歲兒童的班級，及兩個三到四歲混齡兒童的班級。雖然這個調查中，混齡班級的遊戲並沒有比同齡班級來得複雜，但這兩種型態的學習環境卻有很多重要的不同。例如，在混齡的班級裡產生比較多目標導向、建構性的遊戲，在同齡的班級裡則產生比較多的戲劇遊戲。每一種型態的遊戲都支持兒童的發展。這個研究同時也發現性別分隔的現象，在同齡孩子的班級中發生的比混齡的班級來得多，而這種兒童遊戲發展程度上的年齡差異，在混齡班級裡降到最低。從維高斯基的觀點來看，混齡的環境提供比較多不同的、社會性整合的遊戲經驗，這指的是遊戲的型態和

兒童玩伴的年齡與性別。

　　其他證據也顯示，混齡班級裡較大的兒童經常以一種積極、正社會的方式，幫助和領導年幼的兒童（French et al. 1986; Stright & French 1988; Winsler 1993）。這種型態的幫助與鷹架相聯結（Katz, Evangelou, & Hartman 1990），也被看成是對較不成熟孩子的私語有正向的影響。Azmitia（1992）曾記錄下四十個五歲新手自我引導的語言，他們先是自己玩樂高建構活動，然後是和專家同伴玩，和另一個新手幼兒玩，獨自玩等三種狀況。她發現跟專家幼兒一起玩的小孩，在後測時比前測時明顯使用更多的私語；而另外兩組使用私語的情形則沒有什麼改變。能力較強的同儕，似乎對能力較低的幼兒，扮演了一種促進其口語自我規範的功能。

　　混齡班級同時也對專家兒童有所幫助。Lougee 和 Graziano（1986, 被 Katz, Evangelou, & Hartman 1990 所報導）曾經說明，混齡班級提供較大兒童自我規範的技巧。當他們執行教室規則並且幫助較小的同儕時，較大兒童往往比較能夠反省並規範自己的行為。既然私語在自我規範的發展上具有非常重要的角色，自我引導的語言能調整這種收穫是很有可能的。Winsler 及 Diaz（付印中）觀察幼稚園兒童在混齡班級裡和同班同學的互動，有些孩子比一般兒童大一歲，有的是小一歲。研究者發現，幼稚園的孩子與較年幼的孩子一起活動時，比起與同齡的、較大的，或混合年齡的孩子一起活動時，明顯用了較多的私語。雖然互動的動力在這個研究中並沒有被檢驗，但作者非正式的提及，在他們

和較年幼同學的互動中運用這些額外的私語，似乎是起因於輔導這些幼兒所產生的挑戰，這促進了較大的同儕承擔逐漸增加的教室活動的責任。

混齡班級互動在幼兒教育課程中的好處，也決定於教室情境及老師提供的結構性。例如，在一個研究中發現，混齡同儕互動的正社會和認知利益，似乎只在老師中度建構的教室活動的情況下才最有益（Winsler 1993）。很多同儕鷹架及正社會行為，會在老師提供的許多目標導向的活動場地中產生；因在其中這些幼稚園幼兒進行活動時，允許他們自行決定跟誰做，以及如何做以達到活動目標。總之，混齡教室可以提供給學前幼兒豐富的社會經驗，但這混齡互動的好處，卻要看老師如何妥善規劃和支持孩子的教室活動而定。

▌維高斯基的評量策略

在前面一章我們看到，維高斯基的最近發展區強調合作活動對兒童尚未精熟的工作，是有效教學的主要做法。我們曾經提到最近發展區的觀念，對評量也有很重要的意義和應用，特別是對有學習和行為問題的兒童（請看第四章）。維高斯基曾對把傳統的能力成就測驗，當做是對孩子「學習能力」的充分測量表示不滿，這個觀點也被當代其他的理論家所贊同（例如 Thorndike 1926; Piaget 1952）。他指出，兩個孩子即使得到完全一樣的測

驗成績，這種測量也只是說明了他們目前存在的能力水準，卻不能告訴我們怎樣指導他們。更重要的是，這兩個孩子也許在他們最近發展區的寬廣度上是截然不同的，例如一個孩子的區可能很窄，顯示如果這個孩子所得到的協助，是離他獨立處理問題的能力不太遠的話，他可以表現得最好；對另一個孩子而言，他的區可能很寬，建議我們如果提供社會資源，他可能會比獨自工作有更高層次的表現。所以最近發展區是一個很重要的指標，能看出每一個孩子從指導中獲益的「準備度」（readiness）。就如維高斯基所解釋的：

> 最近發展區定義了還沒成熟，但是在成熟過程中的功能，這些功能也許明天會成熟，但目前是萌芽的狀態，這些功能可以被叫做發展的「蓓蕾」或「花朵」，而不是發展的「果實」。事實的發展程度 [智力或成就] 顯示既往的心智發展，而最近發展區則顯示前瞻的心智發展狀態。（[1930-1935] 1978, 86-87）

相對於「靜態評量」（static assessment）的程序——強調先前獲得的知識，即所謂的智力和成就分數，「動力評量」（dynamic assessment）則包含了測驗情況下有目的性的教學。這種評估企圖將孩子由標準測驗所評量出的目前發展水準，從他們潛在的發展水準中區辨出來——這是孩子能得到支持的表現。兩者之間的區別，就是孩子的最近發展區。要測量這個區域的寬闊度，「動力評量」模式就用了前測—介入—再測的程序。

▶當靜態評量的程序強調孩子先前獲得的知識，動力評量則尋找什麼
是孩子在支持下能做的事。

這是建立在：幫助孩子學習的最好的方法，就是去探討孩子最有感應的教學策略的假設上（Missiuna & Samuels 1989）。

　　動力評量在蘇俄曾被使用過一段時間，最近在北美也頗受歡迎（Lidz 1991）。但支持這種動力評量的工具和程序設計仍是在起步的階段，研究指出這個方法的證實還是很有限的，但證據卻在不斷的擴充中。在過去的二十年中，有三個主要的研究方案曾強調動力評量的發展情況：(1)Milton Budoff 的方案（1987a, 1987b）；(2)Reuven Feuerstein 的方案（1979, 1980）；以及(3) Ann Brown, Joseph Campione, 和 Roberta Ferrara 的方案（Campione et al. 1984; Ferrara, Brown, & Campione 1986）。

　　在這些方案中，傳統智力測驗中分析的活動被用來做為前測，如果孩子做得很差的話，就會有實驗者提供引導。這種在動力評量模式中所提供的教學有很多不同，在 Budoff 的方案中，他是高度的依腳本行事，專注在幫助孩子把複雜的活動分解成較不複雜的小成份來分析（Babad & Budoff 1974）。在 Brown, Campione, 和 Ferrara 的方案中，教學包括了一連串的提示，逐漸配合他們所提供訊息的明確性而改變。如果孩子對問題無法做到獨立解決的話，測驗者就會介紹一般的線索暗示，然後逐漸變得更明確，直到孩子可以解決問題，並將得到的知識轉換到類似的情境中去（Brown & Ferrara 1985）。Feuerstein 的方案基本上是應用在八到十歲或更大的兒童身上，但向下延伸到五至八歲孩童的做法，目前也是存在的（Mearig 1987）。在這三個方

案中，他的程序是最具彈性的一個，因他們會對兒童的學習型態和個別需要的不同做回應。此外，介入的程序不是依腳本行事，也不再只給兒童一些與活動有關的線索而已。相反的，他們會強調成人原則和策略的溝通，孩子可將這些統整入新的情境中去（Feuerstein et al. 1986）。讀者可以在 Lidz 的論文中（1991）找到一篇對三種動力評量模式優點和限制的絕佳總結和評估。

　　最近在動力評量效能上的證據，再度證實對預測孩子學習的潛能具有很大的價值，年齡及能力（由靜態的智力測驗所評量出來的）與孩子由動力評量所決定的最近發展區的寬闊度，是積極相關的，但卻不是那麼完美。事實上，尤其對來自低收入和少數民族家庭的孩子而言，在接受過成人協助後所表現出的智能活動上，其智商明顯的低估了他們的潛力（Brown & Ferrara 1985; Tzuriel 1989）。相反的，兒童對教學的反應，以及他們轉換所學到新活動的能力，很明顯增加了對未來表現的預測性，有時比固定能力預測得更好（Feuerstein 1979; Bryant, Brown, & Campione 1983; Campione et al. 1984; Ferrara, Brown, & Campione 1986; Rand & Kaniel 1987）。更甚者，策略導向的教學，傳達在問題情境中的一般原則（而依腳本的協助或逐漸的提示，都是集中在目前正確的表現上），是能很有效的引發出認知的獲得，和將學習轉換到新情境中去（Burns 1985; Keane & Kretschmer 1987; Vye et al. 1987）。總而言之，對許多孩子而言，在事實和潛在的發展上的確有很大的不同。對於那些在獨自活動中表現很差的孩子，如果能給予適當的教學介入的話，往

往能表現好得多。

　　動力評量所呈現出的挑戰，比傳統評量所面對的大得多，實驗者在測驗的情境中必須能夠假設並適當調整對孩子需要的反應，用鷹架行為介入直到孩子的表現明顯增進。這個方法常常是很困難也花時間的，但也正是這樣的動力評量觀點，才有希望檢查出教學的實作是不是真的能對孩子目前不同的學習困難提出有效的輔導。動力評量也會減少孩子因為在靜態評估上表現不好，而無法獲得被輔導機會的可能。即使對呈現出非常狹窄的最近發展區的幼兒，這種互動的結果也很可能提供重要的訊息，指示出哪種型態的介入，最有可能促進他們的發展進步。

　　除了評估孩子學習潛能的應用外，動力評量也傳達給我們一個了解認知發展的重要訊息。在大部分的研究中，對孩子認知能力的結論，都是從他們未受幫助的表現結果做判斷，但動力評量告訴我們，若在敏感針對孩子需要的教學情況下對他們的學習做觀察，這種結果就會有很大的改變（Campione et al. 1984）。

　　總之，維高斯基所引發的動力評量和傳統評量不同的地方，就在於注重過程而不只是結果——辨識個別兒童已經使用於精熟課程相關活動的策略，以及最能幫助他們有效學習的引導程序。除了測量孩子目前知道什麼之外，實驗者也積極嘗試促進其做法，以便精確估量孩子最近發展區的寬闊度。依 Lidz 的說法，動力評量所表現的不只是一種程序，也是一種態度：

　　動力評量者相信：如果孩子有充分的時間和努力去發現什麼是

能幫助他們從介入中獲益的方法，將會學得更好。動力評量也有興趣花這種時間去探討什麼樣的介入最好，而不是去煩惱如何將孩子分班或分類的決定。動力評量的重點，是在評量者發現促進孩子學習最好的方法的能力，而不是孩子在對評量者顯示他們的能力。（1991, 9）

在強調如何藉著專家和新手的溝通，來促進積極、有效，及策略性的認知過程時，動力評量包含了維高斯基理論中非常重要的部分。因為他要尋找發掘學習者的天性，並促進這種天性和在學校成功所需具備的知識技能的配合，動力評量對那些早期經驗尚未準備好去回應教室學習需求的孩子，具有特殊的價值。

重建學校以鷹架兒童的學習

維高斯基方法主要的優點就是，它強迫我們從多方面有利的觀點來看教育和發展。雖然維高斯基的重點是放在學前教育中老師跟幼兒之間發生了什麼，但他也非常清楚，創造最有利的學習環境，是與學校行政的運作，和地方社區所持的價值觀與目標密切相關的。從教育改革的觀點來看，這就是指一個以教室為基礎的介入方案想要能運作成功，就必須與教育機構和周圍社區層級相似的理念相一致，並受其支持。在本章的最後部分，我們要討論兩個具有較廣焦點的方案：凱莫漢莫哈小學教育方案 Kamehameha

Elementary Education Program（KEEP）及瑞吉歐艾密莉Reggio Emilia 幼兒教育課程方案的運作情形。第一個很明顯的受維高斯基社會文化理論的啟發，第二個雖然是受不同理論來源的刺激（包括維高斯基），但它和維高斯基的觀點是高度相容的。

凱莫漢莫哈小學教育方案（KEEP）

最深入且著名的建立在維高斯基觀點上教育改革的努力，就是 KEEP 方案。它剛開始時是為了幫助在夏威夷地區一些有學業危機的少數民族孩子的教育革新系統，從這之後就延伸服務到許多夏威夷群島數以千計的孩子，以及美國本土亞利桑那州和加州的孩子身上。Tharp 以及 Gallimore（Tharp 1982; Tharp & Gallimore 1988; Gallimore & Tharp 1990）曾報導，這些低收入、少數民族家庭的一到三年級孩子，參加了這個方案之後，在語文技巧及學業成就上都有非常好的結果。例如，在 KEEP 的學校裡，這些小朋友在他們所期望年級程度閱讀成就的表現上，比同樣背景，在傳統學校上學的孩子好得多。

KEEP 最主要的主題就是「協助的表現」（assisted performance）──老師敏感的去鷹架孩子的學習，幫助孩子在最大發展區內完成學習目標。教室是開放的設計，分為十到十二個「活動場地」，定義為「會產生合作的互動、相互主觀性，以及協助表現的地方」（Tharp & Gallimore 1988, 72）。每一個場地

（例如圖書角、藝術角、聽覺角，和遊戲角），都鼓勵不同組的個別或人際技巧的發展。由五到六個兒童組成的小組，有系統的在一週的時間內輪流使用這些角落。結果是，這些活動場地提供多樣的機會讓同儕們彼此互動，並在廣泛有意義的課業情境中共同合作。

一個中心的活動場地，叫做「第一中心」（Center One），是最重要的焦點環境，每個孩子每天早上都要進入至少二十分鐘。在這裡老師對挑戰性的讀寫技巧的鷹架行為，就在孩子最大發展區的邊緣開始產生。不像其他的活動場地，小組的組員可能每次都不一樣，「第一中心」的分組卻是一致的。老師組成這個小組的目的，就是要儘可能創造不同的組合，除了依閱讀和書寫的水準之外，還將孩子的個性也列入考慮，這種（促進對整個團體的鷹架行為）在孩子之間是可以比較的。在第一中心，老師鼓勵孩子參與互動，就像在本章前面所描述的那種課程革新的特性一樣——原文內容的選擇要跟孩子的經驗有關，而教導非常依賴發問、回應，和建立在孩子本身的想法上。其他的活動場地不是延伸第一中心的指導主題，就是提供材料支持額外的活動主題。在第一中心，兒童跟兒童的溝通非常豐富，也有許多機會在最靠近他們自己獨立能力的最大發展區的地方活動。每個孩子每週對活動中心的選擇，都是非常適合他們個人學習的需要。

KEEP 很重要的觀點就是，堅持學校系統中每一個層級的教學與學習，都是建立在「協助的表現」的原則上。就如同孩子需要鷹架的支助，來熟練他們在教室的學習活動，老師的教學，如

果能在教育系統中會員的幫助之下，同樣也會教得最好。像督學、校長、諮商人員，以及其他老師，都能為老師提供相關的活動環境，進一步發展他們幫助孩子學習的能力。依 Tharp 和 Gallimore（1988）的觀點，所有教育督察者的目標，從教育委員會主席、督學，和校長，都應為他們所監督的教育實務工作者提供有效的鷹架行為，將學校轉換為一個所有參與的人都能學習的文化環境。

這種對老師的繼續教育可以在很多不同的活動型態中進行，例如工作坊、大學的課程、休假中的研究，或個別的諮商輔導。KEEP 強調每週的「觀察與座談」活動及同儕教練。一個全時的顧問或修正人員，每週至少觀察每一個老師 一次，然後訂時間座談，座談會中顧問和老師就會一起工作，來幫助老師為孩子提供更有效的「協助的表現」。有時利用錄音機和錄影機的幫助，錄下教室內的教學，老師會和顧問分享觀點並且得到教學上的回饋。在這些訊息的基礎上，新的目標就可以確定，類似的活動也會在老師的同儕教學上產生，那就是老師自願撥出時間來幫助其他老師。

總之，KEEP 有四個主要的特點：(1)認為教學與學習的過程都是「協助的表現」，(2)優先重視讀寫技巧，是使孩子成為他們文化象徵系統中幹練的使用者的重要因素，(3)非常強調活動場地應能促進小組的、合作性的互動，及(4)整個教育系統的份子合作參與，與老師共同解決問題，以加強孩子們的學習。

瑞吉歐艾密莉〈*Reggio Emilia*〉

在瑞吉歐艾密莉，義大利中北部的小城，一個非常卓越的、城市經營的幼兒教育方案，最近吸引了全世界教育者的注意力。他們運用動機強烈的父母的工作能力，利用第二次世界大戰剩餘的物資，開始建立他們自己的學前機構，創始人 Loris Malaguzzi 創建了城市經費支援的幼兒教育系統，到 1993 年，共有包括二十二個供三到六歲兒童就讀的學前學校，以及十三個供四到三十六個月大的嬰兒和學步兒的學習中心。這個方案如此特別的原因，就是從三十年前開始時即具有的高度社區支持。

瑞吉歐艾密莉方案的焦點就是知識的社會建構——也就是維高斯基所強調的基本觀點。除了維高斯基，Malaguzzi 也提到像皮亞傑、杜威、Gardner、Ferriére、Bruner 和 Bronfenbrenner 等，都是他設計學校的重要影響源（Malaguzzi 1993b）。Malaguzzi 很技巧的將許多不同的理論貢獻融入經營良好的、統整的幼兒課程計畫中，就如 Gardner 所提到的：

> 那是瑞吉歐社區，而不只是哲學或方法，形成了 Malaguzzi 的中心成就。世界上沒有一個學校發展的理論哲學和它的實作，能結合成這麼天衣無縫、共棲共生的關係。（1993, x）

教育的社區與課程

　　瑞吉歐艾密莉教育是從認為孩子是能幹且複雜的社會生物的觀點開始，認為孩子是受和其他人社會互動和關係的激勵，並從中學習（Gandini 1993b; Malaguzzi 1993b）。這種堅信可以從對幼兒教育和照顧的一種堅強的社區策略中得到證實。我們看到父母、老師、行政人員，和政府官員，都共同合作來支持學校的努力。父母參與在課程計畫中，花時間和老師、兒童在教室裡工作，同時也幫學校組織和協助特殊的活動。在每一個教室裡，一對老師共同分擔工作，他們也例行的互動，或與其他的老師、父母親，和其他的職員共同合作。這個學校的物理環境是為了形成這種關係而設計的。除了有很多的區域讓孩子在小組中活動以外，也有很多特別的地方是設計給老師、父母、職員，跟社區份子彼此見面和與孩子見面之用的（Katz 1990; Bredekamp 1993; Gandini 1993a）。

　　有一種強烈的合作精神可以在老師與孩子的關係間明顯的看到。Filippini 曾經形容瑞吉歐艾密莉老師的角色：

　　藉著跟孩子對話、合作，和建構知識的那種機警、啟發性的促進和刺激，老師可以激勵發現的機會。因為心智的發現被認為是非常重要的社會過程，老師即使是對最年幼的幼兒也要幫助他們學習聽別人、將他們的目標和想法列入考慮，並且成功的與別人溝通。（Edwards 1993, 154）

▶瑞吉歐艾密莉教育是從認爲孩子是能幹且複雜的社會生物開始，認爲孩子是受和其他人社會互動和關係的激勵，並從中學習。

　　老師們認為自己就是培養孩子學習的同伴，為了完成這個目標，他們不只是跟其他的老師工作，同時也跟教學法的教師（pedagogistas），或教育的諮詢人員一起工作。這些人員都跟老師們定期聚會，提供他們多方面的幫助，包括設計新的方案、與父母溝通，以及討論學習多了解孩童的方法。有一位教學法的教師就用下面的意象來形容瑞吉歐艾密莉老師的工作：「我們[老師]必須能接住孩子丟給我們的球，然後再丟回去，讓孩子

願意繼續和我們玩下去，並在其中看看是否可能發展出其他的遊戲來。」（Filippini 1990，被引用在 Edwards 1993, 153）

　　瑞吉歐艾密莉學校的兒童跟同一位老師及同班的孩子一起學習三年，這種系統提供孩子很多機會去形成有意義的關係，並且發展複雜的社會技巧。同時也會讓老師對孩子了解得更多，從中能更有效的鷹架他們。教室很明顯的安排為促進小組互動的情境，這是學校最喜歡的社會結構的安排，就如 Malaguzzi 所說明的：

　　我們認為小組是以關係為基礎教育的最好的教室組織安排，小組的活動中包括兩個、三個，或四個兒童是最理想的，能產生最有效的溝通。在小團體中，複雜的互動是最可能會發生的，建構性的衝突，以及自我規範的調解都會萌發產生。（1993a, 11）

　　瑞吉歐艾密莉教育的主要成份是，他們安排一位叫做「工作坊指導老師」的教職員（atelierista），負責維持一間或一組叫做「工作坊」（atelier）的教室。工作坊指導老師是位全時的專家和藝術家，與老師、幼兒工作，共同創造、收存，並對活動、方案及孩子和學校的進步進行建檔。利用很多不同資料（包括繪畫、相片、黏土、錄音帶、錄影帶、音樂，及對話的記載），將他們的活動做視覺或象徵性的表現，這就是孩子每天生活中的重要部分。跟著工作坊指導老師，孩子和老師會應用藝術性的材

料，這位工作坊老師也會記錄、組織，和收存作品。孩子被鼓勵表現所有他們想或做的事情，包括非常困難的觀念，像是影子、感覺、成長、時間，和運動等。Vea Vecchi 這一位工作坊老師曾提到，工作坊具有三個主要的目的：

第一、它提供一個場所，讓孩子熟練各種型式的技巧，像畫圖、描繪、做黏土──這些都是象徵語言。第二、它幫助成人了解兒童學習的過程，幫助老師了解孩子如何發明表達的自由、認知的自由、象徵的自由，及溝通途徑等的自動工具……，第三、工作坊另外一個重要的功能就是，提供一個檔案整理的工作坊………──材料供孩子、家庭，及老師們在職訓練時之參考。（1993, 120-22）

　　瑞吉歐艾密莉課程的另一個特色就是，廣泛深入的使用長時間、多面向的方案和主題，以提供廣大、統整的互動藍圖──有時會一次進行好幾個月（Forman 1993）。老師、父母、教學法老師，及工作坊教師會聚集在一起，選擇一個建立在下列特性的主題或方案：
* 它必須允許個別孩子的貢獻及合作的目的，
* 從一般目標而言，它應有外在的結構，再讓孩子決定自己的次目標和規則，
* 它必須在參加者之間激發很多的對話和討論，
* 它必須可以是很多種型式的表現。

　　瑞吉歐艾密莉的老師能很快指出他們的課程是萌發的，究竟有哪些課程要進行，要看老師跟兒童合作，在相互探索的過程中共同決定。255-256頁的欄內就是一個進行八週的方案大綱，主題是「跳遠」，所反應的是很多相關聯的學習經驗的不同安排，包括跳遠技術觀點的探討、促進並執行一個奧林匹克運動事件、計算跑的速度和測量距離、參與科學的實驗，以及藉著讀、寫、說、畫圖及視覺表現來獲得和溝通知識。

對瑞吉歐艾密莉的維高斯基式詮釋

　　瑞吉歐艾密莉的幼兒教育系統可說回應了維高斯基的中心主題，它的依賴小團體合作的觀點，是與認為思考過程起源於社會互動的發展和教育理論高度相容的。老師是設計刺激對話與共同建構知識的活動場所的創造者，這讓我們想起鷹架的觀念。讓孩子停留在同一個老師，和同一組同儕班上三年之久，這也跟維高斯基強調歷史，和需要時間了解兒童的社會互動與關係的觀點一致。藉著藝術和技術方法，創造不同象徵系統的教室活動觀念的實作，也說明了維高斯基的理念；相信文化象徵系統的使用和內化，就是最主要通往高層次心智功能的途徑。老師與兒童合作做決定、藉合作方案融入主題、成人與同儕對孩子學習的鷹架行為，以及豐富設備的教室環境，以促進小團體的遊戲，都與維高斯基能促進自我規範經驗的想法不謀而合。最後，瑞吉歐艾密莉的策略明顯認同更大的社會文化層次的協助——來自整個教育系統和社會份子，對老師和兒童的支持關係——必須呈現出來，為

孩子的發展創造更理想的情境。

▶在萌發的課程中，每日究竟有哪些課程要進行，那就要依靠在相互
探索的過程中，師生雙方的共同決定。

瑞吉歐艾密莉學校的一個跳遠方案

1. 參考奧林匹克跳遠的相片並演出

2. 口頭討論初步的跳遠知識

3. 畫出一個軌道、跳遠者，及如何計分的草圖

4. 畫出跑道的安排：起跑及落地的地點

5. 實驗跑的速度×（乘以）跳的距離

6. 在院子中用白色粉筆畫跑道

7. 用複製玩具人物討論女子殘障運動

8. 設計六個海報歸納出跳遠的規則

9. 將這個規則呈現給全班

10. 設計訓練的過程、服裝，及選手的飲食

11. 設計徵求每種活動參與人報名註冊的海報

12. 做海報定出跳遠的超越標準

13. 製作有關跳遠超越標準進度日期的海報

14. 寫全校同學的邀請函

15. 畫全城市的廣告海報

16. 寫下獎賞的規則

17. 寫下競賽結束後閉幕的演講詞

18. 設計為每人記錄三次跳遠的規則海報

19. 學習測量距離

　19.1 用繩子記錄所跳的距離

　19.2 試著用捲尺來量

　19.3 校正量尺的計算

　19.4 抄寫捲尺所量出的象徵到紙上

　19.5 將捲尺所量與木匠的量尺做比較

　19.6 重新改變傳統名次排列的記號

20. 準備徽章給每位選手在比賽

中穿戴

21.幫裁判和助理寫下規則

22.執行計畫：最後的比賽日

　22.1 跑步和跳遠

　22.2 用線測量每個人跳的
　　　距離

22.3 將量出來的線長度掛在
　　牆上

22.4 用捲尺量最長的一條線

22.5 頒發獎盃

22.6 先生小姐的祝賀吻

（ Forman 1993, 173-74 ）

‖結論

　　KEEP 和瑞吉歐艾密莉方案的策略能成功，一個最主要的原因是他們具有巨大的文化與社區支持的歷史——這種支持及扶助的規模，在美國大部分的學校很難看到，至少目前如此。雖然一個文化的教育系統並不能直接移植到另一個不一樣的社會環境的學校中去，但在我們提出維高斯基方法策略的討論，再加上一些現存的課程方案模式，我們希望實務工作者能擷取他們認為最有用的主題及特色，加以發展和重新建構，來符合他們幼兒教育課程和社區的需要。一個以維高斯基為基礎的教育運作，最主要的脈絡線索包括了我們所描述的：是活動的計畫，能教導文化上有意義的認知觀念和技巧。在這同時，活動能很敏感的融入每一個孩子的學習能力中，培養孩子自然的好奇心、發現的動力，和變成他們社會中有能力的一份子的願望。

7

幼兒教育的展望

在二十世紀的最後十年，美國學前及托兒機構的註冊率，因母親就業率的穩定上升而持續增加。此外，貧窮的比例，目前也影響了百分之二十五的六歲以下兒童，意思是指更多的幼兒在接近義務教育開始之際，已有發展上的困難及學校學習失敗的嚴重危機，他們非常需要廣泛的早期介入（兒童防衛基金 1995）。這種情況使得需要一致符合幼兒發展與教育需求的國家幼兒教育政策，變得更加緊急迫切。

縱貫全書，我們不斷強調的一個問題就是，什麼樣的教育哲學最有可能產生促進幼兒發展的學習環境，我們討論這些遠在五十年之前，已經被維高斯基所強調，今天仍然在幼兒的教育經驗中具有爭議性的觀點。幼兒教育應該只是提供刺激的環境，讓孩子輕鬆的探索（兒童中心的課程），或目標在強化學科知識，為幼兒正式學校學習做準備（成人中心的課程）？

這兩個理論的爭辯，曾經被他們背後強烈相反的目標所強化：一方面培養孩子獨立成長，一方面將孩子社會化，以確定他們能符合未來社會的要求。結果，幼兒教育家們就面臨了一個困難，他們必須從兩個情況中做「非彼即此」的選擇，他們必須選擇：(1)提供非干預的環境，或(2)訓練孩子學會與學校有關的知識和恰當的習慣。在這種情況下來規劃課程的選擇，就是將獨立發展的目標和學校準備度的目標，定義為相互競爭和排斥的兩個觀點。

在本章和前面幾章中我們都談到，依維高斯基的觀點，學前幾年已經看到兒童對自己的思考做反省，和計畫、引導、修正其

行為能力的萌發。但是獨立的探索，卻不是走向自我規範能力的途徑。相反的，這個發展必須藉著精緻的調整、敏感的指導——藉著具有挑戰性的活動環境中，兒童和老師間的對話來達成。

研究顯示在自我規範能力的個別差異上，很明顯的與成人——兒童互動品質的不同有很大的關係。在高度控制的、傳統的教室中，老師只給孩子一點點的空間來發展自我引導，他們只有在學業成績的短程目標上有稍高的成績表現。但如果講到培養自動的學習、興趣、參與，和創造思考，他們顯然就比開放教室的孩子不足。在開放教室裡，老師承擔有彈性的權威角色，跟孩子分享做決定的過程，並且提供引導和支持，來回應個別的需要（Horwitz 1979; Thomas & Berk 1981; Hedges, Giaconia, & Gage 1981; Walberg 1986）。另一方面，過分寬容放任的環境，並沒有提供足夠的結構和挑戰，來培養孩子自我規範的能力。當我們走到極端以孩子為中心的場地時，往往會陷於造成分心的、衝動的，和無法自我控制行為的危險之中（Kohlberg & Mayer 1972; Berk & Lewis 1977）。

近幾十年來關於兒童養育的實務運作的發現，是與此推論相一致的：「權威開明型」的父母（溫暖和敏感的混合，加上對成熟行為的合理要求），他們的孩子往往比較有自信心、能有效熟練新的活動、在學校表現良好，也表現社會和道德方面的成熟。相反的，「權威專制型」父母的孩子（經常提出過度的要求，當孩子無法達到要求時，即表現拒絕和懲罰），就比較會緊張、退縮、不快樂，當失敗來時就表現出敵意。至於「放任型」父母

（這種父母避免提出任何型態的要求），他們的孩子則會表現缺乏控制衝動的能力、表現反叛、不服從，以及無成就的相關行為（Baumrind 1967, 1971; Denham, Renwick, & Holt 1991; Buzzelli 1993; Berk & Spuhl 1995）。

不論是學科導向或兒童中心的環境，都不能適當的促進幼兒知覺思考和自我規範的發展。傳統上學業為主的課程強調外在的控制，結果他們最多只是培養出嚴格的自我控制（服從於一個外來的要求），而不具備修正自己思考，和調整適應改變環境的彈性能力（Diaz, Neal, & Amaya-Williams 1990）。在另一個極端──兒童中心的課程──也無法提供鷹架的經驗，來促進自我規範的發展。只有孩子與另外一個在他的文化中有較高的技巧及技藝能力的孩童間的合作，才能引導、支持，並給予符合孩子能力，負起自我規範角色的適當責任。

維高斯基的方法為幼兒教育的爭議提出解決，因他強調的是對孩子目前能力的回應，但仍是向前發展的目標。為了培養在最近發展區內的教學與學習，以維高斯基為基礎的教育，會同時考慮到兒童在哪裡，以及他們可能變成什麼樣子，因此可以為孩子的正式上學，及進入小學後的繼續學習加強準備度。在維高斯基的看法中，所謂學校的準備度並不是一個很狹窄的學科知識的開始。相反的，他指的是高心智功能的增益──自動的注意力、邏輯的記憶力、問題解決、想像、抽象，以及其他──簡言之，可以貢獻到人類參與精緻的、反應的活動能力的所有成份。

下面這些重要的主題，總結了維高斯基對幼兒教育的主張與

策略：

老師和兒童對發展均有共同的貢獻

　　老師的角色包括設計教育的環境、和幼兒合作，及鷹架他們熟練技巧的努力。從這觀點來看，以維高斯基理論為基礎的教學是「活動中心的」（ activity centered ），因為它強調在老師和同儕的引導下，為孩子創造參與文化性有意義活動的機會。

教育的目標要挑戰兒童達到新程度的能力

　　廣泛的幼兒教育的目標就是要藉著最近發展區來維持兒童的進步，老師可藉下面的活動來達成這個目的：⑴幫助孩子選擇適合發展的合作性或個別性的活動，⑵藉著調整活動、成人幫助的程度，或兩者兼具，來修正活動的困難以達合適的挑戰程度，及⑶設定與孩子逐漸萌發的認知和社會能力相一致的教室行為的期望。以維高斯基為基礎的教育假設——成人能，也應該為兒童建立引導他們到更高程度能力的目標——這建立在一個觀點上：認為幼兒早期的心理發展是如此重要，不能只靠機會去發展而已。在此同時，為了讓幼兒成功的通過最近發展區，建立的目標和提供的活動，都應敏感的調整到針對孩子目前的發展進度上。

遊戲是幼兒階段一個重要的、自我規範的活動

　　維高斯基的教育環境並不是指兒童整天的活動都應建立在老師所認同的目標上。就像我們在第三章中所看到的，維高斯基將

▶老師的角色包括設計教育的環境、和幼兒合作，及鷹架他們熟練技巧的努力。

遊戲放在發展的中心角色上。藉著假裝遊戲，孩子可以創造和延伸他們自己的最近發展區；藉設定目標、規範行為以追求目標，及將行動放在規則下而非任由衝動，以獲得自我規範和社會合作的能力。維高斯基認為在學前的幾年中，遊戲是至善的教育性活動。

動力評估

依維高斯基的說法，對兒童的評估不應只是發掘他們能獨立做什麼，而是在更有知識的同伴協助下能獲得多少？最近發展區的寬廣度——就是這個孩子的學習潛力——必須加以辨明，才能計畫引導向前發展的學習活動，讓孩子獲得熟練的新技巧。

重視語言和社會互動

因語言在轉換認知發展、有效率的溝通，和參與文化活動上的重要性，語言和讀寫的發展，應在幼兒教育的課程中，得到最高的重視。如果能提供孩子經常、豐富，及不同的機會，去發展、使用語言和讀寫技巧的話，往往能提供他們心理和文化的工具，去控制他們的行為，並成為其社會中有能力、有貢獻的一份子。

不同的活動能培養不同的心智能力

依維高斯基的說法，高度的心智功能起源於孩子所參與的活動和社會對話。這是指活動和社會互動的不同，會在兒童之間造

成重要的個人與團體差異，他們會獲得某些，而不是其他的技巧。維高斯基的策略強調，要了解和培養孩子的能力，老師必須將每個孩子的歷史和文化背景列入考慮。孩子只有接近促進連續學習過程的活動，和建立在他們真實生活經驗上的活動，才能發展得最好。再者，維高斯基的理論也強調老師每日的決定——鼓勵哪一個活動，或如何跟孩子合作——都對孩子的心智形成有主要的影響。

就更大的機構和社會層次而言，維高斯基的觀點，及從中引發出的教育模式，為我們提示下列的挑戰：

- 多投資在幼兒教育中，因為這是孩子心智發展最重要的階段，
- 安排培養真正的社區及父母參與的情境——這是將學校設計成學習者團體共識的重要資源，
- 反對老師孤立在自己的教室內，希望走向教育的團隊合作，一起工作達到共同的目標、分享的技巧，和彼此學習，
- 放棄嚴格組織的結構及預定的課程，假設兒童會自動從老師的行動中學習；朝彈性、互動的方法，回應並延伸兒童的興趣、能力，和技巧。

我們希望這些挑戰能刺激教育工作者去尋找更有效的方法，鷹架兒童的學習。

• 參考書目 •

Abikoff, H. 1991. Cognitive training in ADHD children: Less to it than meets the eye. *Journal of Learning Disabilities* 24: 205–09.

Alberts-Corush, J., P. Firestone, & J.T. Goodman. 1986. Attention and impulsivity characteristics of the biological and adoptive parents of hyperactive and normal control children. *American Journal of Orthopsychiatry* 56: 413–23.

American Psychiatric Association. 1994. *Diagnostic and statistical manual of mental disorders*. 4th ed. Washington, DC: Author.

Anderson, R.C. 1984. Some reflections on the acquisition of knowledge. *Educational Researcher* 13 (9): 5–10.

Azmitia, M. 1988. Peer interaction and problem solving: When are two heads better than one? *Child Development* 59: 87–96.

Azmitia, M. 1992. Expertise, private speech, and the development of self-regulation. In *Private speech: From social interaction to self-regulation*, eds. R.M. Diaz & L.E. Berk, 101–22. Hillsdale, NJ: Erlbaum.

Azmitia, M., & M. Perlmutter. 1989. Social influences on children's cognition: State of the art and future directions. In *Advances in child development and behavior*. Vol. 22, ed. H.W. Reese, 90–135. New York: Academic.

Babad, E.Y., & M. Budoff. 1974. Sensitivity and validity of learning potential measurement in three levels of ability. *Journal of Educational Psychology* 66: 439–47.

Baillargeon, R. 1987. Object permanence in 3.5- and 4.5-month-old infants. *Developmental Psychology* 23: 655–64.

Baillargeon, R., & J. De Vos. 1991. Object permanence in young infants: Further evidence. *Child Development* 62: 1227–46.

Barkley, R.A. 1989. Attention-deficit hyperactivity disorder. In *Treatment of childhood disorders*, eds. E.J. Mash & R.A. Barkley, 39–72. New York: Guilford.

Barkley, R.A. 1990. *Attention deficit hyperactivity disorder: A handbook for diagnosis and treatment*. 2nd ed. New York: Guilford.

Barkley, R.A. 1994. *Best practices in school-based assessment and treatment of ADHD*. Invited address, annual convention of the National Association of School Psychologists, March, Seattle, Washington.

Barkley, R.A., C.E. Cunningham, & J. Karlsson. 1983. The speech of hyperactive children and their mothers: Comparisons with normal children and stimulant drug effects. *Journal of Learning Disabilities* 16: 105–10.

Barkley, R.A., M. Fischer, C. Edelbrock, & L. Smallish. 1991. The adolescent outcome of hyperactive children diagnosed by research criteria: III. Mother–child interactions, family conflicts and maternal psychopathology. *Journal of Child Psychology and Psychiatry* 32: 233–55.

Baumrind, D. 1966. Effects of authoritative parental control on child behavior. *Child Development* 37: 887–907.

Baumrind, D. 1967. Child care practices anteceding three patterns of preschool behavior. *Genetic Psychology Monographs* 75: 43–88.

Baumrind, D. 1971. Current patterns of parental authority. *Developmental Psychology Monograph* 4 (No. 1, Pt. 2).

Beaudichon, J. 1973. Nature and instrumental function of private speech in problem solving situations. *Merrill-Palmer Quarterly* 19: 117–35.

Behrend, D.A., K.S. Rosengren, & M. Perlmutter. 1989. A new look at children's private speech: The effects of age, task difficulty, and parent presence. *International Journal of Behavioral Development* 12: 305–20.

Behrend, D.A., K.S. Rosengren, & M. Perlmutter. 1992. The relation between private speech and parental interactive style. In *Private speech: From social interaction to self-regulation*, eds. R.M. Diaz & L.E. Berk, 85–100. Hillsdale, NJ: Erlbaum.

Beilin, H. 1978. Inducing conservation through training. In *Psychology of the twentieth century*. Vol. 7, ed. G. Steiner, 260–89. Munich: Kindler.

Berk, L.E. 1986. Relationship of elementary school children's private speech to behavioral accompaniment to task, attention, and task performance. *Developmental Psychology* 22: 671–80.

Berk, L.E. 1992. Children's private speech: An overview of theory and the status of research. In *Private speech: From social interaction to self-regulation*, eds. R.M. Diaz & L.E. Berk, 17–53. Hillsdale, NJ: Erlbaum.

Berk, L.E. 1993. *Infants, children, and adolescents*. Boston: Allyn & Bacon.

Berk, L.E. 1994a. *Child development*. 3rd ed. Boston: Allyn & Bacon.

Berk, L.E. 1994b. Vygotsky's theory: The importance of make-believe play. *Young Children* 50 (1): 30–39.

Berk, L.E. 1994c. Why children talk to themselves. *Scientific American* 271 (5): 78–83.

Berk, L.E., & R.A. Garvin. 1984. Development of private speech among low-income Appalachian children. *Developmental Psychology* 20: 271–86.

Berk, L.E., & S. Landau. 1993. Private speech of learning disabled and normally achieving children in classroom academic and laboratory contexts. *Child Development* 64: 556–71.

Berk, L.E., & N. Lewis. 1977. Sex role and social behavior in four school environments. *Elementary School Journal* 77: 205–17.

Berk, L.E., & M.K. Potts. 1991. Development and functional significance of private speech among attention-deficit hyperactivity disordered and normal boys. *Journal of Abnormal Child Psychology* 19: 357–77.

Berk, L.E., & S.T. Spuhl. 1995. Maternal interaction, private speech, and task performance in preschool children. *Early Childhood Research Quarterly* 10: 145–69.

Biederman, J., S.V. Faraone, K. Keenan, D. Knee, & M.T. Tsuang. 1990. Family-genetic and psychosocial risk factors in DSM III attention deficit disorder. *Journal of the American Academy of Child and Adolescent Psychiatry* 29: 526–33.

Bivens, J.A., & L.E. Berk. 1990. A longitudinal study of the development of elementary school children's private speech. *Merrill-Palmer Quarterly* 36: 443–63.

Blanck, G. 1990. Vygotsky: The man and his cause. In *Vygotsky and education: Instructional implications and applications of sociohistorical psychology*, ed. L.C. Moll, 31–58. New York: Cambridge University Press.

Bloom, L., L. Hood, & P. Lightbown. 1974. Imitation in language development: If, when and why. *Cognitive Psychology* 6: 380–420.

Bornstein, M.H., & M.E. Lamb. 1992. *Development in infancy: An introduction.* 3rd ed. New York: McGraw-Hill.

Bredekamp, S. 1993. Reflections on Reggio Emilia. *Young Children* 49 (1): 13–17.

Bretherton, I., B. O'Connell, C. Shore, & E. Bates. 1984. The effect of contextual variation on symbolic play: Development from 20 to 28 months. In *Symbolic play and the development of social understanding*, ed. I. Bretherton, 271–98. New York: Academic.

Brinich, P.M. 1980. Childhood deafness and maternal control. *Journal of Communication Disorders* 13: 75–81.

Brown, A.L., & R.A. Ferrara. 1985. Diagnosing zones of proximal development. In *Culture, communication, and cognition: Vygotskian perspectives*, ed. J. Wertsch, 273–305. New York: Cambridge University Press.

Brown, J.S., A. Collins, & P. Duguid. 1989. Situated cognition and the culture of learning. *Educational Researcher* 18 (4): 32–42.

Brownell, C.A. 1990. Peer social skills in toddlers: Competencies and constraints illustrated by same-age and mixed-age interaction. *Child Development* 61: 838–48.

Bruner, J.S. 1964. The course of cognitive growth. *American Psychologist* 19: 1–15.

Bruner, J.S. 1983. *Child's talk: Learning to use language.* New York: Norton.

Bruner, J.S. 1984. Vygotsky's zone of proximal development: The hidden agenda. In *Children's learning in the zone of proximal development*, eds. B. Rogoff & J.V. Wertsch, 93–97. San Francisco: Jossey-Bass.

Bruner, J.S. 1986. *Actual minds, possible worlds.* Cambridge, MA: Harvard University Press.

Bruner, J.S., R. Olver, & P. Greenfield. 1966. *Studies in cognitive growth.* New York: Wiley.

Bryant, N.R., A.L. Brown, & J.C. Campione. 1983. Preschool children's learning and transfer of matrices problems: Potential for improvement. Paper presented at the biennial meeting of the Society for Research in Child Development, April, Detroit.

Budoff, M. 1987a. Measures for assessing learning potential. In *Dynamic assessment: An interactional approach to evaluating learning potential,* ed. C.S. Lidz, 173–95. New York: Guilford.

Budoff, M. 1987b. The validity of learning potential assessment. In *Dynamic assessment: An interactional approach to evaluating learning potential,* ed. C.S. Lidz, 52–81. New York: Guilford.

Burns, M.S. 1985. Comparison of "graduated prompt" and "mediational" dynamic assessment and static assessment with young children. Ph.D. diss., Vanderbilt University, Nashville.

Burns, S.M., & C.J. Brainerd. 1979. Effects of constructive and dramatic play on perspective taking in very young children. *Developmental Psychology* 15: 512–21.

Buzzelli, C.A. 1993. Morality in context: A sociocultural approach to enhancing young children's moral development. *Child & Youth Care Forum* 22: 375–86.

Caissie, R., & E.B. Cole. 1993. Mothers and hearing-impaired children: Directiveness reconsidered. *The Volta Review* 95 (1): 49–59.

Camp, B.W., G.E. Blom, F. Hebert, & W.J. van Doorninck. 1977. "Think aloud": A program for developing self-control in young aggressive boys. *Journal of Abnormal Child Psychology* 7: 169–77.

Campbell, S.B. 1973. Cognitive styles in reflective, impulsive, and hyperactive boys and their mothers. *Perceptual and Motor Skills* 36: 747–52.

Campbell, S.B. 1975. Mother-child interaction: A comparison of hyperactive, learning disabled, and normal boys. *American Journal of Orthopsychiatry* 45: 51–57.

Campbell, S.B. 1985. Hyperactivity in preschoolers: Correlates and prognostic implications. *Clinical Psychology Review* 5: 405–28.

Campbell, S.B. 1990. *Behavioral problems in preschool children: Clinical and developmental issues.* New York: Guilford.

Campbell, S.B., & L.J. Ewing. 1990. Hard-to-manage preschoolers: Adjustment at age nine and predictors of continuing symptoms. *Journal of Child Psychology and Psychiatry* 31: 871–89.

Campbell, S.B., M.W. Endman, & G. Bernfeld. 1977. Three year follow-up of hyperactive preschoolers into elementary school. *Journal of Child Psychology and Psychiatry* 18: 239–49.

Campbell, S.B., L.J. Ewing, A.M. Breaux, & E.K. Szumowski. 1986. Parent-identified behavior problem toddlers: Follow-up at school entry. *Journal of Child Psychology and Psychiatry* 27: 473–88.

Campbell, S.B., E.W. Pierce, C.L. March, L.J. Ewing, & E.K. Szumowski. 1994. Hard-to-manage preschool boys: Symptomatic behavior across contexts and time. *Child Development* 65: 836–51.

Campione, J.C., A.L. Brown, R.A. Ferrara, & N.R. Bryant. 1984. The zone of proximal development: Implications for individual differences and learning. In *New directions for child development,* eds. B. Rogoff & J.V. Wertsch. No. 23, 77–92. San Francisco: Jossey-Bass.

Carson, J., V. Burks, & R.D. Parke. 1993. Parent-child physical play: Determinants and consequences. In *Parent–child play: Descriptions and implications,* ed. K. MacDonald, 197–220. New York: State University of New York Press.

Case, R. 1992. *The mind's staircase.* Hillsdale, NJ: Erlbaum.

Ceci, S.J. 1990. *On intelligence . . . More or less.* Englewood Cliffs, NJ: Prentice Hall.

Ceci, S.J. 1991. How much does schooling influence general intelligence and its cognitive components? A reassessment of the evidence. *Developmental Psychology* 27: 703–22.

Chang-Wells, G.L.M., & G. Wells. 1993. Dynamics of discourse: Literacy and the construction of knowledge. In *Contexts for learning,* eds. E.A. Forman, N. Minick, & C.A. Stone, 58–90. New York: Oxford University Press.

Chess, S., & P. Fernandez. 1980. Do deaf children have a typical personality? *Journal of the American Academy of Child and Adolescent Psychiatry* 19: 654–64.

Children's Defense Fund. 1995. *The state of America's children: Yearbook 1995.* Washington, DC: Author.

Churchill, J. 1994. Relation of parental nurturance and restrictiveness to learned helplessness in preschool children. Paper presented at the biennial meeting of the Society for Research in Child Development, 30 March–2 April, Indianapolis.

Cobb, P. 1994. Where is the mind? Constructivist and sociocultural perspectives on mathematical development. *Educational Researcher* 23 (7): 13–20.

Cobb, P., T. Wood, & E. Yackel. 1993. Discourse, mathematical thinking, and classroom practice. In *Contexts for learning,* eds. E.A. Forman, N. Minick, & C.A. Stone, 91–119. New York: Oxford University Press.

Cobb, P., T. Wood, E. Yackel, J. Nicholls, G. Wheatley, B. Trigatti, & M. Perlwitz. 1991. Assessment of a problem-centered second-grade mathematics project. *Journal for Research in Mathematics Education* 22: 3–29.

Cole, M. 1990. Cognitive development and formal schooling: The evidence from cross-cultural research. In *Vygotsky and education,* ed. L.C. Moll, 89–110. New York: Cambridge University Press.

Connolly, J.A., & A.B. Doyle. 1984. Relations of social fantasy play to social competence in preschoolers. *Developmental Psychology* 20: 797–806.

Connolly, J.A., A.B. Doyle, & E. Reznick. 1988. Social pretend play and social interaction in preschoolers. *Journal of Applied Developmental Psychology* 9: 301–13.

Cooper, C.R. 1980. Development of collaborative problem-solving among preschool children. *Developmental Psychology* 16: 433–40.

Copeland, A.P. 1979. Types of private speech produced by hyperactive and nonhyperactive boys. *Journal of Abnormal Child Psychology* 7: 169–77.

Corrigan, R. 1987. A developmental sequence of actor-object pretend play in young children. *Merrill-Palmer Quarterly* 33: 87–106.

Corsaro, W. 1983. Script recognition, articulation and expansion in children's role play. *Discourse Processes* 6: 1–19.

Cunningham, C.E., & R.A. Barkley. 1979. The interactions of normal and hyperactive children with their mothers in free play and structured tasks. *Child Development* 50: 217–24.

Damon, W., & E. Phelps. 1989. Critical distinctions among three approaches to peer education. *International Journal of Educational Research* 5: 331–43.

Danforth, J.S., R.A. Barkley, & T.F. Stokes. 1991. Observations of parent-child interactions with hyperactive children: Research and clinical applications. *Clinical Psychology Review* 11: 703–27.

Dansky, J.L. 1980. Make-believe: A mediator of the relationship between play and associative fluency. *Child Development* 51: 576–79.

Davydov, V.V. 1995. The influence of L.S. Vygotsky on education theory, research, and practice. *Educational Researcher* 24 (3): 12–21.

de Villiers, P.A., & J.G. de Villiers. 1992. Language development. In *Developmental psychology: An advanced textbook,* eds. M.H. Bornstein & M.E. Lamb. 3rd ed., 337–418. Hillsdale, NJ: Erlbaum.

Denham, S.A., S.M. Renwick, & R.W. Holt. 1991. Working and playing together: Prediction of pre-school social–emotional competence from mother–child interaction. *Child Development* 62: 242–49.

Deutsch, F., & A.H. Stein. 1972. The effects of personal responsibility and task interruption on the private speech of preschoolers. *Human Development* 15: 310–24.

Dias, M.G., & P.L. Harris. 1988. The effect of make-believe play on deductive reasoning. *British Journal of Developmental Psychology* 6: 207–21.

Dias, M.G., & P.L. Harris. 1990. The influence of the imagination on reasoning by young children. *British Journal of Developmental Psychology* 8: 305–18.

Diaz, R.M. 1990. The social origins of self-regulation: A Vygotskian perspective. Paper presented at the annual meeting of the American Educational Research Association, April, Boston.

Diaz, R.M., & L.E. Berk, eds. 1992. *Private speech: From social interaction to self-regulation.* Hillsdale, NJ: Erlbaum.

Diaz, R.M., & L.E. Berk. 1995. A Vygotskian critique of self-instructional training. *Development and Psychopathology* 7: 369–92.

Diaz, R.M., C.J. Neal, & M. Amaya-Williams. 1990. The social origins of self-regulation. In *Vygotsky and education: Instructional implications and applications of sociohistorical psychology,* ed. L.C. Moll, 127–54. New York: Cambridge University Press.

Diaz, R.M., C.J. Neal, & A. Vachio. 1991. Maternal teaching in the zone of proximal development: A comparison of low- and high-risk dyads. *Merrill-Palmer Quarterly* 37: 83–108.

Diaz, R.M., A. Winsler, & I. Montero. 1994. The role of private speech in the transition from collaborative to independent task performance. Stanford University, Stanford, California. Typescript.

Diaz, R.M., A. Winsler, D.J. Atencio, & K. Harbers. 1992. Mediation of self-regulation through the use of private speech. *International Journal of Cognitive Education and Mediated Learning* 2: 1–13.

Dickie, J. 1973. Private speech: The effect of presence of others, task and interpersonal variables. Ph.D. diss. Abstract in *Dissertation Abstracts International* 34: 1292B. (University Microfilms No. 73–20, 329)

DiLalla, L.F., & M.W. Watson. 1988. Differentiation of fantasy and reality: Preschoolers' reactions to interruptions in their play. *Developmental Psychology* 24: 286–91.

Dirks, J. 1982. The effect of a commercial game on children's block design scores on the WISC–R test. *Intelligence* 6: 109–23.

Doise, W., G. Mugny, & A.N. Perret-Clermont. 1975. Social interaction and the development of cognitive operations. *European Journal of Social Psychology* 5: 367–83.

Doise, W., G. Mugny, & A.N. Perret-Clermont. 1976. Social interaction and cognitive development. *European Journal of Social Psychology* 6: 245–47.

Dornbusch, S.M., P.L. Ritter, P.H. Leiderman, D.F. Roberts, & M.J. Fraleigh. 1987. The relation of parenting style to adolescent school performance. *Child Development* 58: 1244–57.

Douglas, V.I. 1983. Attention and cognitive problems. In *Developmental neuropsychiatry.* New York: Guilford.

Douglas, V.I. 1988. Cognitive deficits in children with attention deficit disorder with hyperactivity. In *Attention deficit disorder: Criteria, cognition, intervention,* eds. L. Bloomingdale & J. Sergeant, 65–81. New York: Pergamon.

Duckworth, E. 1964. In *Piaget rediscovered,* eds. R. Ripple & O. Rockcastle. Ithaca, NY: Cornell University Press.

Dunham, P., & R. Dunham. 1992. Lexical development during middle infancy: A mutually driven infant–caregiver process. *Developmental Psychology* 28: 414–20.

Dunn, J., & N. Dale. 1984. I a daddy: 2-year-olds' collaboration in joint pretend with sibling and with mother. In *Symbolic play,* ed. I. Bretherton, 131–58. New York: Academic.

Dunn, J., & C. Wooding. 1977. Play in the home and its implications for learning. In *Biology of play,* eds. B. Tizard & D. Harvey, 45–58. London: Heinemann.

Dush, D.M., M.L. Hirt, & H.E. Schroeder. 1989. Self-statement modification in the treatment of child behavior disorders: A meta-analysis. *Psychological Bulletin* 106: 97–106.

Dweck, C.S. 1991. Self-theories and goals: Their role in motivation, personality and development. In *Nebraska Symposia on Motivation.* Vol. 36, ed. R. Dienstbier, 199–235. Lincoln: University of Nebraska Press.

Edwards, C. 1993. Partner, nurturer, and guide: The roles of the Reggio teacher in action. In *The hundred languages of children: The Reggio Emilia approach to early childhood education,* eds. C. Edwards, L. Gandini, & G. Forman, 151–69. Norwood, NJ: Ablex.

Edwards, C., L. Gandini, & G. Forman, eds. 1993. *The hundred languages of children: The Reggio Emilia approach to early childhood education.* Norwood, NJ: Ablex.

Edwards, P.A. 1989. Supporting lower SES mothers' attempts to provide scaffolding for book reading. In *Risk makers, risk takers, risk breakers,* eds. J. Allen & J.M. Mason, 222–50. Portsmouth, NH: Heinemann.

Elbers, E., R. Maier, T. Hoekstra, & M. Hoogsteder. 1992. Internalization and adult–child interaction. *Learning and Instruction* 2: 101–18.

El'konin, D. 1966. Symbolics and its functions in the play of children. *Soviet Education* 8: 35–41.

El'konin, D. 1978. *Psikhologia igri* (The psychology of play). Moscow: Izdatel'stvo Pedagogika.

Erikson, E.H. 1950. *Childhood and society.* New York: Norton.

Ervin-Tripp, S. 1991. Play in language development. In *Play and the social context of development in early care and education,* eds. B. Scales, M. Almy, A. Nicolopoulou, & S. Ervin-Tripp, 84–97. New York: Teachers College Press.

Fahrmeier, E.D. 1978. The development of concrete operations among the Hausa. *Journal of Cross-Cultural Psychology* 9: 23–44.

Farver, J.M. 1993. Cultural differences in scaffolding pretend play: A comparison of American and Mexican mother-child and sibling-child pairs. In *Parent-child play: Descriptions and implications,* ed. K. MacDonald, 349–66. Albany, NY: State University of New York Press.

Feigenbaum, P. 1992. Development of the syntactic and discourse structures of private speech. In *Private speech: From social interaction to self regulation,* eds. R.M. Diaz & L.E. Berk, 181–98. Hillsdale, NJ: Erlbaum.

Fein, G. 1981. Pretend play: An integrative review. *Child Development* 52: 1095–118.

Ferrara, R.A., A.L. Brown, & J.C. Campione. 1986. Children's learning and transfer of inductive reasoning rules: Studies of proximal development. *Child Development* 57: 1087–99.

Feuerstein, R. 1979. *Dynamic assessment of retarded performers: The learning potential assessment device: Theory, instruments, and techniques.* Baltimore: University Park Press.

Feuerstein, R. 1980. *Instrumental enrichment.* Baltimore: University Park Press.

Feuerstein, R., H.C. Haywood, Y. Rand, M.B. Hoffman, & M.R. Jensen. 1986. *Learning potential assessment device manual.* Jerusalem: Wadasah—W120, Canada Research Institute.

Fiese, B. 1990. Playful relationships: A contextual analysis of mother–toddler interaction and symbolic play. *Child Development* 61: 1648–56.

File, N. 1993. The teacher as guide of children's competence with peers. *Child & Youth Care Forum* 22: 351–60.

Fischer, K.W., & S.L. Pipp. 1984. Processes of cognitive development: Optimal level and skill acquisition. In *Mechanisms of cognitive development,* ed. R.J. Sternberg, 45–80. New York: Freeman.

Flavell, J.H., F.L. Green, & E.R. Flavell. 1987. Development of knowledge about the appearance–reality distinction. *Monographs of the Society for Research in Child Development* 51 (1, Serial No. 212).

Fleer, M. 1992. Identifying teacher–child interaction which scaffolds scientific thinking in young children. *Science Education* 76: 373–97.

Forman, E.A. 1987. Learning through peer interaction: A Vygotskian perspective. *Genetic Epistemologist* 15: 6–15.

Forman, G. 1993. Multiple symbolization in the long jump project. In *The hundred languages of children: The Reggio Emilia approach to early childhood education,* eds. C. Edwards, L. Gandini, & G. Forman, 171–88. Norwood, NJ: Ablex.

Forman, E.A., & C.B. Cazden. 1985. Exploring Vygotskian perspectives in education: The cognitive value of peer interaction. In *Culture, communication, and cognition: Vygotskian perspectives,* ed. J.V. Wertsch, 323–47. New York: Cambridge University Press.

Forman, E.A., & J. McPhail. 1993. Vygotskian perspective on children's collaborative problem-solving activities. In *Contexts for learning,* eds. E.A. Forman, N. Minick, & C.A. Stone, 213–29. New York: Oxford University Press.

Frankel, K.A., & J.E. Bates. 1990. Mother-toddler problem solving: Antecedents in attachment, home behavior, and temperament. *Child Development* 61: 810–19.

Frauenglass, M.H., & R.M. Diaz. 1985. Self-regulatory functions of children's private speech: A critical analysis of recent challenges to Vygotsky's theory. *Developmental Psychology* 21: 357–64.

French, D.C., G.A. Waas, A.L. Stright, & L.A. Baker. 1986. Leadership asymmetries in mixed-age children's groups. *Child Development* 57: 1277–83.

Freyberg, J. 1973. Increasing the imaginative play of urban disadvantaged children through systematic training. In *The child's world of make-believe,* ed. J. Singer, 129–54. New York: Academic.

Gallimore, R., & R. Tharp. 1990. Teaching mind in society: Teaching, schooling, and literate discourse. In *Vygotsky and education: Instructional implications and applications of sociohistorical psychology,* ed. L.C. Moll, 175–205. New York: Cambridge University Press.

Gallimore, R., S. Dalton, & R.G. Tharp. 1986. Self-regulation and interactive teaching: The effects of teaching conditions on teachers' cognitive activity. *Elementary School Journal* 86: 613–31.

Gandini, L. 1993a. Educational and caring spaces. In *The hundred languages of children: The Reggio Emilia approach to early childhood education,* eds. C. Edwards, L. Gandini, & G. Forman, 135–49. Norwood, NJ: Ablex.

Gandini, L. 1993b. Fundamentals of the Reggio Emilia approach to early childhood education. *Young Children* 49 (1): 4–8.

Gardner, H. 1993. Foreword: Complementary perspectives on Reggio Emilia. In *The hundred languages of children: The Reggio Emilia approach* to early childhood education, eds. C. Edwards, L. Gandini, & G. Forman, ix–xiii. Norwood, NJ: Ablex.

Garvey, C. 1974. Requests and responses in children's speech. Journal of Child Language 2: 41–60.

Garvey, C. 1990. Play. Cambridge, MA: Harvard University Press.

Garvey, C., & T. Kramer. 1989. The language of social pretend play. Developmental Review 9: 364–82.

Gaskill, M.N., & R.M. Diaz. 1991. The relation between private speech and cognitive performance. Infancia y Aprendizaje 53: 45–58.

Gauvain, M., & B. Rogoff. 1989. Collaborative problem solving and children's planning skills. Developmental Psychology 25: 139–51.

Geary, D.C., K.F. Widaman, T.D. Little, & P. Cormier. 1987. Cognitive addition: Comparison of learning disabled and academically normal elementary school children. Cognitive Development 2: 249–69.

Gillingham, K.M., & Berk, L.E. 1995. The role of private speech in the development of young children's focused attention during play. Paper presented at the biennial meeting of the Society for Research in Child Development, March, Indianapolis.

Glassman, M. 1994. All things being equal: The two roads of Piaget and Vygotsky. Developmental Review 14: 186–214.

Goldman, J. 1981. Social participation of preschool children in same- versus mixed-age groups. Child Development 52: 644–50.

Golinkoff, R.M. 1983. The preverbal negotiation of failed messages: Insights into the transition period. In The transition of prelinguistic to linguistic communication, ed. R.M. Golinkoff, 57–78. Hillsdale, NJ: Erlbaum.

Göncü, A. 1993. Development of intersubjectivity in the dyadic play of preschoolers. Early Childhood Research Quarterly 8: 99–116.

Gonzalez, M.M. 1994. Parental distancing strategies: Processes and outcomes in a longitudinal perspective. Paper presented at the biennial meeting of the International Society for the Study of Behavioral Development, June, Amsterdam, The Netherlands.

Goodlad, J.I. 1984. A place called school. New York: McGraw-Hill.

Goodman, K. 1986. What's whole in whole language? Portsmouth, NH: Heinemann.

Goudena, P.P. 1987. The social nature of private speech of preschoolers during problem solving. International Journal of Behavioral Development 10: 187–206.

Goudena, P.P. 1992. The problem of abbreviation and internalization of private speech. In Private speech: From social interaction to self-regula-

tion, eds. R.M. Diaz & L.E. Berk, 215–24. Hillsdale, NJ: Erlbaum.

Goudena, P.P. 1994. Vygotsky's concept of internalization: Its strengths and its weaknesses. Paper presented at the biennial meeting of the International Society for the Study of Behavioral Development, June, Amsterdam, The Netherlands.

Gralinski, J.H., & C.B. Kopp. 1993. Everyday rules for behavior: Mothers' requests to young children. Developmental Psychology 29: 573–84.

Haight, W.L., & P.J. Miller. 1993. Pretending at home: Early development in a sociocultural context. Albany, NY: State University of New York Press.

Halford, G.S. 1993. Children's understanding: The development of mental models. Hillsdale, NJ: Erlbaum.

Harris, R.I. 1978. Impulse control in deaf children: Research and clinical issues. In Deaf children: Developmental perspectives, ed. L.S. Liben, 137–56. New York: Academic.

Hatano, G. 1993. Time to merge Vygotskian and constructivist conceptions of knowledge acquisition. In Contexts for learning, eds. E.A. Forman, N. Minick, & C.A. Stone, 153–66. New York: Oxford University Press.

Hatano, G., & K. Inagaki. 1987. A theory of motivation for comprehension and its application to mathematics instruction. In The monitoring of school mathematics: Background papers. Vol. 2, Implications from psychology; outcomes of instruction (Program Report 87-2), eds. T.A. Romberg & D.M. Stewart, 27–46. Madison: Wisconsin Center for Educational Research.

Heath, S.B. 1983. Ways with words: Language, life, and work in communities and classrooms. Cambridge, England: Cambridge University Press.

Heath, S.B. 1989. Oral and literate traditions among Black Americans living in poverty. American Psychologist 44: 367–73.

Hedges, L.V., R.M. Giaconia, & N.L. Gage. 1981. Meta-analysis of the effects of open and traditional instruction. Stanford, CA: Stanford University, Program on Teaching Effectiveness.

Heyman, G.D., C.S. Dweck, & K.M. Cain. 1992. Young children's vulnerability to self-blame and helplessness: Relationship to beliefs about goodness. Child Development 63: 401–15.

Hinshaw, S.P., & D. Erhardt. 1991. Attention-deficit hyperactivity disorder. In Child and adolescent therapy: Cognitive-behavioral procedures, ed. P.C. Kendall, 98–128. New York: Guilford.

Horwitz, R.A. 1979. Psychological effects of the open classroom. Review of Educational Research 49: 71–86.

Howes, C., & D. Clemente. 1994. Adult socialization of children's play in child care. In Children's play in day care settings. ed. H. Goelman, 20–36. Albany: State University of New York Press.

Hughes, J.N. 1988. *Cognitive behavior therapy with children in schools.* New York: Pergamon.

Jacob, R.B., K.D. O'Leary, & C. Rosenblad. 1978. Formal and informal classroom settings: Effects on hyperactivity. *Journal of Abnormal Child Psychology* 6: 47–59.

Jamieson, J.R. 1994. Teaching as transaction: Vygotskian perspectives on deafness and mother–child interaction. *Exceptional Children* 60: 434–49.

Jamieson, J.R., & E.D. Pedersen. In press. Deafness and mother–child interaction: Scaffolded instruction and the learning of problem-solving skills. *Early Development and Parenting.*

Jones, E., & J. Nimmo. 1994. *Emergent curriculum.* Washington, DC: NAEYC.

Jones, G.A., & C.A. Thornton. 1993. Vygotsky revisited: Nurturing young children's understanding of number. *Focus on Learning Problems in Mathematics* 15: (2–3) 18–28.

Katz, L. 1990. Impressions of Reggio Emilia preschools. *Young Children* 45 (6): 11–12.

Katz, L.G., D. Evangelou, & J.A. Hartman. 1990. *The case for mixed-age grouping in early education.* Washington, DC: NAEYC.

Kavanaugh, R.D., S. Whittington, & M.J. Cerbone. 1983. Mothers' use of fantasy in speech to young children. *Journal of Child Language* 10: 45–55.

Kaye, K., & J. Marcus. 1981. Infant imitation: The sensory-motor agenda. *Developmental Psychology* 17: 258–65.

Keane, K.J., & R.E. Kretschmer. 1987. Effect of mediated learning intervention on cognitive task performance with a deaf population. *Journal of Educational Psychology* 79: 49–53.

Kendall, P.C., & L. Braswell. 1985. *Cognitive-behavioral therapy for impulsive children.* New York: Guilford.

Kinsman, C.A., & L.E. Berk. 1979. Joining the block and housekeeping areas: Changes in play and social behavior. *Young Children* 35 (1): 66–75.

Knox, J.E., & C.B. Stevens. 1993. Vygotsky and Soviet Russian defectology: An introduction. In *The collected works of L.S. Vygotsky.* Vol. 2, *The fundamentals of defectology,* eds. R.W. Rieber & A.S. Carton. New York: Plenum.

Kohlberg, L., & R. Mayer. 1972. Development as the aim of education. *Harvard Educational Review* 42: 449–96.

Kohlberg, L., J. Yaeger, & E. Hjertholm. 1968. Private speech: Four studies and a review of theories. *Child Development* 39: 691–736.

Kozulin, A. 1990. *Vygotsky's psychology: A biography of ideas.* Cambridge, MA: Harvard University Press.

Kuczaj, S.A. 1983. *Crib speech and language play.* New York: Springer-Verlag.

Kuczaj, S.A. 1985. Language play. *Early Child Development & Care* 19: 53–67.

Landau, S., & C. McAninch. 1993. Research in review. Young children with attention deficits. *Young Children* 48 (4): 49–58.

Landau, S., & L. Moore. 1991. Social skills deficits in children with attention-deficit hyperactivity disorder. *School Psychology Review* 20: 235–51.

Lave, J. 1988. *Cognition in practice: Mind, mathematics, and culture in everyday life.* New York: Cambridge University Press.

Lave, J., & E. Wenger. 1991. *Situated learning: Legitimate peripheral participation.* New York: Cambridge University Press.

Lawrence, J.A., & J. Valsiner. 1993. Conceptual roots of internalization: From transmission to transformation. *Human Development* 36: 150–67.

Lederberg, A.R., & C.E. Mobley. 1990. The effect of hearing impairment on the quality of attachment and mother–toddler interaction. *Child Development* 61: 1596–604.

Leont'ev, A.N. 1959. *Problemy razvitiya psikhiki* (Problems in the development of mind). Moscow: Moscow University Press.

Leont'ev, A.N. 1978. *Activity, consciousness, and personality.* Englewood Cliffs, NJ: Prentice Hall.

Leont'ev, A.N. 1981. The problem of activity in psychology. In *The concept of activity in Soviet psychology,* ed. J.V. Wertsch, 37–71. Armonk, NY: Sharpe.

Levenstein, P. 1988. *Messages from home.* Columbus, OH: Ohio State University.

Levenstein, P., & J. O'Hara. 1993. The necessary lightness of mother–child play. In *Parent–child play,* ed. K. MacDonald, 221–37. New York: State University of New York Press.

Levy, E. 1989. Monologue as development of the text-forming function of language. In *Narratives from the crib,* ed. K. Nelson, 123–70. Cambridge, MA: Harvard University Press.

Lidz, C.S. 1991. *Practitioner's guide to dynamic assessment.* New York: Guilford.

Light, P., & A. Perret-Clermont. 1989. Social context effects in learning and testing. In *Cognition and social worlds,* eds. A.R.H. Gellatly, D. Rogers, & J. Sloboda, 99–112. Oxford: Clarendon.

Light, P.H., & M. Glachan. 1985. Facilitation of individual problem solving through peer interaction. *Educational Psychology* 5: 217–25.

Lougee, M.D.R., & W.G. Graziano. 1986. Children's relationships with non-agemate peers. University of Georgia, Athens, GA. Duplicated.

Lucariello, J. 1987. Spinning fantasy: Themes, structure, and the knowledge base. *Child Development* 58: 434–42.

Luria, A.R. 1976. *Cognitive development: Its cultural and social foundations.* Cambridge, MA: Harvard University Press.

Luria, A.R. 1982. *Language and cognition.* New York: Wiley.

Lyytinen, P., H. Rasku-Puttonen, A.M. Poikkeus, M.L. Laakso, & T. Ahonen. 1994. Mother-child teaching strategies and learning disabilities. *Journal of Learning Disabilities* 27: 186–92.

Malaguzzi, L. 1993a. For an education based on relationships. Trans. L. Gandini. *Young Children* 49 (1): 9–12.

Malaguzzi, L. 1993b. History, ideas, and basic philosophy. In *The hundred languages of children: The Reggio Emilia approach to early childhood education*, eds. C. Edwards, L. Gandini, & G. Forman, 41–89. Norwood, NJ: Ablex.

Manning, B.H., & C.S. White. 1990. Task-relevant private speech as a function of age and sociability. *Psychology in the Schools* 27: 365–72.

Mash, E.J., & C. Johnston. 1982. A comparison of the mother-child interactions of younger and older hyperactive and normal children. *Child Development* 53: 1371–81.

McCarthy, E.M. 1992. Anatomy of a teaching interaction: The components of teaching in the ZPD. Paper presented at the annual meeting of the American Educational Research Association, April, San Francisco, California.

McCune, L. 1993. The development of play as the development of consciousness. In *New directions for child development*, No. 59, eds. M.H. Bornstein & A. O'Reilly, 67–79. San Francisco: Jossey-Bass.

McDonald, K., & R. Parke. 1986. Parent–child physical play: The effects of sex and age of children and parents. *Sex Roles* 15: 367–78.

McGee, L.M., & D.J. Richgels. 1990. *Literacy's beginnings: Supporting young readers and writers*. Boston: Allyn & Bacon.

McLoyd, V.C. 1983. The effects of the structure of play objects on the pretend play of low-income preschool children. *Child Development* 54: 626–35.

McLoyd, V.C., D. Warren, & A.C. Thomas. 1984. Anticipatory and fantastic role enactment in preschool triads. *Developmental Psychology* 20: 807–14.

Meadow, K.P. 1980. *Deafness and child development*. Berkeley, CA: University of California Press.

Meadow, K.P., M.T. Greenberg, C. Erting, & H. Carmichael. 1981. Interactions of deaf mothers and deaf preschool children: Comparisons with three other groups of deaf and hearing dyads. *American Annals of the Deaf* 126: 454–68.

Meadow-Orlans, K.P. 1993. Interactions of deaf and hearing mothers with their hearing and deaf infants at 12 and 18 months. Paper presented at the biennial meeting of the Society for Research in Child Development, New Orleans, Louisiana.

Mearig, J.S. 1987. Assessing the learning potential of kindergarten and primary-age children. In *Dynamic assessment: An interactional approach to evaluating learning potential*, ed. C.S. Lidz, 237–67. New York: Guilford.

Meichenbaum, D.H., & J. Goodman. 1971. Training impulsive children to talk to themselves: A means of developing self-control. *Journal of Personality and Social Psychology* 34: 942–50.

Meltzoff, A., & A. Gopnik. 1993. The role of imitation in understanding persons and developing a theory of mind. In *Understanding other minds*, eds. S. Baron-Cohen & H. Tager-Flusberg, 335–66. Oxford: Oxford University Press.

Miller, P., & C. Garvey. 1984. Mother–baby role play: Its origins in social support. In *Symbolic play*, ed. I. Bretherton, 101–30. New York: Academic.

Miller-Jones, D. 1989. Culture and testing. *American Psychologist* 44: 360–66.

Minick, N. 1989. Mind and activity in Vygotsky's work: An expanded frame of reference. *Cultural Dynamics* 2: 162–87.

Missiuna, C., & M. Samuels. 1989. Dynamic assessment: Review and critique. *Special Services in the Schools* 5 (1/2): 1–22.

Moll, L.C. 1990. Introduction. In *Vygotsky and education*, L.C. Moll, 1–30. New York: Cambridge University Press.

Moll, L.C., & J.B. Greenberg. 1990. Creating zones of possibilities: Combining social contexts for instruction. In *Vygotsky and education*, ed. L.C. Moll, 319–48. New York: Cambridge University Press.

Moll, L.C., & K.F. Whitmore. 1993. Vygotsky in classroom practice: Moving from individual transmission to social transaction. In *Contexts for learning*, eds. E.A. Forman, N. Minick, & C.A. Stone, 19–42. New York: Oxford University Press.

Mounts, N.S., & J.L. Roopnarine. 1987. Social-cognitive play patterns in same-age and mixed-age preschool classrooms. *American Educational Research Journal* 24: 463–76.

Mugny, G., & W. Doise. 1978. Socio-cognitive conflict and structure of individual and collective performance. *European Journal of Social Psychology* 8: 181–92.

Murray, F.B. 1972. Acquisition of conservation through social interaction. *Developmental Psychology* 6: 1–6.

Murray, F.B. 1982. Teaching through social conflict. *Contemporary Educational Psychology* 7: 257–71.

Murray, J.D. 1979. Spontaneous private speech and performance on a delayed match-to-sample task. *Journal of Experimental Child Psychology* 27: 286–302.

Nastasi, B.K., D.H. Clements, & M.T. Battista. 1990. Social–cognitive interactions, motivation, and cognitive growth in Logo programming and CAI problem-solving environments. *Journal of Educational Psychology* 82: 1–9.

National Association for the Education of Young Children. 1991. *Accreditation criteria & procedures*. Rev. ed. Washington, DC: NAEYC.

Nelson, K. 1973. Structure and strategy in learning to talk. *Monographs for the Society for Research in Child Development* 38 (1–2, Serial No. 149).

Nelson, K., ed. 1989. *Narratives from the crib.* Cambridge, MA: Harvard University Press.

Neuman, S.B., & K. Roskos. 1991. Peers as literacy informants: A description of young children's literacy conversations in play. *Early Childhood Research Quarterly* 6: 233–48.

Newman, F., & L. Holzman. 1993. *Lev Vygotsky: Revolutionary scientist.* New York: Routledge.

Newman, L.S. 1990. Intentional versus unintentional memory in young children: Remembering versus playing. *Journal of Experimental Child Psychology* 50: 243–58.

Newson, J., & E. Newson. 1975. Intersubjectivity and the transmission of culture: On the social origins of symbolic functioning. *Bulletin of the British Psychological Society* 28: 437–46.

Nicholls, J., P. Cobb, T. Wood, E. Yackel, & M. Patashnick. 1990. Dimensions of success in mathematics: Individual and classroom differences. *Journal for Research in Mathematics Education* 21: 109–22.

Nicolopoulou, A. 1991. Play, cognitive development, and the social world. In *Play and the social context of development in early care and education,* eds. B. Scales, M. Almy, A. Nicolopoulou, & S. Ervin-Tripp, 129–42. New York: Teachers College Press.

Nicolopoulou, A. 1993. Play, cognitive development, and the social world: Piaget, Vygotsky, and beyond. *Human Development* 36: 1–23.

Oakes, J. 1986. Tracking, inequality, and the rhetoric of school reform: Why schools don't change. *Journal of Education* 168 (1): 60–80.

O'Connell, B., & I. Bretherton. 1984. Toddlers' play alone and with mother: The role of maternal guidance. In *Symbolic play,* ed. I. Bretherton, 337–68. New York: Academic.

O'Connor, M., T. Foch, T. Sherry, & R. Plomin. 1980. A twin study of specific behavioral problems of socialization as viewed by parents. *Journal of Abnormal Child Psychology* 8: 189–99.

Okagaki, L., & R.J. Sternberg. 1993. Parental beliefs and children's school performance. *Child Development* 64: 36–56.

Olszewski, P. 1987. Individual differences in preschool children's production of verbal fantasy play. *Merrill-Palmer Quarterly* 33: 69–86.

O'Reilly, A.W., & M.H. Bornstein. 1993. Caregiver–child interaction in play. In *New directions for child development* (No. 59), eds. M.H. Bornstein & A.W. O'Reilly, 55–66. San Francisco: Jossey-Bass.

Pacifici, C., & D.J. Bearison. 1991. Development of children's self-regulations in idealized and mother–child interactions. *Cognitive Development* 6: 261–77.

Packer, M.J. 1993. Away from internalization. In *Contexts for learning,* eds. E.A. Forman, N. Minick, & C.A. Stone, 254–65. New York: Oxford University Press.

Palincsar, A.S., & A.L. Brown. 1984. Reciprocal teaching of comprehension-fostering and monitoring activities. *Cognition and Instruction* 1: 117–75.

Palincsar, A.S., & A.L. Brown. 1989. Classroom dialogues to promote self-regulated comprehension. In *Advances in research on teaching.* Vol. 1, ed. J. Brophy, 35–72. Greenwich, CT: JAI.

Palincsar, A.S., & L. Klenk. 1992. Fostering literacy learning in supportive contexts. *Journal of Learning Disabilities* 25: 211–25.

Palincsar, A.S., A.L. Brown, & J.C. Campione. 1993. In *Contexts for learning,* eds. E.A. Forman, N. Minick, & C.A. Stone, 43–57. New York: Oxford University Press.

Palkes, H., M. Stewart, & B. Kahana. 1968. Porteus maze performance of hyperactive boys after training in self-directed verbal commands. *Child Development* 39: 817–26.

Parten, M. 1932. Social participation among preschool children. *Journal of Abnormal and Social Psychology* 2: 243–69.

Pelham, W.E., Jr. 1987. What do we know about the use and effects of CNS stimulants in the treatment of ADD? In *The young hyperactive child: Answers to questions about diagnosis, prognosis and treatment,* ed. J. Loney, 99–110. New York: Haworth.

Pelham, W.E., Jr. 1992. Children's summer day treatment program: 1992 program manual. Unpublished manuscript, University of Pittsburgh School of Medicine, Western Psychiatric Institute and Clinic, Pittsburgh, Pennsylvania.

Pelham, W.E., Jr. 1993. Pharmacotherapy for children with attention-deficit hyperactivity disorder. *School Psychology Review* 22: 199–227.

Pellegrini, A.D. 1981. The development of preschoolers' private speech. *Journal of Pragmatics* 5: 445–58.

Pellegrini, A.D., & L. Galda. 1982. The effects of thematic-fantasy play training on the development of children's story comprehension. *American Educational Research Journal* 19: 443–52.

Pellegrini, A.D., & M. Horvat. 1995. A developmental contextualist critique of attention deficit hyperactivity disorder. *Educational Researcher* 24 (1): 13–19.

Pepler, D.J., & H.S. Ross 1981. The effect of play on convergent and divergent problem solving. *Child Development* 52: 1202–10.

Pepperberg, I.M., K.J. Brese, & B.J. Harris. 1991. Solitary sound play during acquisition of English vocalizations by an African Grey parrot (Psittacus erithacus): Possible parallels with children's monologue speech. *Applied Psycholinguistics* 12: 151–78.

Perlmutter, M., S.D. Behrend, F. Kuo, & A. Muller. 1989. Social influences on children's problem solving. *Developmental Psychology* 25: 744–54.

Perner, J., S.R. Leekam, & H. Wimmer. 1986. The insincerity of conservation questions: Children's growing insensitivity to experimenters' epistemic intentions. University of Sussex. Duplicated.

Perret-Clermont, A.N. 1980. *Social interaction and cognitive development in children*. London: Academic.

Perret-Clermont, A.N., J-F. Perret, & N. Bell. 1991. The social construction of meaning and cognitive activity in elementary school children. In *Perspectives on socially shared cognition*, eds. L.B. Resnick, J.M. Levine, & S.D. Teasley, 41–62. Washington, DC: American Psychological Association.

Piaget, J. [1923] 1926. *The language and thought of the child*. New York: Harcourt, Brace & World.

Piaget, J. [1926] 1930. *The child's conception of the world*. New York: Harcourt, Brace & World.

Piaget, J. [1932] 1965. *The moral judgment of the child*. New York: Free Press.

Piaget, J. [1945] 1951. *Play, dreams, and imitation in childhood*. New York: Norton.

Piaget, J. 1950. *The psychology of intelligence*. New York: International Universities Press.

Piaget, J. 1952. Jean Piaget (autobiographical sketch). In *A history of psychology in autobiography*, eds. E.G. Boring, H.S. Langfeld, H. Werner, & R.M. Yerkes, 237–56. Worcester, MA: Clark University Press.

Piaget, J. [1962] 1979. Comments on Vygotsky's critical remarks. *Archives of Psychology* 47: 237–49.

Piaget, J. 1985. *The equilibration of cognitive structures: The central problem of intellectual development*. Chicago: University of Chicago Press.

Podrouzek, W., & D. Furrow 1988. Preschoolers' use of eye contact while speaking: The influence of sex, age, and conversational partner. *Journal of Psycholinguistic Research* 17: 89–93.

Pratt, M.W., D. Green, J. MacVicar, & M. Bountrogianni. 1992. The mathematical parent: Parental scaffolding, parent style, and learning outcomes in long-division mathematics homework. *Journal of Applied Developmental Psychology* 13: 17–34.

Pratt, M.W., P. Kerig, P.A. Cowan, & C.P. Cowan. 1988. Mothers and fathers teaching 3-year-olds: Authoritative parents and adult scaffolding of young children's learning. *Developmental Psychology* 24: 832–39.

Radziszewska, B., & B. Rogoff. 1988. Influence of adult and peer collaboration on the development of children's planning skills. *Developmental Psychology* 24: 840–48.

Rand, Y., & S. Kaniel. 1987. Group administration of the LPAD. In *Dynamic assessment: An inter-actional approach to evaluating learning potential*, ed. C.S. Lidz, 196–214. New York: Guilford.

Ratner, N., & J.S. Bruner. 1978. Social exchange and the acquisition of language. *Journal of Child Language* 5: 391–402.

Resnick, L.B. 1991. Shared cognition: Thinking as social practice. In *Perspectives on socially shared cognition*, eds. L.B. Resnick, J.M. Levine, & S.D. Teasley, 1–20. Washington, DC: American Psychological Association.

Roberts, R.N. 1979. Private speech in academic problem solving: A naturalistic perspective. In *The development of self-regulation through private speech*, ed. G. Zivin, 295–323. New York: Wiley.

Roberts, R.N., & M.L. Barnes. 1992. "Let momma show you how": Maternal–child interactions and their effects on children's cognitive performance. *Journal of Applied Developmental Psychology* 13: 363–76.

Rogoff, B. 1990. *Apprenticeship in thinking: Cognitive development in social context*. New York: Oxford University Press.

Rogoff, B., & K.J. Waddell. 1982. Memory for information organized in a scene by children from two cultures. *Child Development* 53: 1224–28.

Rogoff, B., J. Mistry, A. Göncü, & C. Mosier. 1993. Guided participation in cultural activity by toddlers and caregivers. *Monographs of the Society for Research in Child Development* 58 (8, Serial No. 236).

Rogoff, B., C. Mosier, J. Mistry, & A. Göncü. 1993. Toddlers' guided participation with their caregivers in cultural activity. In *Contexts for learning*, eds. E.A. Forman, N. Minick, & C.A. Stone, 230–53. New York: Oxford University Press.

Roopnarine, J.L., & J. Bright. 1992. The social-individual model: Mixed-age socialization. In *Approaches to early childhood education*, eds. J. Roopnarine & J. Johnson. 2nd ed., 223–42. Columbus, OH: Macmillan.

Roopnarine, J.L., M. Ahmeduzzaman, S. Donnely, P. Gill, A. Mennis, L. Arky, K. Dingler, M. McLaughlin, & E. Talukder. 1992. Social-cognitive play behaviors and playmate preferences in same-age and mixed-age classrooms over a 6-month period. *American Educational Research Journal* 29: 757–76.

Rubin, K.H. 1979. Impact of the natural setting on private speech. In *The development of self-regulation through private speech*, ed. G. Zivin, 265–94. New York: Wiley.

Rubin, K.H. 1982. The private speech of preschoolers who vary with regard to sociability. Paper presented at the annual meeting of the American Educational Research Association, April, New York.

Rubin, K.H., & L. Dyck. 1980. Preschoolers' private speech in a play setting. *Merrill-Palmer Quarterly* 26: 219–29.

Rubin, K.H., G.G. Fein, & B. Vandenberg. 1983. Play. In *Handbook of child psychology*. Vol. 4, *Socialization, personality, and social development*, ed. E.M. Hetherington, 693–744. New York: Wiley.

Rubtsov, V.V. 1981. The role of cooperation in the development of intelligence. *Soviet Psychology* 19: 41–62.

Sachs, J. 1980. The role of adult–child play in language development. In *New directions for child development* (No. 9), ed. K.H. Rubin, 33–48. San Francisco: Jossey-Bass.

Saltz, E., & J. Brodie. 1982. Pretend-play training in childhood: A review and critique. *Contributions to Human Development* 6: 97–113.

Saltz, E., & J. Johnson. 1974. Training for thematic fantasy play in culturally disadvantaged children: Preliminary results. *Journal of Educational Psychology* 66: 623–30.

Saltz, E., D. Dixon, & J. Johnson. 1977. Training disadvantaged preschoolers on various fantasy activities: Effects on cognitive functioning and impulse control. *Child Development* 48: 367–80.

Schlesinger, H.S., & K.P. Meadow. 1972. *Sound and sign: Childhood deafness and mental health*. Berkeley, CA: University of California Press.

Schunk, D.H., & B.J. Zimmerman, eds. 1994. *Self-regulation of learning and performance: Issues and educational applications*. Hillsdale, NJ: Erlbaum.

Scribner, S., & M. Cole. 1981. *Psychology of literacy*. Cambridge, MA: Cambridge University Press.

Siegal, M., L.J. Waters, & L.S. Dinwiddy. 1988. Misleading children: Causal attributions for inconsistency under repeated questioning. *Journal of Experimental Child Psychology* 45: 438–56.

Siegler, R.S. 1981. Developmental sequences within and between concepts. *Monographs for the Society for Research in Child Development* 46 (2, Serial No. 189).

Sigel, I. 1982. The relationship between parental distancing strategies and the child's cognitive behavior. In *Families as learning environments for children*, eds. L. Laosa & I. Sigel, 47–86. New York: Plenum.

Sigel, I.E., A.V. McGillicuddy-DeLisi, & J. Johnson. 1980. *Parental distancing, beliefs, and children's representational competence within the family context*. Princeton, NJ: Educational Testing Service.

Silvern, S.B., J.B. Taylor, P.A. Williamson, E. Surbeck, & M.F. Kelley. 1986. Young children's story recall as a product of play, story familiarity, and adult intervention. *Merrill-Palmer Quarterly* 32: 73–86.

Singer, D.G., & J. Singer. 1990. *The house of make-believe*. Cambridge, MA: Harvard University Press.

Slade, A. 1987. A longitudinal study of maternal involvement and symbolic play during the toddler period. *Child Development* 58: 367–75.

Slavin, R.E. 1983. *Cooperative learning*. New York: Longman.

Slavin, R.E. 1987. Developmental and motivational perspectives on cooperative learning: A reconciliation. *Child Development* 58: 1161–67.

Smolucha, F. 1991. The origins of object substitutions in social pretend play. Ph.D. diss., University of Chicago.

Smolucha, F. 1992a. The relevance of Vygotsky's theory of creative imagination for contemporary research on play. *Creativity Research Journal* 5: 69–76.

Smolucha, F. 1992b. Social origins of private speech in pretend play. In *Private speech: From social interaction to self-regulation*, eds. R.M. Diaz & L.E. Berk, 123–41. Hillsdale, NJ: Erlbaum.

Spencer, P.E., & M.K. Gutfreund. 1990. Directiveness in mother–infant interactions. In *Educational and developmental aspects of deafness*, eds. D.F. Moores & K.P. Meadow-Orlans, 350–65. Washington, DC: Gallaudet University Press.

Steinberg, L., J. Elmen, & N. Mounts. 1989. Authoritative parenting, psychosocial maturity, and academic success among adolescents. *Child Development* 60: 1424–36.

Stone, C.A. 1993. What is missing in the metaphor of scaffolding? In *Contexts for learning*, eds. E.A. Forman, N. Minick, & C.A. Stone, 169–83. New York: Oxford University Press.

Stright, A.L., & D.C. French. 1988. Leadership in mixed-age children's groups. *International Journal of Behavioral Development* 11: 507–15.

Sutton-Smith, B. 1974. *How to play with your children (and when not to)*. New York: Hawthorne.

Sutton-Smith, B. 1986. *Toys as culture*. New York: Gardner.

Tallmadge, J., & R.A. Barkley. 1983. The interactions of hyperactive and normal boys with their fathers and mothers. *Journal of Abnormal Child Psychology* 11: 565–80.

Tamis-LeMonda, C.S., & M.H. Bornstein. 1989. Habituation and maternal encouragement of attention in infancy as predictors of toddler language, play and representational competence. *Child Development* 60: 738–51.

Tamis-LeMonda, C.S., & M.H. Bornstein. 1991. Individual variation, correspondence, stability, and change in mother and toddler play. *Infant Behavior and Development* 14: 143–62.

Tamis-LeMonda, C.S., & M.H. Bornstein. 1993. Play and its relations to other mental functions in the child. In *New directions for child development* (No. 59), eds. M.H. Bornstein & A. O'Reilly, 17–27. San Francisco: Jossey-Bass.

Tharp, R.G. 1982. The effective instruction of comprehension: Results and description of the Kamehameha Early Education Program. *Reading Research Quarterly* 17: 503–27.

Tharp, R.G., & R. Gallimore. 1988. *Rousing minds to life*. New York: Cambridge University Press.

Thomas, N.G., & L.E. Berk. 1981. Effects of school environments on the development of young children's creativity. *Child Development* 52: 1152–62.

Thompson, R.A. 1990. On emotion and self-regulation. In *Nebraska Symposium on Motivation*. Vol. 36, ed. R.A. Thompson, 383–483. Lincoln: University of Nebraska Press.

Thorndike, E.L. 1926. *The measurement of intelligence*. New York: Teachers College Press.

Tomasello, M. 1990. The role of joint attentional processes in early language development. *Language Sciences* 10: 68–88.

Trevarthen, C. 1989. Origins and directions for the concept of infant intersubjectivity. *SRCD (Society for Research in Child Development) Newsletter*, Autumn, 1–4.

Tudge, J.R.H. 1989. When collaboration leads to regression: Some negative consequences of sociocognitive conflict. *European Journal of Social Psychology* 19: 123–38.

Tudge, J.R.H. 1990. Vygotsky, the zone of proximal development, and peer collaboration: Implications for classroom practice. In *Vygotsky and education: Instructional implications and applications of sociohistorical psychology*, ed. L.C. Moll, 155–72. New York: Cambridge University Press.

Tudge, J.R.H. 1992. Processes and consequences of peer collaboration: A Vygotskian analysis. *Child Development* 63: 1364–79.

Tudge, J.R.H., & B. Rogoff. 1987. Peer influences on cognitive development: Piagetian and Vygotskian perspectives. In *Interaction in human development*, eds. M.H. Bornstein & J.S. Bruner, 17–40. Hillsdale, NJ: Erlbaum.

Tudge, J.R.H., & P.A. Winterhoff. 1993. Vygotsky, Piaget, and Bandura: Perspectives on the relations between the social world and cognitive development. *Human Development* 36: 61–81.

Tulviste, P. 1991. *The cultural-historical development of verbal thinking*. Commack, NY: Nova Science Publishers.

Tzuriel, D. 1989. Inferential thinking modifiability in young socially disadvantaged and advantaged children. *International Journal of Dynamic Assessment and Instruction* 1: 65–80.

Valsiner, J. 1988. *Developmental psychology in the Soviet Union*. Sussex, Great Britain: Harvester.

van der Veer, R., & J. Valsiner. 1991. *Understanding Vygotsky: A quest for synthesis*. Cambridge, MA: Blackwell.

Vecchi, V. 1993. The role of the atelierista. In *The hundred languages of children: The Reggio Emilia*

approach to early childhood education, eds. C. Edwards, L. Gandini, & G. Forman, 119–27. Norwood, NJ: Ablex.

Vye, N.J., M.S. Burns, V.R. Delclos, & J.D. Bransford. 1987. A comprehensive approach to assessing intellectually handicapped children. In *Dynamic assessment: An interactional approach to evaluating learning potential*, ed. C.S. Lidz, 327–59. New York: Guilford.

Vygotsky, L.S. [1916] 1986. Tragedija o Gamlete, prince Datskom, U. Shekspira (The tragedy of Hamlet, Prince of Denmark, by Shakespeare). In *Psikhologija iskusstva* (The psychology of art), L.S. Vygotsky, 336–491. Moscow: Iskusstvo.

Vygotsky, L.S. [1925] 1979. Consciousness as a problem in the psychology of behavior. *Soviet Psychology* 17 (4): 3–35.

Vygotsky, L.S. 1925. Principles of social education for deaf and dumb children in Russia. In *International Conference on the Education of the Deaf*, 227–37. London: William H. Taylor & Sons.

Vygotsky, L.S. [1925] 1986. *Psikhologija iskusstva* (The psychology of art). Moscow: Iskusstvo.

Vygotsky, L.S. [1925] 1971. *The psychology of art*. Cambridge, MA: MIT Press.

Vygotsky, L.S. 1926. *Pedagogicheskaja psikhologija* (Pedagogical psychology). Moscow: Rabotnik Prosveshchenija.

Vygotsky, L.S. 1929. The problem of the cultural development of the child. *Journal of Genetic Psychology* 36: 415–34.

Vygotsky, L.S. [1930] 1990. Imagination and creativity in childhood. *Soviet Psychology* 28: 84–96. (Original work presented as a lecture.)

Vygotsky, L.S. [1930] 1981. The instrumental method in psychology. In *The concept of activity in Soviet psychology*, ed. J.V. Wertsch, 134–43. Armonk, NY: Sharpe.

Vygotsky, L.S. [1930–1935] 1978. *Mind in society: The development of higher mental processes*, eds. & trans. M. Cole, V. John-Steiner, S. Scribner, & E. Souberman. Cambridge, MA: Harvard University Press.

Vygotsky, L.S. 1931. Kollektiv kak faktor razvitija defektivnogo rebenka (The collective as a factor in the development of the abnormal child). *Voprosy Defektologii* 1–2: 8–17.

Vygotsky, L.S. [1931] 1960. *Razvitie vysshikh psikhicheskikh funktsii* (The development of higher mental functions). Moscow: Izdatel'stvo Akademii Pedagogicheskikh Nauk RSFSR.

Vygotsky, L.S. [1933] 1966. Play and its role in the mental development of the child. *Soviet Psychology* 12 (6): 62–76.

Vygotsky, L.S. 1934. *Myshlenie i rech: Psikhologicheskie issledovaniya* (Thinking and speech). Moscow-Leningrad: Gosudarstvennoe Izdatel'stvo.

Vygotsky, L.S. [1934] 1987. Thinking and speech. In *The collected works of L.S. Vygotsky*. Vol.

1., *Problems of general psychology*, eds. R. Rieber & A.S. Carton, trans. N. Minick, 37–285. New York: Plenum.

Vygotsky, L.S. [1934] 1962. *Thought and language*, eds. & trans. E. Hanfmann & G. Vakar. Cambridge, MA: MIT Press.

Vygotsky, L.S. [1934] 1986. *Thought and language*, trans. A. Kozulin. Cambridge, MA: MIT Press.

Vygotsky, L.S. 1956. *Selected psychological investigations*. Moscow: Izdstel'sto Akademii Pedagog-icheskikh Nauk SSSR.

Vygotsky, L.S. [1960] 1981. The genesis of higher mental functions. In *The concept of activity in Soviet psychology*, ed. J.V. Wertsch, 144–88. Armonk, NY: Sharpe.

Vygotsky, L.S. 1972. Problema vozrastnoj periodizacii detskogo razvitija (The problem of stage periodization in child development). *Voprosy Psikhologii* 2: 114–23.

Vygotsky, L.S. 1982a. *Sobranie sochinenji*. Tom 1, *Voprosy teorii i istorii psikhologii* (Collected works. Vol. 1, Questions in the theory and history of psychology). Moscow: Pedagogika.

Vygotsky, L.S. 1982b. *Sobranie sochinenji*. Tom 2, *Problemy obshchej psikhologii* (Collected works. Vol. 2, Problems of general psychology). Moscow: Pedagogika.

Vygotsky, L.S. 1983a. *Sobranie sochinenji*. Tom 3, *Problemy razvitija psikhiki* (Collected works. Vol. 3, Problems in the development of mind). Moscow: Pedagogika.

Vygotsky, L.S. 1983b. *Sobranie sochinenji*. Tom 5, *Osnovy defektologii* (Collected works. Vol. 5, Foundations of defectology). Moscow: Pedagogika.

Vygotsky, L.S. 1984a. *Sobranie sochinenji*. Tom 4, *Detskaja psikhologija* (Collected works. Vol. 4, Child psychology). Moscow: Pedagogika.

Vygotsky, L.S. 1984b. *Sobranie sochinenji*. Tom 6, *Nauchnoe nasledstvo* (Collected works. Vol. 6, Scientific legacy). Moscow: Pedagogika.

Vygotsky, L.S. 1993. *The collected works of L.S. Vygotsky*. Vol. 2, *The fundamentals of defectology*, eds. R.W. Rieber & A.S. Carton, trans. J.E. Knox & C.B. Stevens. New York: Plenum.

Vygotsky, L.S., & A.R. Luria. [1930] 1993. *Studies on the history of behavior: Ape, primitive, and child*, eds. & trans. V.I. Golod & J.E. Knox. Hillsdale, NJ: Erlbaum.

Walberg, H.J. 1986. Synthesis of research on teaching. In *Handbook of research on teaching*, ed. M.C. Wittrock. 3rd ed., 214–29. New York: Macmillan.

Warren, A.R., & C.S. Tate. 1992. Egocentrism in children's telephone conversations. In *Private speech: From social interaction to self-regulation*, eds. R.M. Diaz & L.E. Berk, 245–64. Hillsdale, NJ: Erlbaum.

Watson, D.J. 1989. Defining and describing whole language. *Elementary School Journal* 90: 129–41.

Wedell-Monning, J., & J. Lumley. 1980. Child deafness and mother–child interaction. *Child Development* 51: 766–74.

Weir, R. 1962. *Language in the crib*. The Hague: Mouton.

Weiss, G., & L.T. Hechtman. 1993. *Hyperactive children grown up*. 2nd ed. New York: Guilford.

Wertsch, J.V., ed. 1985a. *Culture, communication, and cognition: Vygotskian perspectives*. New York: Cambridge University Press.

Wertsch, J.V. 1985b. *Vygotsky and the social formation of mind*. Cambridge, MA: Harvard University Press.

Wertsch, J.V. 1991a. A sociocultural approach to socially shared cognition. In *Perspectives on socially shared cognition*, eds. L.B. Resnick, J.M. Levine, & S.D. Teasley, 85–100. Washington, DC: American Psychological Association.

Wertsch, J.V. 1991b. *Voices of the mind*. New York: Harvard University Press.

Wertsch, J.V., & B. Rogoff. 1984. Editors' notes. In *Children's learning in the "zone of proximal development"*, eds. B. Rogoff & J.V. Wertsch, 1–6. San Francisco: Jossey-Bass.

White, R.W. 1959. Motivation reconsidered: The concept of competence. *Psychological Review* 66: 297–333.

Whiting, B., & C.P. Edwards. 1988. *Children of different worlds*. Cambridge, MA: Harvard University Press.

Winsler, A. 1993. The social interactions and task activities of young children in mixed-age and same-age classrooms: An observational study. Paper presented at the biennial meeting of the Society for Research in Child Development, March, New Orleans, Louisiana. ERIC, ED 356 074.

Winsler, A. 1994. The social origins and self-regulatory quality of private speech in hyperactive and normal children. Ph.D. diss., Stanford University, Stanford, CA.

Winsler, A., & R.M. Diaz. In press. Private speech in the classroom: The effects of activity type, presence of others, classroom context, and mixed-age grouping. *International Journal of Behavioral Development*.

Wong, B.Y.L. 1985. Issues in cognitive-behavioral interventions in academic skill areas. *Journal of Abnormal Child Psychology* 13: 425–41.

Wood, D.J. 1980. Teaching the young child: Some relationships between social interaction, language, and thought. In *The social foundations of language and thought,* ed. R. Olson, 280–96. New York: Norton.

Wood, D.J. 1989. Social interaction as tutoring. In *Interaction in human development*, eds. M.H. Bornstein & J.S. Bruner, 59–80. Hillsdale, NJ: Erlbaum.

Wood, D.J., & D. Middleton. 1975. A study of assisted problem solving. *British Journal of Psychology* 66: 181–91.

Wood, D.J., J. Bruner, & G. Ross. 1976. The role of tutoring in problem solving. *Journal of Child Psychology and Psychiatry* 17: 89–100.

Woolley, J.D., & H.M. Wellman. 1990. Young children's understanding of realities, non-realities, and appearances. *Child Development* 61: 946–61.

Yackel, E., P. Cobb, & T. Wood. 1991. Small group interactions as a source of learning opportunities in second grade mathematics. *Journal for Research in Mathematics Education* 22: 390–408.

Zentall, S.S. 1988. Production deficiencies in elicited language but not in the spontaneous verbalizations of hyperactive children. *Journal of Abnormal Child Psychology* 16: 657–73.

Zentall, S.S., D.E. Gohs, & B. Culatta. 1983. Language and activity of hyperactive and comparison children during listening tasks. *Exceptional Children* 50: 255–66.

Zimmerman, B.J., & D.H. Schunk, eds. 1989. *Self-regulated learning and academic achievement: Theory, research, and practice.* New York: Springer-Verlag.

Zivin, G. 1972. Functions of private speech during problem-solving in preschool children. Ph. D. diss. Abstract in *Dissertation Abstracts International* 33 (2-B): 1834. (University Microfilms No. 72–26, 224)

Zukow, P.G. 1986. The relationship between interaction with the caregiver and the emergence of play activities during the one-word period. *British Journal of Developmental Psychology* 4: 223–34.

Zukow, P.G. 1989. Siblings as effective socializing agents: Evidence from central Mexico. In *Sibling interaction across cultures*, ed. P.G. Zukow, 79–105. New York: Springer-Verlag.

• 資料來源 •

維高斯基的生平與貢獻

Blanck, G. 1990. Vygotsky: The man and his cause. In *Vygotsky and education*, ed. L.C. Moll, 31–58. Cambridge, MA: Cambridge University Press.

Wertsch, J.V. 1985. *Vygotsky and the social formation of mind*. Cambridge, MA: Harvard University Press.

Wertsch, J.V., & P. Tulviste. 1992. L.S. Vygotsky and contemporary developmental psychology. *Developmental Psychology* 28: 548–57.

語言與思考

Berk, L.E. 1992. Private speech: An overview of theory and the status of research. In *Private speech: From social interaction to self-regulation*, eds. R.M. Diaz & L.E. Berk, 17–53. Hillsdale, NJ: Erlbaum.

Berk, L.E. 1985. Research in review. Why children talk to themselves. *Young Children* 40 (5): 46–52.

Berk, L.E. 1994. Why children talk to themselves. *Scientific American* 271 (5): 78–83.

Genishi, C. 1988. Research in review. Children's language: Learning words from experience. *Young Children* 44 (1): 16–23.

Goffin, S.G., & C.Q. Tull. 1985. Problem solving: Encouraging active learning. *Young Children* 40 (3): 28–32.

Hatch, J.A. 1992. Improving language instruction in the primary grades: Strategies for teacher-controlled change. *Young Children* 47 (6): 54–59.

Rogoff, B. 1990. *Apprenticeship in thinking: Cognitive development in social context*. New York: Oxford University Press.

遊戲

Berk, L.E. 1994. Research in review. Vygotsky's theory: The importance of make-believe play. *Young Children* 50 (1): 30–39.

Cartwright, S. 1988. Play can be the building blocks of learning. *Young Children* 43 (5): 44–47.

Christie, J.F., & F. Wardle. 1992. How much time is needed for play? *Young Children* 47 (3): 28–32.

Dyson, A.H. 1990. Research in review. Symbol makers, symbol weavers: How children link play, pictures, and print. *Young Children* 45 (2): 50–57.

File, N. 1993. The teacher as guide of children's competence with peers. *Child & Youth Care Forum* 22: 351–60.

Gowen, J.W. 1995. Research in review. The early development of symbolic play. *Young Children* 50 (3): 75–84.

Hirsch, E.S., ed. 1984. *The block book*. Rev. ed. Washington, DC: NAEYC.

Nourot, P.M., & J.L. Van Hoorn. 1991. Research in review. Symbolic play in preschool and primary settings. *Young Children* 46 (6): 40–50.

Rogers, D.L., & D.D. Ross. 1986. Encouraging positive social interaction among young children. *Young Children* 41 (3): 12–17.

Rogers, C.S., & J.K. Sawyers. 1988. *Play in the lives of children*. Washington, DC: NAEYC.

Sawyers, J.K., & C.S. Rogers. 1988. *Helping young children develop through play: A practical guide for parents, caregivers, and teachers*. Washington, DC: NAEYC.

Steward, E.P. 1995. *Beginning writers in the zone of proximal development*. Hillsdale, NJ: Erlbaurm.

Wittmer, D.S., & A.S. Honig. 1994. Encouraging positive social development in young children. *Young Children* 49 (5): 4–12.

有學習與行為問題的兒童

Chandler, P.A. 1994. *A place for me: Including children with special needs in early care and education settings.* Washington, DC: NAEYC.

Diaz, R.M., & L.E. Berk. 1995. A Vygotskian critique of self-instructional training. *Development and Psychopathology* 7: 369–92.

Landau, S., & C. McAninch. 1993. Research in review. Young children with attention deficits. *Young Children* 48 (4): 49–58.

Wolery, M., & J.S. Wilbers, eds. 1994. *Including children with special needs in early childhood programs.* Washington, DC: NAEYC.

教育上的應用

Bredekamp, S., ed. 1987. *Developmentally appropriate practice in early childhood programs serving children from birth through age 8.* Exp. ed. Washington, DC: NAEYC.

Clements, N.E., & E.W. Warncke. 1994. Helping literacy emerge at school for less-advantaged children. *Young Children* 49 (3): 22–26.

DeVries, R., & L. Kohlberg. 1987. *Constructivist early education: Overview and comparison with other programs.* Washington, DC: NAEYC.

Edwards, C., L. Gandini, & G. Forman, eds. 1993. *The hundred languages of children: The Reggio Emilia approach to early childhood education.* Norwood, NJ: Ablex.

Forman, E.A., N. Minick, & C.A. Stone. 1993. *Contexts for learning: Sociocultural dynamics in children's development.* New York: Oxford University Press.

Forman, G.E., & D.S. Kuschner. 1983. *The child's construction of knowledge: Piaget for teaching children.* Washington, DC: NAEYC.

Jones, E., & J. Nimmo. 1994. *Emergent curriculum.* Washington, DC: NAEYC.

Klein, A. 1991. All about ants: Discovery learning in the primary grades. *Young Children* 46 (5): 23–27.

Mills, H., & J.A. Clyde. 1991. Children's success as readers and writers: It's the teacher's beliefs that make the difference. *Young Children* 46 (2): 54–59.

Moll, L.C., ed. 1990. *Vygotsky and education.* Cambridge, MA: Cambridge University Press.

Rivkin, M., ed. 1992. Science is a way of life. *Young Children* 47 (4): 4–8.

Strickland, D.S., & L.M. Morrow, eds. 1989. *Emerging literacy: Young children learn to read and write.* Washington, DC: NAEYC.

Tharp, R.G., & R. Gallimore. 1988. *Rousing minds to life: Teaching, learning, and schooling in social context.* Cambridge, MA: Cambridge University Press.

Tudge, J., & D. Caruso. 1988. Cooperative problem solving in the classroom: Enhancing young children's cognitive development. *Young Children* 44 (1): 46–49.

Willert, M.K., & C. Kamii. 1985. Reading in kindergarten: Direct vs. indirect teaching. *Young Children* 40 (4): 3–9.

Wright, J.L., & Shade, D.D. 1994. *Young children: Active learners in a technological age.* Washington, DC: NAEYC.

• 名詞釋義 •

注意力缺陷過度活動異常（attention-deficit hyperactivity disorder）（ADHD）：

這是一種異常行為，包括注意力不足、衝動，以及過度的身體活動。這種自我規範能力的不足，往往導致學業失敗以及社會問題。

權威專制型教養（authoritarian style）：

這是一種具有高度的建構及期望，卻缺乏溫暖和回應的教養方式。這種方式強調服從順從，超過與孩子的開放溝通，這種教養往往會造成焦慮、退縮、不快樂的兒童行為，以及以敵意面對沮喪。與權威開明型和放任型的教養方式不同。

權威開明型教養（authoritative style）：

這種教養方式的特徵，是有適當的結構與期望，混和著溫暖和回應——民主的策略，可以鼓勵孩子在父母與孩子間有限度的商議中獨立，這與孩子的認知、社會能力，和積極的情緒調適有關。與權威專制型和放任型的教養方式不同。

具體運思期（concrete operational stage）：

這是皮亞傑第三個發展階段，在這段期間思考變得比較合乎邏輯、彈性，加以組織可以運用到具體的訊息上；可是抽象思考的能力尚未出現，這階段年齡約在七歲到十一歲之間。

合作學習（cooperative learning）：

　　一個學習環境，建構成同儕團體朝共同的目標合作。

睡床說話（crib speech）：

　　是一種早期自語的形式，學步兒常會從事這類的活動，特別是當他們睡覺以前，或起床以後的時間。

發展的文化線（cultural line of development）：

　　維高斯基的術語，說明發展的改變來自於與個人文化中其他份子的互動。這種文化的線，逐漸會與自然發展的線（natural line of development）合併或轉換，形成高度心智過程的建構。

缺陷學（defectology）：

　　俄文的意思是指兒童能力不足，或不正常兒童發展的科學研究。

發展（development）：

　　在一段時間內發生在個人身上的、所有的物理和心理的改變，理論家對這種改變究竟是源自於生物的成熟，或學習，或兩者都有，有不同的看法。

距離的策略（distancing strategies）：

　　這是一種成人的溝通形式，有程度上的差別，有的會鼓勵孩子對立即的刺激保持距離，或在知覺的層次上從事活動。高層次的距離策略，會培養對未清楚呈現的關係知覺，鼓勵孩子使用言語來修正行為，也因此促進有效率的問題解決。

動力評量（dynamic assessment）：

　　這是一種建立在維高斯基理論上的評量策略，包括了在測驗考驗的情況下有目的的教學，評量孩子在社會支援的範圍內能學到什麼（也就是孩子的最近發展區）。

影響動機（effectance motivation）：

　　依懷特的說法，孩子有能掌握環境的知覺，以及享受掌控環境的快樂。放在一起，這兩種動機能促進能力。

自我中心的語言（egocentric speech）：

　　這是皮亞傑形容孩子說話的名稱，並沒有直接強調對別人的溝通，也不是表現讓聽者容易了解的型態。

自我中心主義（egocentrism）：

　　在皮亞傑理論中，這表示沒有能力採取其他人的觀點，或了解其他人跟自己不同的想法。

引導的參與（guided participation）：

　　在同伴轉換不同安排的知識和能力時，孩子受其引導、支持，或挑戰，而積極參與在文化性結構的活動中。

聽不見的喃喃自語（inaudible muttering）：

　　大部分內化了的私語，包含了公開的或小聲的說話，非常模糊的語言，無法讓聽者明白，或只是一種文字型態的沉默的嘴部運動。

內在語言（inner speech）：

　　安靜的、內在的口語思考。

內化（internalization）：

人們之間符號的溝通，被轉換成個人、心理層次的功能，結果，這種符號變成是可以自我溝通的。

相互主觀性（intersubjectivity）：

兩個參與者在開始活動時有不同的了解，最後卻達成共識，創造一個共同溝通的領域，使參與的人都能適應彼此的觀點。

凱莫漢莫哈小學教育方案（Kamehameha Elementary Education Program）（KEEP）：

一個創新的教育方案，提供給有學業危機的小學學童，這方案是建立在維高斯基的理論和「協助的表現」的主題上。假設如果孩子得到鷹架的支持，也就是他們的表現能得到教育系統中人員的幫助，則他們可以被教導達到最好的程度。

學習（learning）：

產生自觀察、教導或其他經驗的新的了解和反應。

仲介（mediation）：

在使用言語或其他文化象徵工具時，介於刺激和反應間關係的仲介，例如，在自然的記憶中，一個刺激只是與另一個刺激有關聯。在比較高層次、仲介的記憶中，一個文化性建構的符號，例如在手指上打結，是用來協助記憶的。同樣的，一個孩子的行為如果只是對刺激衝動做反應的話，是未經仲介的。相反的，如果孩子的行為是用文化工具的語言來回應刺激，而且是深思熟慮的計畫和回應的話，就是經過仲介的行為。

微發生學（microgenesis）：

　　能力是通過一個孩子或成人所從事的活動或工作而發展，與個體發生學和系統發展論不同。

發展的自然線（natural line of development）：

　　維高斯基的說法，發展的改變是由基因和生物的因素所控制，這不同於發展的文化線。

個體發生學（ontogenesis）：

　　個人是通過童年時期及成人時期而發展，與微發生學和系統發展論不同。

放任的管敎方式（permissive style）：

　　這是一種具有很低的結構性和期望，但卻有很高的溫暖和回應性的敎養方式。過度容忍的親職敎養策略，造成孩子過度的自由。相關的表現是孩子缺乏對衝動的控制——背叛、不服從、無成就的孩子行為，這和權威開明型、權威專制型的敎養方式不同。

系統發展論（phylogenesis）：

　　人類種族是通過進化而發展，與微發生學和個體發生學不同。

前運思期（preoperational stage）：

　　這是皮亞傑第二個發展的階段，在此階段象徵系統的發展迅速產生，但思考還是不夠邏輯化，這階段約在兩歲到七歲間。

私語（private speech）：

　　對自己說的一種公開的語言，一般目的是用來規範自己的行為。

合作學習（reciprocal teaching）：

　　是一種建立在維高斯基理論上的教學方法，其中老師和兩個或四個孩子形成合作的學習小組，對話的產生能創造最近發展區，在這裡面閱讀理解力及學科知識很容易增長促進。

瑞吉歐艾密莉（Reggio Emilia）：

　　義大利中北部的一個小城，發展出一種幼兒教育系統，強調不同的教育哲學及發展理論，包括維高斯基的想法。在幼兒的教育照顧上，提供強烈社區意識的策略；在其中，父母、老師、行政人員，和政府官員合作提供環境，以促進社會互動、關係的形成，以及學習活動的象徵。瑞吉歐艾密莉的名稱，指的就是這種策略。

鷹架（scaffolding）：

　　在教學過程中改變支援的品質，其中有技巧的同伴，提供修正過後適合孩子目前發展水準的協助。當一個活動是新的時候，提供較多的支持，當孩子能力增強時，則提供較少的協助，因此能培養孩子的自發性及獨立性。

科學的概念（scientific concepts）：

　　這種概念是藉教學而熟練的，一旦獲得這種概念，孩子就能了解他們所知道的是什麼，並用口語的定義說出他們的了解。

自我引導訓練（self-instructional training）：

這是一種認知行為的互動，可以藉著示範及直接的教導，讓衝動、無法自我控制，及不專心的孩子，能跟自己說話。但卻沒有辦法有效的降低衝動性，及促進活動的準確性。

自我規範（自律）（self-regulation）：

一種計畫、引導、修正個人的注意力和行為的過程。

符號（sign）：

是一種象徵工具（例如：字或意象），用來影響別人或自己的思考和行為。

自發的概念（spontaneous concepts）：

可以在每日生活的過程中學習、精熟的概念，獲得這種概念並不是知覺清楚或有意的，而是當孩子在知覺性思考時，只有一點或沒有知覺的在孩子身上產生。

最近發展區（zone of proximal development）（ZPD）：

介於個人能在獨立的問題解決活動中完成，和能得到成人或文化中更有能力份子的協助而完成的，這兩者之間的距離。這種假設的、動力的地區就是學習和發展產生的地方。

國家圖書館出版品預行編目資料

鷹架兒童的學習：維高斯基與幼兒教育／
Laura E. Berk, Adam Winsler 原作；
谷瑞勉譯. --初版. -- 臺北市：心理, 1999（民 88）
面 ； 公分. --（幼兒教育；31）
參考書目：面
譯自：Scaffolding children's learning: Vygotsky and
early childhood education
ISBN 978-957-702-293-6（平裝）

1.兒童學 2. 學前教育－哲學，原理 3.學習心理學
4.教育心理學

523.1 87015385

幼兒教育 31 鷹架兒童的學習：維高斯基與幼兒教育

作 者：Laura E. Berk、Adam Winsler
譯 者：谷瑞勉
執行編輯：陳文玲
總 編 輯：林敬堯
發 行 人：洪有義
出 版 者：心理出版社股份有限公司
社 址：台北市和平東路一段 180 號 7 樓
總 機：(02) 23671490 傳 真：(02) 23671457
郵 撥：19293172 心理出版社股份有限公司
電子信箱：psychoco@ms15.hinet.net
網 址：www.psy.com.tw
駐美代表：Lisa Wu tel: 973 546-5845 fax: 973 546-7651
登 記 證：局版北市業字第 1372 號
印 刷 者：東縉彩色印刷有限公司
初版一刷：1999 年 1 月
初版七刷：2009 年 2 月

讀者意見回函卡

No. _____   填寫日期：　年　月　日

感謝您購買本公司出版品。為提升我們的服務品質，請惠填以下資料寄回本社【或傳真(02)2367-1457】提供我們出書、修訂及辦活動之參考。您將不定期收到本公司最新出版及活動訊息。謝謝您！

姓名：_____　性別：1□男　2□女

職業：1□教師 2□學生 3□上班族 4□家庭主婦 5□自由業 6□其他____

學歷：1□博士 2□碩士 3□大學 4□專科 5□高中 6□國中 7□國中以下

服務單位：_____　部門：_____　職稱：_____

服務地址：_____　電話：_____　傳真：_____

住家地址：_____　電話：_____　傳真：_____

電子郵件地址：_____

書名：_____

一、您認為本書的優點：（可複選）

　❶□內容 ❷□文筆 ❸□校對 ❹□編排 ❺□封面 ❻□其他____

二、您認為本書需再加強的地方：（可複選）

　❶□內容 ❷□文筆 ❸□校對 ❹□編排 ❺□封面 ❻□其他____

三、您購買本書的消息來源：（請單選）

　❶□本公司 ❷□逛書局⇨_____書局 ❸□老師或親友介紹

　❹□書展⇨____書展 ❺□心理心雜誌 ❻□書評 ❼其他_____

四、您希望我們舉辦何種活動：（可複選）

　❶□作者演講 ❷□研習會 ❸□研討會 ❹□書展 ❺□其他____

五、您購買本書的原因：（可複選）

　❶□對主題感興趣 ❷□上課教材⇨課程名稱_____

　❸□舉辦活動　❹□其他_____　（請翻頁繼續）

廣　告　回　信
台　北　郵　局　登　記　證
台北廣字第 940 號
（免貼郵票）

 心理出版社 股份有限公司

台北市 106 和平東路一段 180 號 7 樓

TEL: (02) 2367-1490
FAX: (02) 2367-1457
EMAIL:psychoco@ms15.hinet.net

沿線對折訂好後寄回

六、您希望我們多出版何種類型的書籍

❶□心理 ❷□輔導 ❸□教育 ❹□社工 ❺□測驗 ❻□其他

七、如果您是老師，是否有撰寫教科書的計劃：□有□無

書名／課程：＿＿＿＿＿＿＿＿＿＿＿＿＿＿＿＿＿

八、您教授／修習的課程：

上學期：＿＿＿＿＿＿＿＿＿＿＿＿＿＿＿＿＿＿＿

下學期：＿＿＿＿＿＿＿＿＿＿＿＿＿＿＿＿＿＿＿

進修班：＿＿＿＿＿＿＿＿＿＿＿＿＿＿＿＿＿＿＿

暑　假：＿＿＿＿＿＿＿＿＿＿＿＿＿＿＿＿＿＿＿

寒　假：＿＿＿＿＿＿＿＿＿＿＿＿＿＿＿＿＿＿＿

學分班：＿＿＿＿＿＿＿＿＿＿＿＿＿＿＿＿＿＿＿

九、您的其他意見

謝謝您的指教！

51031